일본의
침략적 독도 도발에 대한
합리적인 대응방안

-민족의 魂 고유 영토 獨島, 반드시 死守하자-

日本の侵略的独島挑発に対する合理的な対応策
- 民族の魂、固有の領土独島、何としても死守しよう -

최 장 근

崔 長 根

제이앤씨
Publishing Company

한국의 고유영토, 독도의 본질

韓國の固有領土, 獨島の本質

1. 고대 신라시대의 〈독도〉
古代新羅時代の〈独島〉

고대시대에는 울릉도에 우산국 사람들이 살고 있었다. 신라가 우산국을 정벌하여 영토로서 예속시켰지만, 우산국은 독립된 정치체제를 갖고 있었다. 우산국은 울릉도를 본거지로 했고, 울릉도에서 보이는 오늘날의 독도도 우산국 사람들의 생활근거지였다.

古代には、鬱陵島に于山国の人々が住んでいた。新羅が于山国を征伐して領土として隷属させた于山国は、独立した政治体制を持っていた。于山国は鬱陵島を本拠地にし、鬱陵島から見える今日の独島も于山国の人々の生活根拠地であった。

만약, 울릉도에서 독도에서 떠오르는 일출을 볼 수 있다면 어떨까? 더 나아가 동지, 성탄절, 연말 연초에 독도에서 떠오르는 일출을 볼 수 있다면 대박상품이 되지 않을까? 정동진이나 포항의 영일만 에 뒤지지 않는 대박상품이 되지 않을까? 그래서 구글어스와 한국천문연구원의 자료를 총동원해서 언제 독도 일출을 볼 수 있는지 찾아 보았다.

6 일본의 침략적 독도 도발에 대한 합리적인 대응방안

(1) 울릉도에서 바라본 독도
鬱陵島から見た独島

출처 : 국제한국연구원(원장 최서면), 2007년 11월2일 촬영, 울릉도 내수전에서 보이는 독도

(2) 512_{지증왕13년} 6월 여름에 우산국이 귀복하다
512智証王13年6月の夏に于山国が帰服である

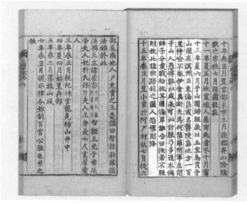

연대 : 512년 6월

출전 : 「三國史記」卷 四, 新羅本記 四, 智證麻立干 十三年 六月條

출처 : 동북아역사재단, 독도연구소 http://www.dokdohistory.com/

[참　고] 일본은 고대시대에 독도를 보지도 듣지도 못했기 때문에 독도
　　　　의 존재를 알지 못했다.
[参　考] 日本は古代に独島を見ることも聞くこともできなかったた
　　　　め、独島の存在を知らなかった。

2. 중세 고려시대의 〈독도〉
中世高麗時代の〈独島〉

고려시대에는 울릉도에 중앙정부가 관할하는 우릉성于陵城 사람들이 살고 있었다. 우릉성 사람들은 울릉도에서 보이는 거리에 있는 지금의 독도에 대해서도 생활근거지로 삼았다.

高麗時代には、鬱陵島に中央政府が管轄する于陵城の人々が住んでいた。于陵城の人々は鬱陵島から見える距離にある今の独島も生活根拠地とした。

(1) 우산국于山國 민호民戶를 귀향시키다
于山國の民戶を帰郷させる

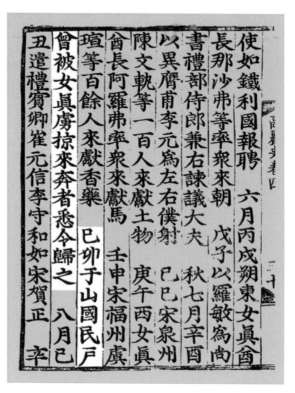

연대 : 1019년 7월 24일

출전 : 高麗史 卷 四, 世家 四, 顯宗 十年 七月 己卯條

[활자본] 己卯 于山國民戶曾被女眞虜掠來奔者 悉令歸之

[국역본] 기묘己卯에 우산국于山國의 민호民戶로서 이전에 여진女眞에게 잡

혀갔다가 도망쳐온 자를 모두 고향으로 돌아가게 하였다.

출처: 동북아역사재단, 독도연구소 http://www.dokdohistory.com/]

(2) 도병마사가 구 우산국 주민을 편호編戶로 삼으라고 건의하다
都兵馬使が旧于山国の住民について編戶させることを提案である

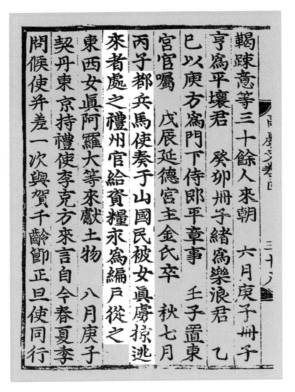

연대 : 1022년 7월 8일

출전 : 「高麗史」 卷 四, 世家 四, 顯宗 十三年 七月 丙子條

[활자본] 都兵馬使奏 于山國民 被女眞虜掠逃來者 處之禮州 官給資糧
永爲編戶 從之

[국역본] 도병마사都兵馬使가 주주奏하기를, "우산국于山國 백성으로 여진女眞
의 노략질을 피하여 도망하여온 자는 예주禮州에 두고 관官에서
양식을 나누어 주도록 하여 아주 편호編戶하소서." 하니 이를 받
아 들였다.

출처 : 동북아역사재단, 독도연구소 http://www.dokdohistory.com/

[참 고] 일본은 표류민을 통해 고려의 울릉도가 동해일본명: 일본해에 존재
하는 사실은 알고 있었지만, 독도의 존재에 대해서는 전혀 알지
못했다.

[参 考] 日本は漂流民を介して高麗の鬱陵島が東海日本名;日本海に位置
するという事実を知っていたが、独島の存在については全く
知らなかった。

3. 중세 조선 초기의 〈독도〉
中世朝鮮初期の〈独島〉

조선의 세종, 중종왕 시대에는 조선 동해에 섬이 2개가 존재하는데,
하나는 울릉도, 다른 하나는 우산도라는 이름을 갖고 있다고 했다. 당
시 이들 섬은 쇄환정책으로 사람의 거주를 금지하고 섬을 비웠다.

朝鮮の世宗、中宗王の時代には、朝鮮東海に2つの島が存在する
が、一つは鬱陵島、他の一つは、于山島という名前を持っていると
した。当時これらの島には、刷還政策をもって人の居住を禁止して
島を空にした。

(1) 우산于山과 무릉武陵
　　두 섬이 현의 정동해중正東海中에 있다
　　于山島と武陵島、二つの島が県の正東海中にある

연대 : 1454년

출전 : 「世宗實錄」 卷 一百五十三, 地理志/江原道/三陟都護府/蔚珍縣

출처 : 동북아역사재단, 독도연구소 http://www.dokdohistory.com/

(2) 『은주시청합기隱州視聽合記』1667년
: 일본의 서북 경계는 오키도로 한다
이즈모出雲 : 현재의 시마네현 동부 지방 관료 사이토 도요노부斎藤豊宣가 저술했다
『隱州視聽合記』1667年
: 日本の西北境界は隱岐島である、
出雲現在の島根県東部地方官僚であった斎藤豊宣が著した

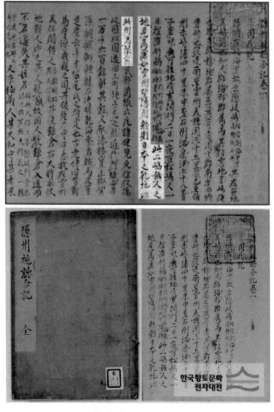

출처 : 〈은주시청합기〉, http://gyinews.co.kr/ArticleView.asp?intNum=17183&ASection=001011
[원 문] 此二島 無人之地 見高麗 如自雲州望隱州 然則日本乾地
자료출처 : 외교부

(3) '울릉도쟁계' 당시의 「돗토리번 답변서」
「鬱陵島爭界」当時の「鳥取藩答弁書」

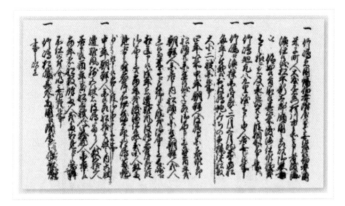

一. 因州佰州之付候竹島は、いつの此より兩國之附屬候哉...

一. 竹島の外兩國之附屬の島有之候哉

1. 인슈因州와 하쿠슈佰州, 이나바와 호키 : 현재의 돗토리현에 속하는 죽도울릉
   도는 언제쯤 부터 양국이나바, 호키에 속하게 된 것인가?

1. 죽도울릉도 외에 양국에 속하는 섬이 있는가?

一. 竹島は因幡伯耆附屬にては無御座候...

一. 竹島松島其外兩國之附屬の島無御座候事

1. 죽도울릉도는 이나바와 호키현재의 돗토리현에 속하는 섬이 아닙니다...

1. 죽도울릉도와 송도독도 및 그 외 양국이나바와 호키에 속하는 섬은 없습
   니다.

출처 : 외교부
    동북아역사재단, 독도연구소http://www.dokdohistory.com/

[참 고] 일본은 조선동해에 조선의 영토로서 울릉도가 존재한다는 사실은
     알고 있었지만, 지금의 독도의 존재에 대해서는 알지 못했다.

[参 考] 日本は朝鮮東海に朝鮮の領土として鬱陵島が存在するという
     事實は、知っていたが、今の独島の存在については知らな

かった。

(4) 우산도于山島 울릉도鬱陵島,
  두 섬이 고을 바로 동쪽 바다 가운데 있다
  于山島・鬱陵島、二つの島が県の正東の海中にある

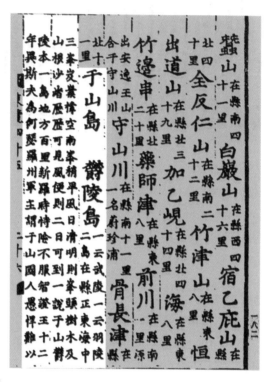

연대 : 1531년

출전 : 「新增東國輿地勝覽」 卷 四十五, 蔚珍縣 于山島 鬱陵島條

[활자본] 于山島 鬱陵島 [一云武陵一云羽陵 二島在縣正東海中 三峯岌
    嶪撑空 風日淸明則峯頭樹木及山根沙渚 歷歷可見風便 則二
    日可到 一說于山蔚陵本一島 地方百里 新羅時恃險不服 智證
    王十二年異斯夫爲何瑟羅州軍主 謂于山國人愚悍難以.....]

출처 : 동북아역사재단, 독도연구소 http://www.dokdohistory.com/

(5) 『신증동국여지승람』 부속도 「동람도」
　　『新增東国輿地勝覧』付属図の「東覧図」

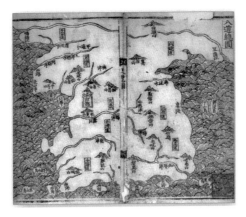

출처 : 동북아역사재단, 독도연구소 http://www.dokdohistory.com/

4. 근세 조선 중기의 〈독도〉
　　近世朝鮮中期の〈独島〉

　조선정부는 동해에 우산도와 울릉도 2개의 섬이 영토로서 존재한다
고 인식하고 있었다. 1693년 안용복은 거주를 허용하지 않은 울릉도에
밀항하였다. 그때에 안용복은 일본인들을 만나고 일본으로 건너가서
울릉도와 우산도지금의 독도가 조선의 영토임을 확인시켰다. 막부중앙정부
도 이를 최종적으로 인정했다.

　朝鮮政府は東海に于山島・鬱陵島の2つの島が領土として存在す
ると認識していた。1693年、安龍福は人の居住を禁じていた鬱陵島
に密航した。その時に安龍福は日本人に会い、日本に渡って鬱陵島
と于山島今の独島が朝鮮の領土であることを確認させた。幕府中央政府

もこれを最終的に認めた。

(1) 「朝鮮之八道」 중에
   강원도에 죽도울릉도와 송도독도가 소속되어있음
   「朝鮮之八道」の中の江原道に竹島鬱陵島と松島独島が含まれている

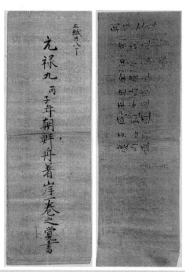

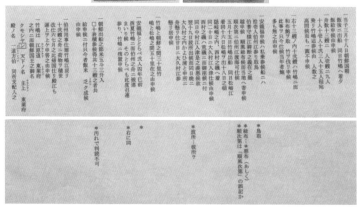

출처 : 元禄九丙子年朝鮮舟着岸一巻之覚書

[서지사항] 2005년 일본 시마네현 아마쵸 무라카미 家에서 발견

출처 : 동북아역사재단, 독도연구소 http://www.dokdohistory.com/

(2) 동국문헌비고
東国文献備考

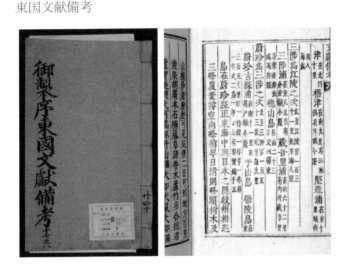

연대 : 1770년

출전 : 동국문헌비고(東國文獻備考)

[서지사항] 여지지輿地志에, '울릉鬱陵·우산于山은 다 우산국于山國 땅이며, 이 우산을 왜인들은 송도松島라고 부른다.'

출처: 동북아역사재단, 독도연구소 http://www.dokdohistory.com/]

[참 고] 일본은 임진왜란을 통해 울릉도에 사람이 거주하지 않는 섬이라는 사실을 알고 1620년경에 두 가문의 어부가 울릉도에 밀항하여 70여 년간 내왕했다. 이때에 1696년 막부는 울릉도, 독도 2섬 모두 일본영토가 아님을 선언하고 일본인의 도항을 금지했다.

[参 考] 日本は慶長・文禄の役で鬱陵島に人の住んでいない島であることを知って、村川・大屋両家が1620年頃から鬱陵島に密航して70年間も通っていた。この時に1696年幕府は竹島鬱陵島、松島独島2島のすべてが日本の領土ではないことを宣言して、日本人の渡航を禁止した。

5. 근대 조선 후기의 〈독도〉
近代朝鮮後期の〈独島〉

한국은 강화도조약으로 일본이 동해안의 울릉도, 독도에 침범해 들어오는 것을 우려하여 1900년 칙령41호를 가지고 울도군을 설치하여 독도가 조선의 영토임을 명확히 했다.

韓国は江華島条約後、日本が東海岸の鬱陵島、独島に侵入してくることを懸念して、1900年勅令第41号を持って鬱島郡を設置して、東海岸の鬱陵島、独島のすべての島が朝鮮の領土であることを明確にした。

(1) 죽도와 송도가 조선국의 부속이 된 시말
竹島鬱陵島と松島獨島が朝鮮国の付属とされた始末

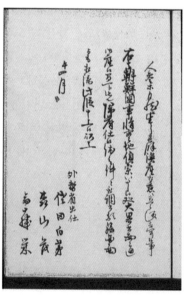

출처 : 외무성 출사 사다 하쿠보 외 2명 조선국교제시말내탐서

(外務省出仕佐田伯芧外二名朝鮮国交際始末内探書)

[서지사항] 「朝鮮国交際始末探書」公文別録・朝鮮事件・明治元年~明治四年・第

一巻・明治元年・明治四年 アジア歴史資料センター所蔵

출처 : 동북아역사재단, 독도연구소 http://www.dokdohistory.com/

(2) 죽도울릉도와 송도독도는 일본의 소속이 아니다
竹島鬱陵島と松島独島は日本の所属ではない

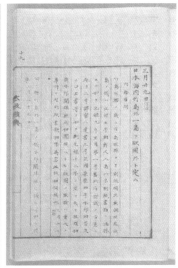

서명 : 태정유전(太政類典)

[서지사항] 太政類典第二編「日本海内竹島外一島ヲ版図外ト定ム」국립고

문서관 소장

출처: 동북아역사재단, 독도연구소 http://www.dokdohistory.com/

(3) 울릉도와 우산도는 모두 우산국 땅이며,
  우산도는 왜인들이 말하는 송도
  鬱陵島と于山島独島はすべて于山国の地であり、
  于山島は倭人たちのいう松島

연대 : 1808년경

출전 : 『萬機要覽』「軍政編」海方 江原道條

[활자본] 輿地志云, 鬱陵于山皆于山國地于山則倭所謂松島也

[국역본] "여지지에 이르기를 울릉도와 우산도는 모두 우산국 땅이며,
  우산도는 왜인들이 말하는 송도이다"라고 함

출처 : 동북아역사재단, 독도연구소 http://www.dokdohistory.com/

(4) 울도군을 설치하여 울릉 전도와 죽도, 석도독도를 관할하다
鬱島郡を設置して鬱陵全島と竹島、石島獨島を管轄する

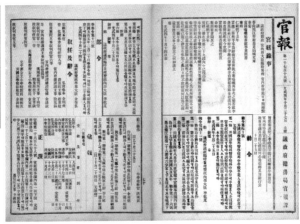

연대 : 1900년 10월 25일 결정
출전 : 대한제국관보 제 1716호, 고종 광무4년, 27일 공포

칙령勅令 제41호

第二條 郡廳 位實는 台霞洞으로 定ᄒ고 區域은 鬱陵全島와 竹島·石
    島를 管轄홀 事

제 2 조 군청郡廳 위치位實는 태하동台霞洞으로 정定하고, 구역區域은 울
    릉전도鬱陵全島와 죽도竹島 · 석도石島를 관할管轄할 사事.

사진 출처 : 서울대학교 규장각한국학연구원(http://e-kyujanggak.snu.ac.kr)
출처 : 동북아역사재단, 독도연구소(http://www.dokdohistory.com/)

[참 고] 일본의 메이지정부는 1870년의 "울릉도와 독도가 조선의 부속
    섬이 된 시말", 1877년의 "울릉도와 독도는 일본의 영토가 아니
    다."라고 하여 스스로 울릉도와 더불어 독도가 일본의 일본영토

가 아님을 인정했다.

[参 考] 日本の明治政府は、1870年の「竹島鬱陵島と松島独島が朝鮮の付
属とされた始末」、1877年の「竹島鬱陵島と松島独島は日本の領
土ではない」で、自ら鬱陵島とともに独島が日本の領土では
ないことを認めた。

6. 근대 일제강점기의 〈독도〉
近代の日本植民地時代の〈独島〉

한국은 1900년 칙령41호를 가지고 독도를 영토로서 관리하고 있었
는데, 일본은 1910년 강제적으로 한국을 식민지로서 통치했다. 이때에
처음으로 독도도 한반도와 더불어 일본의 지배를 받게 되었다.

韓国は1900年勅令第41号を持って独島を領土として管理していた
が、日本は1910年強制的に韓国を植民地として支配した。日本はこ
の時に初めて独島も韓半島といっしょに支配するようになった。

(1) 한국지도에는 울릉도와 독도가 포함되어있다
韓国の地図には鬱陵島・独島が含まれている

명칭 : 신찬조선국전도(新撰 朝鮮國全圖)

제작자 : 다나카 쇼쇼(田中紹祥), 1894년, 45.0×70.1㎝

[서지사항] 한반도와 제주도 등 부속 섬들은 모두 황색으로 동일하게 채색하였는데, 동해에 위치한 울릉도竹島와 독도松島도 모두 한반도와 동일하게 황색으로 채색하여 한국 소속으로 간주하였다.

출처 : 동북아역사재단, 독도연구소 http://www.dokdohistory.com/

(2) 이노 다다타카의 측량대는 오키 섬까지 측량했지만,
   울릉도와 독도는 일본의 영토로 보지 않았기 때문에
   측량을 하지 않았다
   伊能忠敬は、隠岐島まで測定、鬱陵島と独島は
   日本の領土として認識していなかったので、測定はしなかった

명칭 : 대일본국전도(大日本國全圖)

일본, 내무성 지리국 지지과(內務省 地理局 地誌課), 1881년, 146.2×157㎝

[참　고] 일본은 1910년 강제로 한반도와 더불어 독도를 일본영토화한
   것이다. 그러나 일본은 1910년 한일병합조약으로 독도를 통치
   하게 된 것이 아니라 그 이전 1905년에 이미 독도를 영토적 편
   입조치를 취하고 있었기 때문에 일본이 침략한 영토가 아니라
   고 주장하지만, 그것은 국제법적으로 합법한 영토취득조치가

아니었다.

[参　考] 実際日本は1910年に強制的に朝鮮半島と共に独島を日本領土
にしたのだ。しかし、日本は、1910年日韓併合条約以前であ
る1905年にすでに領土的編入措置をとっていたため、独島は
日本の侵略したものではなく固有領土であると主張している
が、これは、国際法上の正当な領土取得措置ではない。

출처 : 동북아역사재단, 독도연구소, http://www.dokdohistory.com/

7. 해방 후 대한민국의 〈독도〉
解放後の大韓民国の〈独島〉

한국은 1945년 일본의 패전과 더불어 독립국가가 되었다. 이때에 독
도도 한반도와 더불어 한국영토가 되어 한국어민이 조업하는 영토가
되었다. 그것은 1946년 1월 26일자의 SCAPIN 677에서 독도가 한국영
토로서 결정된 것으로도 확인되었다.

韓国は1945年、日本の敗戦によって独立国家された。この時に、
独島も韓半島とともに韓国の領土になって韓国の漁夫の操業する領
域となった。それは1946年1月26日のSCAPIN677号で独島が韓国領
土として決定されたことが確認される。

(1) SCAPIN 677연합국 최고사령부 지령 677호는
   독도를 한국영토로 인정했다
   SCAPIN連合国最高司令部指令677号は、独島を韓国領土に決定した

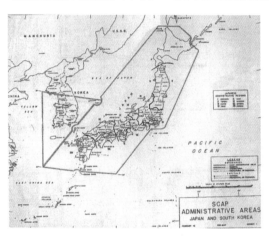

출처 : 동북아역사재단, 독도연구소 http://www.dokdohistory.com/

(2) 『대일평화조약』마이니치신문사 발간, 1952년의
   부속지도 「일본영역도」에는 독도를 한국영토로 분류했다
   『対日平和条約』毎日新聞、1952の挿入図には
   独島が韓国領土と表記された

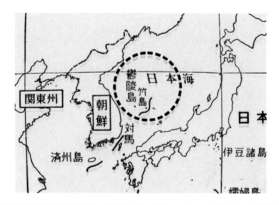

출처 : 「일본영역도」(마이니치신문, 1952), http://blog.daum.net/zaiyuan/1438472

(3) 〈일본영역참고도〉는 조약국장이 일본국회에
    대일평화조약 비준을 위해 배포한 한일국경지도에
    독도를 한국영토로 표기하고 있다
    対日平和条約批准国会で日本の条約局長が配布した
    「日本領域参考図」には独島が韓国領土として表記されていた

출처: 〈일본영역참고도〉, http://blog.naver.com/PostView.nhn?blogId=qldpeb&logNo=22010
    264 19 71, YTN뉴스 캡쳐화면, 정태만씨 제공

[참 고] 일본은 SCAPIN 677호가 최종적인 영토결정이 아니라고 하여
    독도가 한국영토가 된 것을 부정하고, 실제로 대일평화조약에
    서 독도가 일본영토로서 최종적으로 결정되었다고 주장하지만,
    그것은 거짓말이다.

[参 考] 日本はSCAPIN677号は最終的な領土決定ではないとして独島
    が韓国の領土になったことを否定して、実際に対日平和条約
    で独島が日本の領土として、最終的に決定されたと主張する
    が、それは嘘である。

プロローグ_33

第1部 独島基点の排他的経済水域を確保せよ。_61

今回の日本側挑発を好機に新漁業協定破棄し「独島基点EEZ宣言する時」/ EEZ境界協定は根本的に独島領土問題、独島基点諦めずに/ 今回のEEZ交渉では何より独島領有権を明確にする時だ/ EEZ境界交渉、至急政治的妥協点探す必要なし! 李明博政府、実用外交でも「独島基点EEZの確保」変えてはならない/ 独島に対する領有権主張の裏で有利な「EEZ協定」を狙っている/ EEZ協定、急ぐことはない

第2部 日本政府の独島領土化教育の義務化にどう対応するか。_109

歪曲された独島領土化の公教育が領土紛争煽る/ 日本の高等学校「学習指導要領解説書」の発表に消極的対処、日本の独島領有権教育このまま黙認するのか? / 実用外交の名目での静穏な独島政策、日本政府に悪用されている/ 日本の独島挑発、しっかりと理解して適切に対応しよう/ 日本政府、独島歪曲教育強制教科書、検定を強行する時ではない/ 日本の独島歪曲教育強行、新韓日漁業協定破棄で「強く対応」しなければ

第3部 独島守護のための特別な政策提案。_149

独島問題、韓米首脳会談の議題に絶対になってはならない/ 10万ウォン紙幣の絵柄、「大東輿地図」の代わりに安龍福の「朝鮮之八道」を…/ 10月25日「独島の日」制定の正当性/ 日本の独島挑発対応策の提案/ 毎月1日「独島守護の日」に制定し独島主権の世論を鼓吹/ 「独島の日」と勅令41号、国際法の基準「誰が発見し管理しているか」勅令41号を記念して領土主権喚起しなければ…/ 独島挑発日本自民党議員の鬱陵島訪問、公式招待して独島の本質を知らせる機会にしなければ/ 朴槿恵(パク・クネ)政府の対日関係と独島管理の課題

프롤로그_33

제1부 독도 기점의 배타적 경제수역을 확보하라!_61

이번 일본 도발 호기 삼아, 신어업협정 파기하고 독도 기점 EEZ 선언할 때/ EEZ경계협정은 근본적으로 독도 영토 문제이다. 독도 기점 포기 말아야/ 이번 EEZ협상은 우선적으로 독도 영유권을 분명히 할 때다/ EEZ경계협상 성급히 정치적 타협점 찾을 필요 없어!/ 이명박 정부, 실용 외교에서도 '독도 기점 EEZ 확보' 변해서는 안 된다/ 독도에 대한 영유권 주장 이면에 유리한 'EEZ협정' 노리고 있다/ EEZ협상 서두를 것 없다

제2부 일본 정부의 독도 영토화 교육 의무화에
어떻게 대응할 것인가?_109

왜곡된 독도 영토화의 공교육이 영토 분쟁 부추긴다/ 일본의 고등학교 '학습지도요령 해설서' 발표에 대한 소극적 대처, 일본의 독도 영유권 교육 이대로 묵인할 것인가?/ 실용 외교 뒤의 조용한 독도 정책, 일본 정부에 악용당하고 있다/ 일본의 독도 도발, 제대로 이해해서 올바로 대응하자/ 일본 정부, 독도 왜곡 교육 강요하는 교과서 검정 강행할 때 아니다/ 일본의 독도 왜곡 교육 강행, 신한일어업협정 파기로 '강력대응'해야

제3부 독도 영토 수호를 위한 창의적인 제안_149

독도 문제 한미정상회담의 의제가 돼서는 절대로 안 된다/ 10만 원권 지폐 도안, '대동여지도' 대신 안용복의 '조선의 팔도'를.../ 10월 25일 '독도의 날' 제정의 당위성/ 일본의 독도 도발의 대응책 제안/ 매월 1일 '독도 수호의 날' 제정하여 독도 주권 여론 고취시켜야 한다/ '독도의 날'과 칙령41호, 국제법 기준 '누가 발견해 관리하고 있나' 칙령41호 기념해 영토주권 환기시켜야.../ 독도 도발 일본 자민당의원의 울릉도 방문, 공식 초대하여 독도 본질을 알리는 기회로 삼아야/ 박근혜 정부의 대일관계와 독도 관리의 과제

第4部 独島問題の本質と現状的課題は。_211

勅令41号「鬱島郡」管轄区域「鬱陵全島、竹島、石島」で「石島」は独島/ 果たして日本が韓国領土独島の領有権主張をする立場にあるのか?/ 独島問題生じた経緯を見れば、その解決策が見えてくる/ 不合理な日本の論理/ 日本政府の防衛白書、独島挑発、「太政官文書」で強く対応せよ/ 日本政府の独島領有権主張のジレンマ/ 日本が独島領土主権を放棄できない本当の理由/ 日本の独島挑発日増しに激化する訳、韓国政府と慶尚北道独島守護活動の方向を間違ったせい…/ 独島に対する日本の国際司法裁判所提訴発言の真意とその対応策は/ 李明博大統領の独島訪問、独島守護のため時代的絶体絶命の課題だった/ 歴史的教訓、韓国の政治的・経済的混乱に乗じ、日本は独島の領土主権侵害を狙う/ 独島問題の解決はいつか?/ 独島問題解決法は、近視眼的対応ではなく「遠視眼的対応」のみ…/ 独島管理、尖閣紛争を教訓に「有人島としての主権表示」積極的に大急ぎで/ 尖閣諸島の教訓から独島守護方法を知ろう/ 国家指導者の強力なリーダーシップだけが日本の独島挑発止めさせられる/「創造的独島政策」だけが日本の「偽」に勝つ/ 独島主権放置が実用外交ではない/ 朴槿恵政府「独島入島サポートセンター」中止、誤った判断/ 安倍政権と朴槿恵政権間の韓日関係、このまま放っておくのか?

第5部 日本の極右である安倍政権の独島挑発へ、対応策は。_349

中日両政権の領土ナショナリズム、東アジアが紛争とジレンマの中に追い詰める/ 領土ナショナリズム強化の安倍政権、それが毒と知るべき/ 国家主義性向安倍政権の誤判/ 過去、現在、未来にも日本には良心的な日本人がいる。安倍首相の偏った民族主義では「独島=韓国の地」に変えられない/ 日本政府「韓国が独島を不法に武力占領している」というでたらめな主張、政治指導者らの無知のせい…/ 軍国主義後継者安倍首相の挑発、一瞬の油断で「売国」と「愛国」政権と歴史に刻まれる/ 安倍首相は心得ているのか?「北方領土の日」はあってもなぜ「独島の日」のないことを…/ 安倍首相は「北部大陸棚協定」を知っているのか?/ 安倍政権下で日本島根県が準備する「竹島の日」記念式典

エピローグ_413

제4부 독도 문제의 본질과 과제는 무엇인가? _211

칙령41호의 '울도군' 관할구역 〈울릉전도, 죽도, 석도〉에서 '석도'는 독도가 맞다/ 과연 일본이 한국 영토 독도에 대해 영유권 주장을 할 위치에 있는가?/ 독도 문제의 발생 경위를 보면 그 해법이 보인다/ 황당한 일본의 논리/ 일본 정부의 방위백서 독도 도발, "태정관문서"로 강력히 대응하라/ 일본 정부의 독도 영유권 주장의 딜레마/ 일본이 독도 영토주권을 포기하지 못하는 진짜 이유/ 일본의 독도 도발 날로 격심해지는 이유, 한국 정부와 경상북도 독도 수호 활동 방향 잘못 짚은 탓.../ 독도에 대한 일본의 국제사법재판소 제소 발언의 진의와 그 대응방안은/ 이명박 대통령의 독도 방문, 독도 수호를 위한 시대적 절체절명의 과제였다/ 역사적 교훈, 한국의 정치적 경제적 혼란 틈타, 일본은 독도 영토주권 침해를 노린다/ 독도 문제의 해결 시점은 언제인가?/ 독도 문제의 해법은 근시안적 대응이 아닌 원시안적 대응뿐.../ 독도 관리, 센카쿠 분쟁 교훈으로 '유인도로서의 주권 표시' 적극적으로 서둘러야/ 센카쿠 제도의 교훈에서 독도 수호 방법을 바로 알자/ 국가 지도자의 강력한 리더십만이 일본의 독도 도발 멈출 수 있다/ '창조적 독도 정책'만이 일본의 '거짓'을 이긴다/ 독도 주권 방치가 실용 외교 아니다/ 박근혜 정부의 "독도입도지원센터" 포기는 오판이다/ 아베 정권과 박근혜 정권 사이의 한일 관계 이대로 둘 것인가?

제5부 일본 극우 아베 정권의 독도 도발,
그 대응방안은 무엇인가? _349

중일 두 정권의 영토 내셔널리즘, 동아시아를 분쟁과 갈등 속으로 몰아넣다/ 영토 내셔널리즘을 강화하는 아베 정권, 그것이 독(毒)인지 알아야 한다/ 국가주의 성향 아베 정권의 오판/ 과거, 현재 그리고 미래에도 일본에는 양심적인 일본인들이 있다. 아베 총리의 편향된 민족주의로는 "독도=한국땅" 변경할 수 없다/ 일본 정부는 "한국이 독도를 불법으로 무력 점령하고 있다"고 한다 터무니없는 주장은 정치지도자들의 무지(無知)한 탓.../ 군국주의 계승자 아베 수상의 도발에 순간 방심하면, '매국'과 '애국'의 정권으로 역사에 새긴다/ 아베 총리는 아는가? '북방 영토의 날'은 있는데, 왜 '독도의 날'이 없는지를.../ 아베 총리는 '북부대륙붕협정'을 알고 있는가?/ 아베 정권에서의 일본 시마네현이 준비하고 있는 '죽도의 날' 행사

에필로그_413
찾아보기_421

프롤로그
프로ローグ

プロローグ

(1) 独島の領土的地位は？

　地理的に見ると、独島日本名：竹島。以下、「独島」は日本の隠岐島からは見えず日本とゆかりのない島だが、韓国の鬱陵島からは臨める島として、三国史記、世宗実録地理志、東国輿地勝覧、勅令41号に記述されている。韓国側の無人島であったが、鬱陵島に新羅・高麗時代に人が住んでいた頃は鬱陵島の生活圏として認識され、そして、朝鮮時代に鬱陵島が無人島として管理されていた時期には、東海日本名：日本海。以下、「東海」に鬱陵島と共に存在するもう一つの島として認識され、領域として扱われてきた。

　しかし、日露戦争中に大陸拡張に熱を上げていた日本帝国が、「人が住んでいない」という点を悪用して所有者のいない島だとし、韓国の知らぬ間に「竹島」という名で領土に編入措置した。その1年後に間接的な方法で鬱島郡に通知してきた際、韓国政府は断固としてそれを否定した。

프롤로그

(1) 독도의 영토적 지위는?

지리적으로, 일본 오키 섬에서 독도는 보이지 않기 때문에 일본과 연고가 없는 섬이지만, 한국 울릉도에서는 보이는 섬이다. 삼국사기, 세종실록지리지, 동국여지승람, 칙령41호의 기록에 의하면 독도가 무인도였음에도 불구하고 울릉도에 사람이 거주할 때인 신라와 고려시대에는 울릉도의 생활권으로 여겼고, 비워져서 관리된 조선시대에는 울릉도와 더불어 존재하는 동해의 또 다른 섬으로 인식하여 하나의 영역으로 취급했다.

그런데 러일전쟁 중에 대륙 팽창에 열을 올리고 있던 일본제국이 사람이 살지 않는 바위섬이라는 점을 악용하여 주인이 없는 섬이라고 하여 한국 몰래 '다케시마'라는 이름으로 영토 편입 조치를 했고, 일 년 후 간접적 방법으로 울도군에 알려왔을 때 한국 정부는 단호히 그것을 부정했다.

독도 침탈을 포함하는 일본의 침략 행위는 연합국에 의해 단죄되어

　独島侵奪を含む日本の侵略行為は連合国によって断罪され、太平洋戦争で敗戦するに至り、最終的に連合国は、独島についての歴史的権原に基づいてSCAPIN677号命令書を通じ、韓国を独立させると共に韓国領土に分類した。日本は対日平和条約締結時にも米国にロビー活動を行って独島を侵奪しようと手を尽くしたが、韓国政府はこれを乗り越え、また、韓日協定でも独島という領土を守護し、今日実効的に占有している。

　日本は日本帝国主義が侵奪しようとしていた独島への未練を捨てきれず、今日まで「竹島」が日本の領土だとの事実を操作して、領有権を主張している。

(2) 最近の日本の独島挑発行為は軍国主義の復活か、国民国家としての国益追求か？

　先ず、結論から言えば、日本の独島に対する領有権の主張は軍国主義の復活と、自国の利益という複合的な要因によるものである。日本が領有権を主張する根拠は、日本帝国主義が侵略した領土の領有権である。特に1946年SCAPIN677号では、韓国の領土として暫定措置し、韓国が実効的に管理している状況でも、1951年の対日平和条約で連合国側は英連邦諸国と米国との間の意見の相違から、独島は無人島なので些細な紛争には関与しないとの方針の下、独島の領土的地位を曖昧に処理した。そこで韓国政府は、1952年1月の対日平和条約発効を控えて、実効的支配の状況を対内外に知らしめるた

태평양전쟁에서 패전하기에 이르렀고, 결국 연합국은 독도에 대해 역사적 권원권리의 원천에 의거하여 SCAPIN연합국총사령부각서 677호의 명령서를 통해 한국 독립과 더불어 한국 영토로 분류했다. 일본은 대일평화조약 체결 시에도 미국에 로비하여 독도를 침탈하려고 애를 썼지만 한국 정부는 이를 극복했고, 또한 한일협정에서도 독도 영토를 수호하여 오늘날 실효적으로 점유하고 있다.

일본은 일본제국주의가 침탈하려고 했던 독도에 대한 미련을 버리지 못하고 오늘날까지도 '다케시마'가 일본 영토라며 사실을 조작하여 영유권을 주장하고 있다.

(2) 최근 일본의 독도 도발 행위는 군국주의 부활인가, 국민국가로서 국익 추구인가?

우선 결론적으로 말하면 일본의 독도에 대한 영유권 주장은 군국주의의 부활과 자국 이익이라는 복합적인 요인에 의한 것이다. 일본이 영유권을 주장하는 단서는 일본제국주의가 침략한 영토에 대한 영유권이다. 특히 1946년 SCAPIN677호에서는 한국 영토로 잠정 조치를 하여 한국이 실효적으로 관리하고 있는 상황에서도 1951년 대일평화조약에서 연합국측은 영연방국가와 미국 간의 의견 차이로 독도는 무인도이기에 사소한 분쟁에는 관여하지 않는다는 방침 아래 독도의 영토적 지위를 애매하게 처리했던 것이다. 그래서 한국 정부는 1952년 1월 대일평화조약 발효를 앞두고 실효적 지배 상황을 대내외에 인지시키기 위해 평화선을 선언하여 일본 어선의 독도 접근을 막았다. 일본은

め、平和線を宣言し日本漁船の独島接近を防いだ。日本はこれにす
ぐさま抗議し、それ以降も領有権主張は続いていたが、1965年の韓
日協定で断固とした韓国の立場を崩すことはできなかった。ところ
が最近になって日本の領有権主張が強化されたのは、領海の価値が
拡大したためであり、国益というレベルから領土主権は棚上げして
でも、先ずは、資源を確保したいのである。

(3) 現在進行している独島論争の進行状況を診断すると…

　最近になって独島に対する日本の領有権主張が強化されている。
日本では独島が日本の領土だと主張している部類と、そうでない部
類、無関心な部類とに分けることができる。日本の領土だと主張す
る論者の独島への立場を見てみると、以下の通りである。

　第一、日本帝国主義の独島侵奪行為について、1905年の編入措置
は国際法的に合法的なのだから竹島は日本の領土であり、韓国が武
力で不法占領している。

　第二、独島に対する韓国の実効的支配措置を認めることができ
ず、これまで韓国が独島に設置したすべての建造物を撤去し、今後
の対策についても認めることはできない。

　第三、尖閣諸島は領土問題がなく、日本が実効的に管理している日
本の領土だが、北方領土と竹島はロシアと韓国がそれぞれ日本の領土
を不法に占領している。それにもかかわらず、中央政府は北方領土に
比べて竹島の領土政策に消極的である。このような認識に基づいて、

이에 즉각 항의했고, 그 이후 영유권 주장은 계속되고 있었으나 1965년 한일협정에서 단호한 한국의 입장을 꺾지 못했다. 그런데 최근 들어 일본의 영유권 주장이 강화된 것은 바다 영토의 가치가 확대됨에 따라 국익 차원에서 영토주권은 차치하더라도 우선 자원 확보를 위한 것이다.

(3) 현재 진행되고 있는 독도 논쟁의 진행 상태를 진단하면...

최근 들어 독도에 대한 일본의 영유권 주장이 강화되고 있다. 일본 내에는 독도가 일본 영토라고 주장하는 부류와 그렇지 않은 부류, 무관심, 세 가지 유형으로 분류할 수 있다. 일본 영토론자들의 독도에 대한 입장을 살펴보면 다음과 같다.

첫째, 일본제국주의의 독도 침탈 행위에 대해 1905년 편입 조치가 국제법적으로 합법적인 것이기에 죽도가 일본 영토이고 한국이 무력으로 불법 점령하고 있다는 것이다.

둘째, 독도에 대한 한국의 실효적 지배 조치를 인정하지 못하고 있고, 이전에 한국이 독도에 설치한 모든 건조물을 철거하고 향후 조치에 대해서도 인정할 수 없다는 것이다.

셋째, 센카쿠 열도는 영토 문제가 없고, 일본이 실효적으로 관리하고 있는 일본 영토이지만, 북방 영토와 죽도는 러시아와 한국이 각각 일본 영토를 불법적으로 점령하고 있다. 그럼에도 불구하고 중앙정부가 북방 영토에 비해 죽도에 대한 영토 정책이 소극적이다는 것이다. 이와 같은 인식을 바탕으로 죽도에 대해서 적극적으로 영토 정책을 추

竹島に対しても積極的に領土政策を推進することを扇動している。

　しかしこれは、独島は韓国の領土であるという事実に対する日本の一方的な領有権主張であり、北方領土と尖閣諸島は、両当事者が認める紛争地域で、これらの地域の領土問題は性格がそれぞれ異なっている。

　第四、1998年の新韓日漁業協定によって、独島周辺海域が共同管理水域になったにもかかわらず、韓国が不法に占領している独島の周辺12海里内で、日本の漁師の操業を禁ずるのは理解できない。

　第五、韓国の独島占領の時効期間が長くなることへの焦りと、その不安のために韓国の支配状況をただ見ている訳にはいかない。そこで、国際司法裁判所で紛争を解決しようなどと要求し、紛争地域化を意図している。

　一方、日本の独島領有権主張に対する韓国側の立場は、次の通りである。

　第一、独島は韓国の固有の領土である。日本帝国主義が侵略した地域について反省もせずに領土侵奪のための挑戦を行っている。これは日本が領土的権原を歪曲する行為であり、戦後処理の未清算によるものである。日本の戦後清算として独島の領有権を放棄すれば、独島問題は完全に解決される。

　第二、最近、日本が独島領有権主張を強化しているのは、漁業において独島周辺水域を暫定漁業水域に設定し、両国が同等の地位を認めるという新韓日漁業協定に同意した金大中政府の政策の過ちを

진할 것을 선동하고 있다. 그러나 사실 독도는 한국 영토에 대한 일본의 일방적인 영유권 주장이고, 북방 영토와 센카쿠 제도는 양 당사자가 인정하는 분쟁 지역으로 두 지역의 영토 문제는 성격이 제각기 다르다.

넷째, 1998년 신한일어업협정에 의해 독도 주변 해역이 공동관리수역이 되었음에도 불구하고 한국이 불법으로 점령하여 독도 주변 12해리 내에서 일본 어민들의 조업을 못하게 하는 것은 이해할 수 없다는 것이다.

다섯째, 한국의 독도 점령으로 시효기간이 길어지는 것에 대한 초조함과 불안함 때문에 한국의 지배 상황을 그냥 보고 있을 수 없다는 것이다. 그래서 국제사법재판소에서 분쟁을 해결하자는 등의 요구로 분쟁 지역화를 의도하고 있다.

한편 일본의 독도 영유권 주장에 대해 한국 측의 입장은 다음과 같다.

첫째, 독도는 한국의 고유 영토이다. 일본제국주의가 침략한 지역에 대해 반성 없이 영토 침탈을 위한 도전을 받고 있다. 이는 일본이 영토적 권원을 왜곡하는 것으로 전후 처리의 미청산에 의한 것이다. 일본의 전후 청산으로 독도에 대한 영유권을 포기함으로써 독도 문제가 완전히 해결되는 것이다.

둘째, 최근 일본이 독도 영유권 주장을 강화하고 있는 것은 어업에 있어서 독도주변수역을 잠정어업수역에 포함시켜 양국이 동등한 지위를 인정하는 신한일어업협정에 동의한 김대중정부의 정책 오류를 바로잡아 독도주변수역 배타적 주권을 확보해야 한다는 입장이다. 그러

正し、独島周辺水域を排他的主権として確保すべきだという立場である。しかし、韓国政府は、韓日関係の悪化を懸念して、法的保証よりも政治的紛争を懸念して、これを破棄できずにいる。

第三、韓国政府は独島に対する日本の挑戦を受けても、韓日関係の悪化を懸念して積極的な独島管理をためらっている。例えば、大統領の独島訪問、独島船着場の拡大、独島の海底地形名を国際水路機関に登録することは勿論のこと、ハイドレートなどの地下資源開発などもここに含まれる。

第四、最近日本が推進している島根県の「竹島の日」の制定などを通して竹島の領土化活動、独島領土を日本の防衛区域とする防衛白書発刊、文部省の独島教育の義務化、独島挑発のための自民党議員の鬱陵島訪問の試み、日本巡視船の独島周辺の巡回など、日本の強気な独島挑発に苦しめられている。

(4) 最近の韓日の独島論争が激化した背景を分析するなら。

日本は1965年の韓日協定で、韓国が主張する独島の領有権について「竹島」領土論が貫徹できず、「竹島」の領有権活動を暫定的に中断し、その状況は最近まで続いた。ところが1999年の新韓日漁業協定での韓国政府の政策的過ちにより、漁業に限定したものではあるが、独島の周辺水域を暫定的に韓日両国が共同で管理する水域として合意したため、日本は独島が紛争地域であると政治的に悪用した。一方、韓国内でも、政府の失策を批判する世論が社会問題となった。

나 한국 정부는 한일 관계의 악화를 우려하여 법적 보장보다는 정치적 분쟁을 피해 이를 파기하지 못하고 있다.

셋째, 한국 정부는 독도 영토에 대한 일본의 도전을 받고서도 한일 관계의 악화를 우려하여 적극적인 독도 관리를 망설이고 있다. 예를 들면 대통령의 독도 방문, 독도 선착장 확대, 독도해저지명을 국제수로기구에 등재하는 일은 물론이고, 하이드레이트Gas Hydrate 등의 지하자원 개발 등이 여기에 포함된다.

넷째, 최근 일본이 추진한 시마네 현의 '죽도의 날' 제정 등을 통한 죽도 영토화 활동, 독도 영토를 일본의 방위구역에 포함시키는 방위백서 발간, 문부성의 독도 교육의 의무화, 독도 도발을 위한 자민당의원의 울릉도 방문 시도, 일본순시선의 독도 주변 순회 등 일본의 도전적인 독도 도발에 대해 고심하고 있다.

(4) 최근 한일간에 독도 논쟁이 격화된 배경을 분석하면,

일본은 1965년 한일협정에서 한국이 주장하는 독도 영유권에 대해 '죽도' 영토론을 관철시키지 못하여 '죽도' 영유권 활동을 잠정적으로 중단해 최근까지 이어져 왔다. 그런데 1999년 신한일어업협정에서 한국 정부의 정책적 오류로 인해 어업에 한정된 것이지만 독도 주변수역을 잠정적으로 한일 양국이 공동 관리하는 수역으로 합의함으로써 일본은 독도를 분쟁 지역이라고 단정짓고 정치적으로 악용했다. 한편 국내에서도 정부 정책의 오류를 비판하는 여론이 사회문제로 대두되었다. 이러한 틈을 타 한국에서 일본어 강사로 위장하여 거주하던 극우

この隙に乗じて、韓国では日本語講師に成りすまして居住していた極右の下條正男が帰国し、「竹島」領土化の扇動を本格化したために再び韓日間で独島紛争が激化した。下條は独島の歴史的権原、および戦後韓日間の独島問題の帰結や連合国の措置については門外漢と言え、単にナショナリズムによる竹島領土論者である。これら歪曲した扇動で、韓日関係を悪化させたのだ。

日本の独島挑発を煽る日本国内の背景を見ると、次の通りである。

第一、日本の領土論者の内面には、中央政府が北方領土に比べて竹島の領土政策をないがしろにしているという認識があり、また、韓国の実効的支配について絶えず憤慨している。

第二、帰国した下條正男が島根県に働きかけて竹島問題研究会を設置し、更に、島根県議会も動かして「竹島の日」を制定するよう仕向けた。また、中央政府には、中央政府レベルで積極的に竹島の領有権運動を推進するように圧力を行使した。

第三、日本政府は、下條正男などの煽動に同調し、学校での独島教育を義務化した。

第四、このような日本の独島教育義務化について韓国が抗議すると、日本は再びこれを悪用して、独島が紛争地域であることを世論化する。

第五、韓日間の独島紛争を悪用し、下條正男は日本自民党の極右議員を扇動して独島挑発のために鬱陵島訪問を推進した。

第六、これら自民党議員はこれを悪用して、独島問題に消極的な

인사 시모조 마사오가 귀국하면서 '죽도' 영토화 선동을 본격화하여 다시 한일 간에 독도 분쟁이 격화되었다. 시모조는 독도의 역사적 권원, 그리고 전후 한일 간의 독도 문제의 귀결이나 연합국 조치에 대해 문외한이거나, 내셔널리즘에 의한 죽도 영토론자이다. 이들의 왜곡된 선동으로 한일 관계를 악화시켰다.

일본의 독도 도발을 부추기는 일본 국내의 배경을 보면 다음과 같다.

첫째, 일본 영토론자들의 내면에는 중앙정부가 북방 영토에 비해 죽도에 대한 영토 정책을 소홀히 한다는 인식을 갖고 있고, 또한 한국의 실효적 지배에 대해 늘 분노하고 있다.

둘째, 귀국한 시모조 마사오가 시마네 현을 움직여 죽도 문제 연구회를 설치하였고, 또한 시마네 현 의회를 움직여 '죽도의 날'을 제정하도록 했다. 또한 중앙정부에 대해서는 중앙정부 차원에서 적극적으로 죽도 영유권 운동을 추진하도록 압력행사를 했다.

셋째, 일본 정부는 시모조 마사오 등의 선동에 동조되어 학교에서 독도 교육을 의무화했다.

넷째, 이러한 일본의 독도 교육 의무화에 대해 한국이 항의하면 이들은 다시 이를 악용하여 독도가 분쟁 지역임을 여론화한다.

다섯째 한일간의 독도 분쟁을 악용하여 시모조 마사오는 일본자민당의 극우의원들을 선동하여 독도 도발을 위해 울릉도 방문을 추진했던 것이다.

여섯째, 이러한 자민당의원들은 이를 악용하여 독도 문제에 소극적인 민주당정권 타도에 이용하고 있다.

民主党政権を打倒しようとしている。

(5) 日本の独島挑発に対する韓国側の対応の問題点は？

韓国政府は、日本が独島挑発を敢行するごとに対外的に強く対応し、日本国民や国際社会に韓国の領土である独島に対する日本の挑発を告発すべきである。しかし、これまで韓国側は、全国民が立ち上がっても単発的で感情的に反応したため、却って日本国民と国際社会に紛争地域として認識させる結果をもたらした。

対内的には、日本の挑発に対応すべく、強力な措置のための方針を立てても、環境部、外務部、自治体慶尚北道などの関連省庁間の意見の食い違いから実行に移すことができず、結果的に日本側に利を与えてしまうことが多かった。環境部の妨害によって、接岸施設の増築などの領土守護のための実効的な管理が後回しになりがちだ。現在日本は韓国の領土である独島について、むしろ韓国が日本の領土である「竹島」を不法に占領しているという立場にある。こうして見れば、独島は環境問題などではなく、領土主権の問題である。

(6) 日本の独島挑発の再発防止のための韓国の実践方向は？

日本は昔から独島管理のための韓国の施設に対し、撤去を主張しながらも韓国の実効的管理には抗議するにとどまっていた。ところが、1998年の新韓日漁業協定以降は、毎年定期的に防衛白書と外交

(5) 일본의 독도 도발에 대한 한국 측 대응의 문제점은?

한국 정부는 일본이 독도 도발을 감행할 때마다 대외적으로는 강력하게 대응하여 일본 자국민과 국제사회에 한국 영토 독도에 대한 일본의 도발을 고발해야 한다. 그러나 지금까지의 한국 측 대응은 전 국민이 분기하여 단발적이고 감정적인 반응을 보여 왔고 오히려 일본 국민과 국제사회에 분쟁 지역으로 인식하게 하는 결과를 초래했다.

대내적으로는 환경부, 외교부, 지자체경상북도 등 관련 부처 간의 견해 차이에 의해 일본의 도발에 대응하여 강력한 조치를 위한 방침을 세우고서도 막상 실행에 옮기지 못하고 결과적으로 일본만 득보게 하는 경우가 많았다. 현재 일본은 한국 영토인 독도에 대해 오히려 한국이 일본 영토인 '죽도'를 불법적으로 점령하고 있다는 입장이다. 이렇게 볼 때 독도는 환경의 문제가 아니고, 영토주권의 문제이다. 그런데 환경부의 방해로, 접안 시설 증축 등의 영토 수호를 위한 실효적 관리가 뒤로 미루어지기 십상이었다.

(6) 일본의 독도 도발의 재발 방지를 위한 한국의 실천 방향은?

일본은 과거부터 독도 관리를 위한 한국의 시설물에 대해 철거를 주장하면서 한국의 실효적 관리에 대해 항의하는데 그쳤다. 그런데 1998년 신한일어업협정 이후에는 정기적으로 매년 방위백서와 외교백서에 독도가 일본 영토라고 명기했고, 또한 상황에 따라 국제지명위원회에서 한국의 해저지명 등재에 항의하며 일본 측량선의 독도 입도 시도,

白書に独島が日本の領土と明記し、また、状況に応じて、国際指名委員会に韓国の海底地形名登載を抗議して、日本測量船の独島への入島の試み、島根県の「竹島の日」の制定、学校教育での独島教育の義務化、自民党議員の独島挑発のための鬱陵島訪問の試みなど、不定期的な挑発を強行してきた。今後も日本の定期、不定期な挑発が予想され、これに対する適切で積極的な対応が必要である。

　対応は、短期的な対応と長期的な対応とに分けることができる。独島に対する挑発は主権に対する挑戦である。強力かつ断固として対応しなければならない。先ず、短期的な方法としては、日本の挑発に十倍、百倍の強度で対応することにより、これ以上の挑発は被害を被るという認識を植えつけることである。そうしなければ頻繁に挑発してくることが予測される。今後、日本の挑発に対応すべき課題としては、科学基地の早期建設、独島の積極的な有人島化の推進、船着場の拡大、レジャー施設の拡充、新韓日漁業協定の破棄、大統領の独島訪問などがある。また、外交公館を通じて日本の挑発の状況を説明し、独島が韓国領土という事実を頻繁に公文書形式的に広報すべきである。今まではそういう対応をしておらず、日本は挑発を介して有益な結果を得ていたため、毎年何度も挑発を敢行している。

　長期的な方法としては、日本に対し独島問題の本質を日本国民と日本の政治家、日本政府に積極的に広報して領有権に対する認識を変えさせることである。1965年の韓日協定当時の日本政府は、独島が韓国領土という韓国の主張を黙認した。そのため、1998年の新韓

시마네 현의 '죽도의 날' 제정, 학교 교육에서의 독도 교육의 의무화, 자민당의원의 독도 도발을 위한 울릉도 방문 시도 등 부정기적인 도발을 자행해 왔다. 향후에도 일본의 정기적 부정기적 도발이 예상되며 이에 대한 적절한 적극적 대응이 필요하다.

먼저 단기적인 대응과 장기적인 대응으로 나눌 수 있다. 단기적으로는 독도에 대한 도발은 주권에 대한 도전이다. 강력하고 단호하게 대응해야 한다. 그 방법으로는 일본의 도발에 십배, 백배의 강도로 대응함으로써 더 이상 도발은 손해를 볼 수 있다는 인식을 심어줘야 한다. 그렇지 않으면 수시로 도발해올 것이다. 향후 일본의 도발에 대응하여해야 할 과제로서는 과학기지의 조기 건설, 독도유인도화 적극 추진, 선착장 확대, 레저시설 확충, 신한일어업협정 파기, 대통령의 독도 방문 등이 있다. 또한 외교공관을 통해 일본의 도발에 대한 상황을 설명하고 독도가 한국 영토라는 사실을 수시로 공문화하여 홍보해야 할 것이다. 지금까지는 그렇게 대응하지 않았기에 오히려 일본은 도발을 통해 많은 득을 보았고, 매년 수시로 도발을 감행하고 있다.

장기적 대응으로는, 독도 문제의 본질을 일본 국민과 일본 정치가, 일본 정부에 적극적으로 홍보하여 영유권에 대한 인식을 변화시키는 것이다. 1965년 한일협정 당시의 일본 정부는 독도가 한국 영토라는 한국 주장을 묵인하였다. 그렇기 때문에 1998년 신한일어업협정이 체결될 때까지 독도 도발을 하지 않았다. 신한일어업협정에서 독도를 잠정적인 어업 수역에 포함시키자는 일본의 요구에 한국이 동의함으로써 일본은 이것을 공동관리수역으로 확대해석하여 독도의 영유권 주

日漁業協定が締結されるまで、独島挑発をしなかった。新韓日漁業協定で独島を暫定的な漁業水域に編入させようとする日本の要求に韓国が同意することにより、日本はこれを共同管理水域に拡大解釈し、独島の領有権主張を強化したのだ。言い換えれば、日本政府や日本の領土論者らが独島の本質を正しく認識できていないことによって生じた、誤解による領有権の主張ということができる。これらの誤解を払拭させるには、日本現地で日本語のパンフレットを発行したり、日本の学界と政界に対し討論会を開催して独島の本質を示すべきである。また、国際社会にも独島の本質について誤解されることのないように専門家を招聘し、学術討論会を介して、国際社会の世論化を推進すべきである。

　日本が独島の領有権を主張し始めたのは、無人島だったからである。独島に韓国人が住んでいたなら日本は領土編入措置を取らなかっただろう。よって韓国は独島の実効的管理を強化しなければならない。誰が見ても韓国の領土だと認識できるように、韓国の文化が存在する独島でなければならない。そのためには韓国人が居住したり、往来する島でなければならない。また、韓国の施設がある島、韓国のレジャー施設、科学基地、観光施設などがある韓国人が管理する島でなければならない。

　韓国は、独島が厳然たる韓国領土である以上、日本を紛争相手国と意識し、独島を管理するにあたって躊躇することがあっては絶対にならないだろう。

장을 강화했던 것이다. 즉 다시 말하면, 일본 정부나 일본 영토론자들이 독도의 본질을 제대로 알지 못함으로써 생긴 오해에 의한 영유권 주장이라고 할 수 있다. 이러한 오해를 불식시키기 위해서는 일본 현지에서 일본어 책자를 발행한다거나, 일본 학계와 정계에 토론회를 개최하여 독도의 본질을 알리는 것이다. 또한 국제사회에서도 독도의 본질에 관해 오해하는 일이 없도록 전문가를 초빙하여 학술토론회를 열고 국제사회의 여론화를 추진해야 할 것이다.

일본이 처음 영유권을 주장하게 된 것은 독도가 무인도였기 때문이다. 한국인들이 독도에 살고 있었더라면 일본은 영토편입 조치를 취하지 않았을 것이다. 그래서 한국은 독도에 대한 실효적 관리를 강화해야 한다. 누가 보더라도 한국 영토라고 인식하도록 한국의 문화가 존재하는 독도로 만들어야 한다. 이를 위해서는 일단 한국인이 거주하거나 왕래하는 섬이 되어야한다. 또한 한국의 시설물, 레저시설, 과학기지, 관광시설 등이 건립된, 한국인이 관리하는 섬이어야 한다.

독도가 엄연한 한국 영토인 이상 일본을 분쟁의 상대국이라고 의식하여 독도를 관리함에 있어서 주저하는 일이 있어서는 절대로 안 될 것이다.

(7) 독도 영유권에 대한 미국의 영향

특히 독도 영유권 문제는 미국의 입장이 매우 중요하다. 그래서 필자는 미국인들에게 독도가 한국 영토라는 인식을 명확히 심어 주기 위해 한인들을 포함한 미국인, 기타 외국인들을 상대로 독도 강의를 시

(7) 独島領有権に対する米国の影響

独島領有権の問題は、米国の立場が非常に重要である。そのため、米国人に独島が韓国の領土だという認識をしっかり持たせようと韓国人を含む米国人、その他の外国人を対象に独島講義を始めた。具体的な理由は次の通りである。

第一、外国に行けば愛国者になるという話もあるように、国内の韓国人に劣らず在米韓国人たちの独島に対する領有権意識が非常に高いことを確認した。

第二、日本が独島問題を国際司法裁判所に寄託して、紛争地域化させる意図を持っているため、国際社会の認識が重要である。その中でも特に世界で最も影響力のある米国の独島認識が、非常に重要である。

第三、過去の第二次世界大戦後から始まった冷戦と共に、米国がソ連を中心とした共産陣営と対立する状況で日本を自由陣営に取り込むため、新生独立国である韓国の立場を無視して日本の立場を擁護したことがあった。これにより締結されたのが対日平和条約である。対日平和条約を締結した国は、第二次大戦直後のSCAPIN677号で、独島が韓国の領土であることを明確にしていた。ところが、これを変えるために日本が米国にロビーを行い、最終的には対日平和条約で、当初は韓国の領土と明記しようとしたものを、米国の影響力で独島が韓国領土という規定が外された。今も日本が独島領有権を主張しているのは、戦勝国である連合国全体の意思を無視し、当

작했다. 구체적인 이유는 다음과 같다.

첫째, 외국에 가면 애국자가 된다는 말도 있듯이, 국내 한국인 못지 않게 재미 한인들도 독도에 대한 영유권 의식이 매우 높다는 것을 확인했다.

둘째, 일본이 독도 문제를 국제사법재판소에 기탁하여 분쟁 지역으로 확대시키려는 의도가 있으므로 국제사회의 인식이 중요한데, 그중에서도 특히 세계에서 가장 영향력이 있는 미국의 독도 인식이 매우 중요하다.

셋째, 과거 제2차 세계대전 이후부터 시작된 냉전과 더불어, 미국이 소련 중심의 공산진영과 대립되는 상황에서 일본을 자유진영에 포함시키기 위해 신생 독립국인 한국의 입장을 무시하고 일본의 입장을 두둔한 적이 있었다. 그래서 체결된 것이 대일평화조약이다. 대일평화조약을 체결한 연합국은 제2차 세계대전 직후 SCAPIN677호를 통해 독도를 한국 영토로 명확히 하고 있었다. 그런데 일본은 이를 변경하기 위해 미국에게 로비함으로써, 애당초 대일평화조약에서 한국 영토로 명기하려고 했던 것이 결국 미국의 영향력으로 독도가 한국 영토라는 규정이 제외되었다. 지금도 일본이 독도 영유권을 주장하는 것은 전승국인 연합국 전체의 의사를 무시하고 당시 일시적으로 지지했던 미국의 입장만을 강조하여 독도 영유권을 주장하고 있다. 그래서 현재 일본은 정치적 이해관계로 미국과 거래하여 과거와 같은 미국의 입장을 강요하려는 의도를 갖고 있다.

時一時的に支持した米国の立場だけを強調するものである。従って、現在の日本は、政治的な利害関係で米国と取引し、過去の米国の立場を強要しようという意図がある。

(8) 日本の安倍極右政権の朴槿恵政府の外交的課題は？

　自民党政府は、過去に屈辱的とも言えるほど、米国に追従する政府であった。前の民主党政府は、これらの対米追従政策を反省してアジア重視政策を実施した。だから、米国と民主党政府の、日本の望む関係にあった。今、李明博政権時代に米国議会図書館の地名分類過程で「独島」という名が消える危機にさらされているが、李明博大統領とブッシュ大統領との親交から、李明博大統領がブッシュ大統領に会ってこれを是正し、独島という名称を元の状態に戻した。

　日本は、再び自民党政府が政権を握るようになった。この状況で、韓国政府が米国政府との関係を疎かにすれば、日本の対米外交力によって独島問題が悪用される可能性がある。着実に日本よりも積極的に対米外交を推進すべきである。

　今、独島問題は韓日間の問題という域を超えている。独島の歴史的権原に日本の領土としての証拠が全くないので、日本の歴史学者を始め進歩的な国民も、独島が韓国領土であると日本国内ですら声を上げている。韓国に独島領有権を主張したところで独島問題が有利に解決できる可能性はなく、むしろ韓日関係が悪化するばかりで日本にとって何の徳にもならないと認識したからである。それで、

(8) 일본의 극우 아베 정권에서 박근혜 정부의 외교적 과제는?

자민당 정부는 과거 굴욕적이라고 할 만큼 미국을 추종하는 정부였다. 지난 민주당 정부는 이러한 대미추종 정책을 반성하여 아시아중시 정책을 실시했다. 그래서 미국과 민주당 정부의 일본이 소원한 관계에 있었다. 마침 그 당시 이명박 정부 시절, 미국 국회도서관에서 지명분류 과정에 '독도'라는 명칭이 사라질 위기에 놓여 있었는데 이명박 대통령과 부시 대통령의 친분으로, 두 대통령이 만나 이를 시정하여 독도 명칭을 원상태로 돌려 놓았다.

한편 일본은 다시 자민당 정부가 정권을 잡게 되었다. 이러한 때에 한국 정부가 미국 정부와의 관계를 소홀히 한다면 일본의 대미 외교력에 의해 독도 문제가 악용당할 수 있다. 꾸준히 일본보다 더 적극적으로 대미 외교를 추진해야 할 것이다.

이제 독도 문제는 한일 간의 문제를 넘어서고 있다. 왜냐하면 일본 영토로서 독도의 역사적 권원과 그 증거가 전혀 없기 때문에 일본의 역사학자를 포함한 진보 성향의 자국민들까지도 독도가 한국 영토라는 목소리를 높이고 있다. 더욱이 더 이상 영유권을 주장해서 독도 문제를 한국에 대해 유리하게 해결될 가능성은 없고, 오히려 한일 관계의 악화로 일본에게 득이 되지 않는다는 것을 인식하고 있다. 때문에 일본은 한때 자유진영에 포함시키기 위해 그들의 입장을 두둔한 적이 있던 미국에 의지하려는 경향이 아주 크다. 그래서 현재 미국에 대한 로비를 적극적으로 하려는 것이 일본의 대미정책이다. 최근 일본이 국제사법재판소에서 독도 문제를 제소하겠다고 으름장을 놓은 것도 과

過去の冷戦時代に日本を自由陣営に入れるために、かつて日本の立場を擁護した米国に頼ろうとする傾向が非常に強い。従って、今、米国へのロビー活動を積極的に行おうというのが日本の対米政策である。最近日本が国際司法裁判所に竹島問題を提訴すると脅しをかけたのも、過去の米国の立場を顕在化させようとする意図が根底にある。

米国は現在、中立的な立場を取っているが、国際社会の政治的変動に応じて、いつでも日本の立場を擁護する蓋然性がある。その理由は、米国の領土認識には、韓国のような固有領土への領土認識が欠けているからである。周知のように現在の米国は、その昔インディアンの領土を侵略し、帝国主義的な領土侵略によって建てられた国である。そのため、今日の国際法でさえ過去の帝国主義の領土侵略が違法であるという認識が欠けており、日本の帝国主義の領土侵略が完全に排撃されることを、全くもって確証できない。これは大きな問題である。

だからこそ、韓国政府の粘り強い外交的努力が必要なのである。先ずは独島が韓国領土だという明確な認識を植えつけること、第二に、国際政治がいかに変化しようとも韓国の立場が支持してもらえるよう、友好的な関係を維持することが重要である。

独島問題は既に韓日間の問題ではなく、国際社会の問題となった。韓日の間では韓国の勝利の証に韓国が独島を実効的に支配しているため、日本だけの力では韓国の実効的支配を変更することはできない。それで独島問題に門外漢である国際社会へ持ち出すのであ

거 미국의 입장을 표면화시키려는 의도가 깔려 있다.

미국은 현재 중립적인 입장이지만, 국제사회의 정치적 변동에 따라 언제든지 일본의 입장을 두둔할 개연성을 갖고 있다. 왜냐하면 미국의 영토 인식은 한국처럼 고유 영토에 대한 인식이 결여되어 있기 때문이다. 알다시피 현재 미국은 과거 인디언의 영토를 침략하여 제국주의적인 영토 침략에 의해 세워진 국가이다. 그 때문에 오늘날의 국제법조차도 과거 제국주의의 영토 침략이 불법이라는 인식이 결여되어, 일본의 제국주의적 영토 침략이 완전히 배격된다는 것을 전적으로 확증할 수 없다는 것이 큰 문제이다.

따라서 한국 정부의 꾸준한 외교적 노력이 필요한 것이다. 먼저 독도가 한국 영토라는 명확한 인식을 심어야 할 것이고, 둘째는 국제정치가 어떻게 변동된다 하더라도 한국의 입장을 지지할 수 있도록 우호적 관계를 유지하는 것이 중요하다.

독도 문제는 이미 한일 간의 문제가 아닌 국제사회의 문제가 되었다. 한일 간에는 한국의 승리로, 한국이 독도를 실효적으로 지배하고 있기 때문에 일본 자신들의 힘만으로는 한국의 실효적 지배를 변경시킬 수 없다. 그래서 독도 문제에 문외한인 국제사회로 대두시키려는 것이다. 때문에 미국을 비롯한 국제사회에서 독도가 한국 영토임을 공론화시키는 것은 매우 중요하다. 이번 백악관 진정서의 경우도 일본은 독도가 일본 영토라며 미국을 설득하고 있는데 한국이 이를 묵인한다면 미국은 일본 영토로 인식할 수도 있으므로 더욱 적극적으로 영토 문제의 본질을 알려야 한다.

る。従って、米国を始め国際社会において独島が韓国領土であること
を公論化させることが非常に重要である。今回のホワイトハウス陳情
書でも、日本が独島は日本の領土だと米国を説得しているが、韓国が
これを黙認すれば、米国は日本の領土として認識しかねない。日本よ
りも更に積極的に、領土問題の本質を訴えていかねばならない。

　独島問題は領土主権の問題である。議論の対象ではない。独島問
題について明確な立場を表明することが好ましい。そして経済的協
力の問題などは、全く別な外交政策として対処すべき部分である。
絶対に独島問題は、他の外交問題や妥協の対象ではないと明確にす
べきである。

　毎年、日本は防衛白書と外交青書を出版する。時には教科書も改
訂する。これは、日本政府の力であり、官僚国家の特徴と言え、こ
れを避けることはできないだろう。しかし、これに、強い姿勢で対
応する必要がある。経済を始めとする他の外交は、違うルーターで
継続的に推進すればよい。そうしてこそ、韓日の友好関係が今後も
保てるだろう。そうでなければ、毎年発刊される防衛白書と外交青
書のため、1年以内に韓日関係が断絶することは明らかである。

　最後に、日本学的・領土学の観点から独島研究を行なっている大
邱大学校独島領土学研究所の研究叢書発行を、快諾してくださった
ユン・ソクヒョン社長に感謝の言葉を述べたい。

2014年11月30日

独島領土学研究所にて

筆者記す

독도 문제는 영토주권의 문제이다. 논의의 대상이 아니다. 독도 문제에 대해 명확한 입장을 표명하는 것이 좋다. 그리고 경제적 협조 문제 등은 전혀 별개의 외교정책으로 다루어야 할 부분이다. 절대로 독도 문제는 다른 외교 문제와 타협의 대상이 아니라는 것을 명확히 해야 할 것이다.

그리고 매년 일본은 방위백서와 외교청서를 발간한다. 때로는 교과서도 개정한다. 이는 일본 정부의 힘으로 피할 수 없는 관료국가의 특징이라고 할 수 있기 때문에 이를 피할 수는 없을 것이다. 이때에는 강력히 대응할 필요가 있다. 경제를 비롯한 다른 외교는 별도의 루트로 꾸준하게 추진해야 한다. 그래야만이 한일의 우호 관계가 지속적으로 유지될 수 있을 것이다. 그렇지 않으면 매년 발간되는 방위백서와 외교청서에 의해 1년 안에 한일 관계가 단절될 것이 분명하다.

마지막으로 일본학적·영토학적 관점에서 독도 연구를 실행하고 있는 대구대학교 독도영토학연구소에서 발간하는 연구총서의 발행을 기꺼이 허락해 주신 윤석현 사장님께 감사하다는 말씀을 전한다.

2014년 11월 30일
독도영토학연구소에서
필자 씀

* 각 본문의 내용은 2006년~2014년 사이 언론매체에서 발표된 칼럼을 집대성한 것입니다. 이하 동일.

제1부
독도 기점의
배타적 경제수역을
확보하라!

第1部
独島基点の
排他的経済水域を
確保せよ！

今回の日本側挑発を
好機に新漁業協定破棄し
「独島基点EEZ宣言する時」

　独島が韓国の固有の領土であるなら、国際法によって12海里領海と200海里排他的経済水域は守られねばならないが、東海には200海里が設定されていない。韓日両国辺境の島、独島と隠岐島の中間にEEZが引かれるべきである。ところが現在、新漁業協定1999年により、国際法上、独島は共同管理の漁業水域として扱われ、両国間の解釈の相違から領海と排他的経済水域が、あるべき姿の状態にない。

　このような状況で日本は最近、国際水路機関IHOに、4月14日から6月30日まで韓国のEEZに属す独島周辺鬱陵島東方30~40海里地点を含む海洋測量計画などの探査計画を通知した。韓国が6月21日から23日、ドイツで開催される国際水路機関海底地形名小委員会SCUFNで「鬱陵海盆」2005年12月指定など、18の東海地形名に対する国際認定を推進し

이번 일본 도발 호기 삼아,
신어업협정 파기하고
독도 기점 EEZ 선언할 때

독도가 한국의 고유 영토라면 국제법에 의해 12해리 영해와 200해리 배타적 경제수역이 온전해야 한다. 동해는 200해리가 되지 않기 때문에 한일 양국의 변경의 섬인 독도와 오키 섬 중간선으로 EEZ배타적 경제수역가 결정되어야 한다. 그러나 현재 신어업협정1999년에 의해 국제법상 독도는 공동 관리의 어업수역 안에 포함되어 양국 간의 해석이 달라 영해와 배타적 경제수역이 온전하지 못하다.

이러한 상황에서 일본은 최근 국제수로기구IHO에 4월 14일부터 6월 30일까지, 한국의 EEZ에 속하는 독도 주변울릉도 동방 30~40해리 지점을 포함하는 해양측량계획 등 탐사계획을 통보했다. 한국이 6월 21일에서 23일 독일에서 열리는 국제수로기구 해저지명 소위원회에서 '울릉분지'2005년 12월 지정 등 18개의 동해 지명에 대한 국제공인을 추진하는 데 대한 반발이다. 이미 일본은 1978년 국제수로기구에 '쓰시마분지', '슌

たことへの反発である。既に日本は1978年、国際水路機関に「対馬海盆」「シュンヨウタイ 俊鷹堆」を登録して東海地形名を先取りしていた。

　韓国政府は今回の事態を領土主権に対する挑発行為と見做し、拿捕など強硬対応方針を日本に通告した。小泉首相は海上保安庁に「冷静かつ正確に対処せよ」と指示し、独島周辺の探査計画を強行する意を明らかにした。

　しかしその実、日本はすぐさま次官級の代表を韓国に派遣し、韓国の「海底地形名登録の放棄」と日本の「独島近海探査中止」を交換条件に、所期の目的を達成したのだった。このような威嚇的外交姿勢は近代以降、日本の領土政策で再三見られた、日本外交の特徴である。韓国が地形名を登録しようとすると、探査はいつでも再開できると言ってくる。事前に計画された日本のシナリオは、またしても韓国の失を繰り返す談判で終わった。

　日本は解放に加えて、韓国が実効的支配をしてきた独島の領土主権を否定している。対日平和条約1951年締結の過程で、「竹島領有権」明記のために連合国にロビー活動をし、韓国の平和線宣言1952年に抗議し、韓日協定1965年の際には、平和線撤廃を主な議題として強硬な姿勢を取った。これら日本の挑戦的な独島侵奪行為は、独島を中間水域に含む新韓日漁業協定1999年の締結で最高潮に達した。今後もこういった独島紛争は時限爆弾のように、何度も起こると見られる。

요타이倭鷹堆'를 등록하여 동해 지명을 선점한 바 있다.

한국 정부는 이번 사태를 영토주권에 대한 도발 행위로 규정하여 나포 등 강경대응방침을 일본에 통보했다. 고이즈미 총리는 해상보안청에 '냉정하고 정확히 대처하라'고 지시하여 독도 주변 탐사계획을 강행하겠다는 의지를 표명했다.

그러나 사실 일본은 차관급 대표를 급히 한국에 파견하여 한국의 '해저지명 등록 포기'와 일본의 '독도 근해 탐사 취소'를 교환 조건으로 제시하여 소기의 목적을 달성했다. 이처럼 위협을 통한 외교 행태는 근대이후 일본의 영토 정책에서 자주 볼 수 있었던 일본 외교의 특징이다. 일본은 한국이 지명을 등록하려고 하면 언제든지 탐사를 재개시하겠다고 했다. 사전 계획된 일본의 시나리오는 또 한번 독도 외교에서 한국의 실失을 재생산하는 담판으로 끝났다.

일본은 해방과 더불어 한국이 실효적 지배해 온 독도의 영토주권을 부정하고 있다. 대일평화조약1951년 체결 과정에서 '다케시마 영유권' 명기를 위해 연합국에 로비했고, 한국의 평화선 선포1952년에 항의했으며, 한일협정1965년 때에는 평화선 철폐를 주 의제로 삼아 관철시켰다. 이러한 일본의 도전적인 독도 침탈 행위는 독도를 중간수역 안에 포함시키는 신한일어업협정1999년 체결에서 극에 달했다. 앞으로도 이와 유사한 독도 분쟁은 시한폭탄처럼 계속될 전망이다.

과거 한국 정부는 영토 분쟁화를 우려하여 '조용한 외교'로 독도 외교에 있어서 일방적으로 양보만 일관해 왔다. 이번 사태를 교훈으로 일본의 강압적인 행동에 다시는 굴복하지 말고 반드시 선점당한 동해

　過去韓国政府は、領土紛争化を懸念して「静かな外交」を進め、独島外交においては常に譲歩し続けてきた。今回の事態を教訓に、日本の強圧的な行動に二度と屈せず、必ずや占有されてしまった東海の海底地形名を取り戻し、独島侵奪のための日本の国際法的権原を遮断せねばならない。

　ところが、日本の意図は別な所にあった。今後あるだろう排他的経済水域協定で、日本が有利な地位を得ようとしているのだ。今回の交渉で日本は中断されたEEZ排他的経済水域境界画定交渉の再開を要求した。今回の水路探査行為は、EEZ協定で独島基点を貫くための一種の示威行為である。

　過去の経験を教訓とするなら、日本の政治の文化的側面から見て、EEZ協定妥結は韓国の譲歩を要求するだけで日本の譲歩は絶対にない。であれば、結局EEZ交渉妥結はつまり韓国側の譲歩を意味するもので、将来独島の領土主権を放棄させられることになる。

　韓国政府は、今回のEEZ交渉で1999年漁業協定のように「共同管理水域」を設け、独島の領土主権を毀損するようなことが決してあってはならない。韓国政府としての最善の方策は、独島基点のEEZを主張し、現在の東海漁業秩序をそのまま維持することである。これが唯一、独島の領土主権を守る道である。

해저지명을 회복하여 독도 침탈을 위한 일본의 국제법적 권원을 차단해야한다.

사실 일본의 의도는 딴 곳에 있었다. 향후 있을 배타적 경제수역협정에서 일본이 유리한 지위를 선점하려는 것이다. 이번 협상에서 일본은 중단된 EEZ경계획정교섭의 재개를 요구했다. 이번 수로 탐사 행위는 EEZ협정에서 독도 기점을 관철하기 위한 일종의 시위 행위이다.

과거 경험을 교훈으로 삼는다면, 일본 정치의 문화적 측면에서 볼 때 EEZ협정 타결은 한국의 양보만을 요구할 뿐 일본의 양보는 절대로 없다. 그렇다면 결국 EEZ협상 타결은 곧 한국 측의 양보를 의미하는 것으로서, 미래 독도의 영토주권을 포기하는 것이 된다.

한국 정부는 이번 EEZ협상에서 반드시 1999년 어업협정처럼 '공동관리수역'을 만들어 독도의 영토주권을 훼손하는 일은 없어야 할 것이다. 한국 정부로서 최선의 방책은 독도 기점의 EEZ를 주장하여 현재의 동해어업 질서 상태를 그대로 유지하는 길만이 독도 영토주권을 지키는 일이다.

EEZ境界協定は
根本的に
独島領土問題、
独島基点諦めずに

　日本は韓国政府に対して早期にEEZ境界を画定するよう、何度か要求してきている。独島は歴史的、法的根拠に則って実効的に占有している、韓国固有の領土である。独島が韓国の領土であるから、国際法上12海里領海、24海里近接水域、200海里EEZ原則に従い、200海里に該当しない東海の場合は、両国の領土の中間線でEEZの境界を設定することになっている。

　ところが日本は、高度な政治的手法で独島に対する領有権を主張し、漁業協定とEEZ境界線を有利に確保しようとしている。日本は1965年の韓日平和条約の締結を促す米国に頼って、経済支援と引き換えに韓国政府に平和線を撤廃するよう強制し、これを基に1999年には韓国の金融危機状況に付け込んで、「共同管理水域」に独島を含む漁業協定を締結させた。また、現在の漁業協定を口実にEEZ境界

EEZ경계협정은
근본적으로
독도 영토 문제이다.
독도 기점 포기 말아야

일본은 한국 정부에 대해 조속한 시일 내에 EEZ경계획정을 여러 차례 요구해 온 바 있다. 독도는 역사적·법적 근거 위에 실효적으로 점유하고 있는 한국의 고유 영토이다. 독도가 한국 영토이기에 국제법상 12해리 영해, 24해리 근접수역, 200해리 EEZ원칙에 따라, 200해리가 되지 않는 동해의 경우는 양국 영토의 중간선으로 EEZ경계를 설정하도록 되어 있다.

그런데 일본은 고도의 정치적 수법으로 독도에 대한 영유권을 주장하여 어업협정과 EEZ경계선을 유리하게 확보하려고 한다. 일본은 1965년 한일평화조약 체결을 재촉하는 미국에 의지하여 경제 지원 대가로 한국 정부에 평화선을 철폐하도록 강요했고, 이를 기반으로 1999년에는 한국의 금융 위기 상황을 악용하여 '공동관리수역'에 독도를 포함하는 어업협정을 체결하도록 했다. 또한 현재 어업협정을 빌미로 EEZ경

画定を求めており、EEZ境界画定は、今後の独島領有権を要求する口実として利用されるだろう。

既に日本は、1978年に独島近海の海底地形名を先取りしていた。韓国は一足遅れてこれを知り韓国の海底地形名を登録しようとしたが、日本がこれを妨害すべく、海上保安庁艦隊の護衛の下に独島探査船を派遣した。外面的には韓国独島の海底地形名登録を妨害する行動に見えるが、本質的にはEEZ交渉を促すための示威行為であった。このような日本の意図は、両国間実務者の交渉で、5月にEEZ境界交渉推進を約束したことから十分に読み取れる。

日本は新漁業協定締結当時も、早期にEEZ境界を画定しようと求めている。そのため両国は、2000年以降4回にわたって協議を行った。だがその都度日本は独島領有権主張に加えて独島基点を要求し、鬱陵島と独島間にEEZ境界を画定しようとした。そして交渉が中断する。

事実、日本は独島周辺の資源を共同開発するため領有権問題とは別に、新漁業協定の漁業境界線をEEZの境界線に置き換えようとしている。これを押し通すために「独島基点のEEZ境界を設定する」という可能な限り多くの権益を要求しつつ、最終的には日本が善意的に譲歩する形で目的を達成しようとしている。

領土主権は国を構成する3大要素であり、妥協の対象ではない。漁業協定とEEZの境界は、独島の領土主権と不可分の関係にある。領土、漁業協定、EEZ境界画定は、密室で交渉する事案ではない。

계획정을 요구하고 있고, EEZ경계획정은 향후 독도 영유권을 요구하는 빌미로 작용될 것이다.

이미 일본은 1978년 독도 근해의 해저지명을 선점해 두었다. 한국은 이를 뒤늦게 알고 한국식 해저지명을 등록하려고 했는데, 일본이 이를 방해하기 위해 해상보안청소속 함대의 호위를 받는 독도 탐사선을 파견했다. 외형적으로는 한국의 독도 해저지명 등록을 방해하기 위한 것으로 보이지만, 실지로는 EEZ협상을 재촉하기 위한 시위 행위였다. 이러한 일본의 의도는 양국 실무진 간의 협상에서 5월 EEZ경계협상을 추진하기로 약속한 것으로도 충분히 알 수 있다.

일본은 신어업협정 체결 당시에도 조속한 시일 내에 EEZ경계를 획정하자고 요구한 바 있다. 그래서 양국은 2000년 이래 4차례에 걸쳐 협의했다. 그때마다 일본은 독도 영유권 주장과 더불어 독도 기점을 요구하여 울릉도와 독도 사이에 EEZ경계를 획정하자고 하여 협상이 중단되었던 것이다.

사실 일본은 독도 주변의 자원을 공동 개발하기 위해 영유권 문제와 별도로 신어업협정의 어업경계선을 EEZ경계선으로 대체하려고 하고 있다. 이를 관철시키기 위해 '독도 기점의 EEZ경계설정'이라고 하는 최대한 많은 권익을 요구하다가, 최종적으로는 일본이 선의적 차원에서 양보하는 형식으로 목적을 성취하려고 한다.

영토주권은 국가를 구성하는 3대 요소이므로 타협의 대상이 아니다. 어업협정과 EEZ경계는 독도 영토주권과 불가분의 관계에 있다. 영토, 어업협정, EEZ경계획정은 밀실에서 담판할 사안이 아니다. 지난날의

だが過去の新漁業協定は密室交渉で、「共同管理水域」に独島を含める愚を犯し、独島領有権が大きく脅かされている。外務部は2000年から4回にわたってEEZ境界を協議したと言うが、国民はその内容を全く知らず、EEZ境界の設定を非常に懸念している。

過去の日本の対外政策から教訓を得るならば、韓国の政治的譲歩なくしてEEZ境界画定は不可能である。このような行動は、近代国家成立以降140年間、変わりない日本外交の特徴である。今日の日本の領土外交に限っては、戦前の帝国時代の外交行動と類似している。日本はいかなる手段を使ってでも、独島の領土主権を毀損させる方向でEEZの境界を画定しようとするだろう。これは、今後再びあるだろう独島領有権交渉でも悪用することは、余りにも明白である。

韓国はEEZ交渉で、高度な政治的手段による日本の要求を二度と受け入れてはならない。これに打ち克つためには先ず、密室交渉をためらわずに終わらせねばならない。公開的な交渉で国民世論を盾に、主導的な立場から国際法が保障している独島基点のEEZの境界を確保すべきである。

だが、日本が独島領有権を毀損しようという状況で、EEZ境界画定を急ぐ必要は全くない。現在の東海漁業秩序は非常に平和である。日露、日中間の領土紛争が現状維持政策で乗り切っているように、現在の状態を維持したまま、両国の友好関係を促していくことが何よりも重要である。

신어업협정은 밀실 담판으로 '공동관리수역'에 독도를 포함시키는 우를 범하여 독도 영유권을 크게 위협받고 있다. 외무부가 2000부터 4번에 걸쳐 EEZ경계를 협의했다고 하는데, 국민들은 그 내용을 전혀 알지 못하여 EEZ경계설정을 매우 우려하고 있다.

과거 일본의 대외 정책에서 교훈을 얻는다면, 한국의 정치적 양보 없이 EEZ경계 획정은 불가능하다. 이러한 행태는 근대국가 성립 이후 140년간 이어진 일본 외교의 특징이다. 오늘날 일본의 영토 외교에 한해서는 전전의 제국시대 외교 행태와 유사하다. 일본은 어떠한 방법을 동원해서라도 독도 영토주권을 훼손하는 방식으로 EEZ경계를 획정하려고 할 것이다. 이는 다시 향후에 있을 독도 영유권 협상에서도 악용될 것임에 너무나 자명하다.

한국은 두 번 다시 EEZ협상에서 고도의 정치적 수단에 의한 일본의 요구를 받아들여서는 안 된다. 이를 극복하기 위해 우선적으로 밀실 담판을 과감히 그만두어야 한다. 공개적인 협상을 통해 국민 여론을 방패막이로, 협상을 주도적으로 이끌어 국제법이 보장하는 독도 기점의 EEZ경계를 확보해야 한다.

일본이 독도 영유권을 훼손하려고 하는 상황에서 EEZ경계획정을 서두를 이유가 전혀 없다. 현재 동해 어업 질서는 대단히 평화롭다. 일러, 일중 간의 영토 분쟁이 현상 유지 정책으로 극복하고 있는 것처럼, 현 상태를 유지하는 상태에서 양국의 우호 관계를 증진해 나가는 일이 무엇보다 중요하다.

독도가 한국의 고유 영토이므로, 국제법의 원칙에 의거하여 독도와

独島は韓国固有の領土ゆえ、国際法の原則に基づき、独島と日本の隠岐島の中間でEEZの境界線を設けるのが当然だ。独島基点を貫くためにも、今回の韓国の交渉陣はEEZ交渉の専門家ではなく独島領土の専門家を前に立たせ、終始一貫、独島領有権の正当性を掲げた領有権交渉で方向を正し、事前に日本の意図を封ぜねばならない。

日本は今後、独島紛争に備え、様々な手段で新たな領土的権原を確保し、国際社会の世論を助長している。韓国は日本が急ぐ領土的権原を食い止め、国際社会が独島を「竹島」と認識する世論を、全力で阻止せねばならない。

そのために、韓国は何よりも先に外務部の独島専門部署を立ち上げ、これを各パートに分け、積極的に業務を進めるべきである。次に、独島が韓国の固有の領土である以上、歴史的かつ法的根拠を国際社会に知らしめるパンフレットを主要各国の言語で出版する。このパンフレットは日本国民や独島研究者を始め、国際司法裁判所、国際水路機関など、権威ある領域関連機関や、世界各国の外務省と公館に置くのである。第三に、独島の歴史的、法的真実を日本国民が理解できるように、日本で独島関連書籍を出版し、独島領有権に関する学術大会を継続的に開催し、日本政府の不当性を訴えていくべきである。

일본의 오키 섬 사이의 중간선으로 EEZ경계를 설정하는 것이 마땅하다. 독도 기점을 관철하기 위해서라도 이번 한국의 협상팀은 EEZ협상 전문가보다는 독도 영토전문가를 전진 배치하여, 시종일관 독도 영유권의 정당성을 내세우는 영유권 협상으로 방향을 수정하여 일본의 의도를 사전에 차단해야 한다.

일본은 향후 독도 분쟁을 대비하여 다양한 방법으로 새로운 영토적 권원을 확보하여 국제사회의 여론을 조장하고 있다. 한국은 일본이 급조한 영토적 권원을 막고 국제사회가 독도를 '다케시마'로 인식하는 여론을 차단하는데 주력해야 한다.

이를 위해서 한국은 우선적으로 외무부에 독도 전담 부서를 별도로 설치하고 이를 각 파트로 세분하여 적극적으로 업무를 수행해야 한다. 둘째로, 독도가 한국의 고유 영토인 이상, 역사적 법적 근거를 국제사회에 알리는 홍보 책자를 주요 각국의 언어로 출간해야 한다. 이 홍보 책자는 일본 국민과 독도연구가를 비롯해서 국제사법재판소, 국제수로기구 등 영토관련 권위 있는 기관이나, 세계 각국의 외무부와 공관에 비치해야 한다. 셋째, 독도의 역사적 법적 진실에 대해 일본 국민이 이해할 수 있도록 일본 현지에서 독도관련 도서를 출간하고, 독도 영유권에 관한 학술대회를 지속적으로 개최하여 일본 정부의 부당성을 고발해 나가야할 것이다.

今回のEEZ交渉では何より独島領有権を明確にする時だ

　今回のカタール韓日外相会談の際、EEZ交渉を6月12日~13日に東京で開催することで合意した。独島が韓国の領土であるのなら、EEZ境界は国際法の原則に基づいて、自ずと決定される。だが、日本がEEZ交渉を求めてくれば、国際法的基盤上にある韓国の独島基点を放棄させ、利権を得ようという作意が火を見るより明らかである。過去の韓日関係から教訓を得るならば、日本は国際法の原則ではなく政治的な論理で国益を確保してきた。韓国がこのような経験をしつつも日本のEEZ交渉要求に応じたのは、日本が測量船で探査を強行するという圧迫があった側面も否めない。今回日本は、独島領有権問題を留保してEEZ境界を先ず最初に決定しようとするだろう。これは、法的問題の解決を先送りし、政治的にEEZ境界で妥協させることが目的だ。韓国政府が交渉に合意したということは、

이번 EEZ협상은
우선적으로
독도 영유권을
분명히 할 때다

이번 카타르 한일 외무장관회담에서 EEZ협상을 6월 12~13일 도쿄에서 개최하기로 합의했다. 독도가 한국 영토라면 EEZ경계는 국제법의 원칙에 따라 자동적으로 결정되는 법이다. 그런데 일본이 EEZ협상을 요구하는 것은 국제법적 기반 위에 서 있는 한국의 독도 기점을 포기하도록 하여 이권을 챙기겠다는 의도가 너무나 분명하다. 과거 한일 관계에서 교훈을 얻는다면, 일본은 국제법적 원칙보다는 정치적 논리로 국익을 확보해 왔다. 이러한 경험에도 불구하고 일본의 EEZ협상 요구에 한국이 응한 것은 측량선 탐사 강행이라는 일본의 강압의 결과라는 측면도 부인할 수 없다. 이번 일본은 독도 영유권 문제를 유보하여 EEZ경계를 먼저 결정하자고 할 것이다. 이는 법적 문제 해결을 미루고 정치적으로 EEZ경계를 타협하려는 의도이다. 한국 정부가 협상에 응하겠다고 동의한 것은 독도 영유권을 주장하는 일본의 입장을 인정하

独島の領有権を主張する日本の立場を認めるようなものだ。であれ
ば、韓国の領土として、国際法で自と決まる独島基点のEEZ権益を
放棄するも同然である。韓国交渉陣はもうこれ以上、漁業協定のよ
うに、独島の領土主権を危険にさらす外交的失策があってはならな
い。

　独島は歴史的にも国際法的にも明らかに韓国固有の領土である。
日本は独島を、国際法的には1905年無住地先占の原則に則り領土編
入したが、実際には、韓国が1900年に日本より先に、古代以来の歴
史性を基に勅令41号を発し、朝鮮の領土であることを再確認した。
日本は過去の韓日関係で表面上は独島の領有権を主張したが、実質
上は韓国の領土主権を認めてきた。例えば、韓国政府は1951年9
月、サンフランシスコ講和条約で連合国が独島の地位を明らかにし
ていないため日本漁船の独島侵犯を懸念し、解放と共に鬱陵島住民
が独島漁業に従事したという実効的支配を根拠に1952年、海洋主権
を宣言した。そして、独島基点8海里の領海を再確認し、日本漁船
の侵犯を徹底的に取り締まった。その後1965年までの14年間、この
状況は続いた。日本の主張のように、サンフランシスコ講和条約で
独島が日本の領土として措置されたなら、海洋秩序を乱す新生独立
国韓国の独島領土主権をそのまま置いてはおかなかっただろう。故
に、1965年の韓日協定で、日本は独島が韓国領土であることを認め
たと看做すことができる。なぜなら、韓日協定は過去の敵対関係を
清算する、別名平和条約だからである。平和条約は、千島列島紛争

는 셈이 된다. 그렇다면 한국 영토로서 국제법상으로 자연히 정해지는 독도 기점의 EEZ 권익을 포기하려는 것과 같다. 한국 협상 팀은 이제 더 이상 어업협정과 같이 독도 영토주권을 위태롭게 하는 외교적 실책은 없어야 한다.

독도는 역사적으로나 국제법적으로 명명백백한 한국의 고유 영토이다. 일본이 독도를 국제법적으로 1905년 무주無主지 선점원칙으로 영토 편입 했다고 하지만, 사실 한국이 1900년 일본보다 먼저 고대 이후의 역사성을 바탕으로 칙령41호를 발하여 조선 영토임을 재확인했다. 일본은 과거 한일 관계에서 표면적으로 독도의 영유권을 주장했지만, 실질적으로는 한국의 영토주권을 인정해 왔다. 예를 들면, 한국 정부는 1951년9월 샌프란시스코 강화조약에서 연합국이 독도 지위를 분명히 하지 않았기 때문에 일본 어선의 독도 침범을 우려하여 해방과 더불어 울릉도 주민이 독도 어업에 종사한 실효적 지배를 바탕으로 1952년 해양주권을 선언하여 독도 기점 8해리 영해를 재확인하고 일본 어선의 침범을 철저히 단속했다. 그 이후 1965년까지 14년간 이런 상황은 지속되었다. 일본의 주장처럼, 샌프란시스코 강화조약에서 독도가 일본 영토로 조치되었다면, 해양 질서를 어지럽히는 신생 독립국 한국의 독도 영토주권을 그대로 두지 않았을 것이다. 또한 1965년 한일협정에서 일본은 독도가 한국 영토임을 인정했다고 볼 수 있다. 왜냐하면 한일협정은 과거 적대적 관계를 청산하는 일명 평화조약으로서, 평화조약은 쿠릴 열도 분쟁 때문에 러일 간의 평화조약을 미루고 있는 것처럼, 영토 문제 해결을 대전제로 하고 있다. 이처럼 한국의 독도 실

のために日露間の平和条約を先送りしているように、領土問題の解決を大前提としている。このように見ると、韓国の独島実効的支配は、国際社会は勿論のこと、日本自身も認めてきた国際法的な措置であった。

このように見ると、戦後の日本は独島が日本帝国主義の拡張による領土であることを認めながらも、偏狭なナショナリズムからサンフランシスコ講和条約にない独島の地位を悪用し、領土を拡張しようとしている。

ところが、最近の日本は領有権主張にとどまらず、実質的に領有権主張に基づいて漁業協定及びEEZ協定を求め、国益を上げようとしている。既に漁業協定で国際法が定める韓国の独島基点を放棄させた経緯から、EEZ協定でも独島基点を放棄するよう要求するのは明らかである。今後日本は、これら協定を政治的に利用して、独島の領土主権を求めてくる可能性も高い。

EEZ境界は、今すぐ決めなければならない緊急の事案ではない。国際法上、独島の領土主権が決まれば、EEZは自ずと決定される。だからこそ今回の交渉で、韓国政府は日本の領有権主張に、徹底的に反論する場とすべきである。そのために、今回の交渉陣は独島領土専門家のみで組織しなければならない。今後、日本が求めてくる独島領土問題を考えれば、「独島基点のEEZ境界を画定する」という韓国の確固たる立場を訴え、交渉決裂も辞さない覚悟で臨まねばならない。

現在、日本は韓国の独島領土主権を揺り動かしている。このよう

효적 지배는 국제사회는 물론이고 일본 자신도 인정해 온 국제법적 합당한 조치였다.

이렇게 볼 때 전후 일본은 독도가 일본제국주의가 확장한 영토임을 인정하면서도 편협한 내셔널리즘에 의해 샌프란시스코 강화조약에서 누락된 독도의 지위를 악용하여 영토 확장의 대상으로 삼고 있는 것이다.

그런데 최근 일본은 영유권 주장에 그치지 않고, 실질적으로 영유권 주장을 바탕으로 어업협정 및 EEZ협정을 요구하여 국익을 확장하려고 한다. 이미 어업협정에서 국제법이 정하는 한국의 독도 기점을 포기하도록 했고, EEZ협정에서도 독도 기점을 포기하도록 요구할 것임에 분명하다. 향후 일본은 이들 협정을 정치적으로 악용하여 독도의 영토주권을 요구해 올 가능성도 높다.

EEZ경계는 지금 당장 반드시 결정되어야 할 시급한 사안이 아니다. 국제법상 독도의 영토주권이 결정되면 EEZ는 자연히 결정되는 법이다. 따라서 이번 협상에서 한국 정부는 우선적으로 일본의 영유권 주장을 철저히 반박하는 장으로 삼아야 할 것이다. 그러기 위해서 이번 협상 팀에서는 전적으로 독도의 영토전문가만을 편성해야한다. 향후 일본이 요구해 올 독도 영토 문제를 고려한다면, '독도 기점의 EEZ경계설정'이라는 한국의 확고한 입장을 밝혀야하고, 경우에 따라서는 협상 결렬도 불사해야 한다.

현재 일본은 한국의 독도 영토주권을 흔들고 있다. 이러한 상황에서 진행되는 EEZ협상이므로 반드시 국제법이 정하는 독도 기점의 영해,

な状況で行われるEEZ交渉ゆえ、必ずや国際法が定める独島基点の領海、近接水域、EEZ境界を確立しなければならない。

　過去に日本は国家的目標を達成するため、長い時間をかけてチャンスを狙い、国益を実現してきた。最近、日本は海上巡視船の護衛が付いた探査船を、威嚇するかのように独島近海に派遣し、日本が先占した日本名「対馬盆地」、「シュンヨウタイ」を守護して韓国の海底地形名登録を阻止した。韓国戦争当時、日本の巡視船の護衛の下に民間人が独島に上陸して日本の領土であるという標識を立てもし、韓日協定の際、協定の締結を促す米国に頼って平和線を撤廃させた。1999年の韓日漁業協定では韓国の金融危機に乗じて、独島を中間水域に入れる協定を迫った。

　このように、日本が韓国の対内外的な混乱を利用して独島の領土主権を毀損させることに、手段と方法を選ばなかった。従って、今回のEEZ交渉要求もそのような手法で出てくると読み取る必要がある。日本が、韓国にやむなく聞き入れざるをえない状況を作り出すことは目に見えている。韓国はこのような状況を事前に防ぐためにも、過去の新漁業協定のような密室交渉をやめて協議の進行を全面的に公開し、国民世論と国際社会の普遍的な論理でEEZ交渉を進めていくべきだ。予想される日本の強圧的な政治的要求を避けるための、唯一の道である。今回またもや韓国が独島基点を諦めれば、独島の領土主権を取り戻せないまま、走り続けるしかないだろう。

근접수역, EEZ경계를 확보해야 한다.

과거 일본은 국가적 목표를 달성하기 위해 오랜 시간을 두고 기회를 기다렸다가 국익을 챙겨왔다. 최근 일본은 해상순시선의 호위를 받는 탐사선 파견을 위협적으로 독도근해에 파견하여 일본이 선점해둔 일본식 지명 '쓰시마분지', '슌요타이'를 수호하고 한국식 해저지명 등록을 저지했다. 한국전쟁 당시에는 일본순시선의 호위를 받으면서 민간인이 독도에 상륙하여 일본 영토라는 표지를 세우기도 했고, 한일협정 때에는 협정체결을 재촉하는 미국에 의지하여 평화선을 철폐하도록 했다. 1999년 한일어업협정에서는 한국의 금융위기 상황을 악용하여 독도를 중간수역에 포함시키는 협정을 강요했다.

이처럼, 일본은 한국의 대내외적인 혼란스런 환경을 악용하여 독도의 영토주권을 훼손시키는 일에는 수단과 방법을 가리지 않았다. 따라서 이번 EEZ의 협상 요구도 그런 맥락에서 봐야한다. 일본은 한국이 부득이 수용해야 하는 상황을 연출할 것임에 뻔하다. 한국은 이러한 상황을 사전에 차단하기 위해서라도 지난 신어업협정과 같은 밀실 담판을 그만두고, 회담의 진행 과정을 전적으로 공개하여 국민 여론과 국제사회의 보편적인 논리로 EEZ협상을 유도해 가야 할 것이다. 예상되는 일본의 강압적인 정치적 요구를 피할 수 있는 유일한 길이다. 이번에 또 한국이 독도 기점을 포기하게 되면, 독도의 영토주권은 되돌릴 수 없는 상황으로 치닫게 될 것이다.

EEZ境界交渉、
至急
政治的妥協点
探す必要なし！

6月12~13日の両日、東京で行われた第5次EEZ交渉は、両国が独島基点を強く主張し、第6次EEZ交渉を9月中に開くことで合意し、終了した。今回の交渉は、韓国の立場から見れば成功だった。独島は明らかに韓国の領土であるという点、EEZ境界は政治的な妥協でなく、独島を基点とする国際法の原則に従って決定されるべきこと、ここで独島基点という主張は、暫定合意した新漁業協定で鬱陵島基点にも大きな意味がなくなった点。また、マスコミを通して交渉内容が完全公開され、国民の信頼と関心の中で行なわれた点を高く評価することができる。1次~4次交渉は密室で行われ、妥結せず幸いだったが、その際、日本は思惑通り、国際法の原則でなく政治的な妥協案として「独島基点」を主張した。日本は韓国が合理的な接点を見出すため、独島基点に合意する可能性を探っていたが、韓国

EEZ경계협상
성급히
정치적 타협점
찾을 필요 없어!

6월 12~13일 양일간 도쿄에서 행해진 제5차 EEZ협상은 양국이 독도 기점을 팽팽히 주장함으로 해서 제6차 EEZ협상을 9월 중에 열기로 합의하고 끝났다. 이번 협상은 한국 입장에서 보면 성공적이었다. 독도가 분명히 한국 영토라는 점, EEZ경계는 정치적 타협이 아닌, 독도 영토를 기점으로 하는 국제법적 원칙에 따라 결정되어야 하는 것, 여기서 독도 기점 주장은 잠정합의한 신어업협정에서 울릉도 기점도 큰 의미가 없게 되었다는 점, 또한 협상내용을 매스컴을 통해 전적으로 공개함으로써 국민의 신뢰와 관심 속에서 진행되었다는 점을 높이 평가할 수 있다. 사실 지난 1~4차 협상은 밀실에서 진행되었는데, 타결되지 않아 다행이지만, 당시 한국은 일본의 의도에 끌려서 국제법적 원칙이 아닌 정치적 타협을 바탕으로, 일본은 '독도 기점'을 주장하였고 한국은 독도 기점을 포기한 것이 아니라는 단서가 있었지만 합리적

は一貫して「鬱陵島基点」を主張した。独島の領土主権を危うくする、きわどい瞬間だった。

　今回の交渉で、日本の意図は明らかになった。日本は「EEZ交渉と独島領有権問題を分離させることにした1996年の両国首脳会談を思い起こさせ、両国が有意味な進展ができるよう努力しよう」「先月、カタールでの両国外相会談でも、意義のある交渉が遂げられるようにということで意見が一致した」「私たちも精一杯努力するから、韓国も一緒に努力して欲しい」と述べた。

　このように、日本は政府の主要人物の間で交わされた言葉も記録に残し、次の交渉時のカードとして利用している。日本は独島に対する同等の地位を前提に、領土問題と分けて政治的妥協策としてEEZ境界を結ぼうと迫り、国際法上の地位を毀損せんとしていることが明白になった。初回から4回目の交渉まで、韓国が主張した鬱陵島基点を譲歩させ、暫定的な合意水域である新漁業協定の共同管理水域のようなものでも決めようと要請した。漁業協定とEEZの境界を日本と政治的に決めてしまえば、結局、独島の領土主権を脅かす。

　独島は鬱陵島からも見える地理的近接性と古来の歴史性に基づき、韓国が実効的に占有している国際法上の固有の領土である。

　ところが日本は、韓国がEEZ交渉に臨んだこと自体が独島に対する同等の地位を認めたことと誤認し、独島基点は当然と思い込み、独島付近の水域の海洋科学調査では事前の通知制度を実施しよう

인 접점을 찾기 위해 ‘울릉도 기점’을 주장하고 있었다. 독도 영토주권을 위태롭게 하는 아슬아슬한 위기의 순간이었다.

이번 협상에서 일본의 의도는 분명해졌다. 일본은 "EEZ협상과 독도 영유권 문제를 분리시키기로 한 1996년 양국정상회담 약속을 상기시키면서 양국이 의미 있는 진전을 이루기로 노력하자.", "지난달 카타르에서 가진 양국 외무장관 회담에서도 의미 있는 교섭이 이루질수 있도록 하자는 의견일치가 있었다.", "우리도 최대한 노력할 것이니 한국도 같은 노력을 해달라"라고 했다.

이처럼, 일본은 정부 주요인사들 간에 주고받은 말도 기록에 남겨 협상 성과로 삼아 다음 협상의 카드로 이용하고 있다. 일본은 독도에 대한 동등한 지위를 전제로 영토 문제와 분리하여 정치적 타협으로 EEZ경계를 체결하자고 요구하여 국제법상의 지위를 훼손하려는 의도를 갖고 있음이 분명해졌다. 1~4차 협상에서 한국이 주장한 울릉도 기점에서도 더 양보하여, 잠정적인 합의수역인 신어업협정의 공동관리수역과 같은 것이라도 정하자는 주문이었다. 따라서 어업협정과 EEZ경계를 일본과 정치적으로 결정하는 것은 결국 독도의 영토주권을 위태롭게 하는 것이다.

독도는 울릉도에서 보이는 지리적 근접성과 고대 이후의 역사성을 바탕으로 한국이 실효적으로 점유하고 있는 국제법상의 고유 영토이다.

그런데, 일본은 한국이 EEZ협상에 임한 것 그 제차를 독도에 대한 동등한 지위를 인정받은 것으로 오인하여 독도 기점을 당연시하고, 독도 인근 수역의 해양과학조사 시에 사전통보제도를 실시하자고 했고,

と言い出した。7月の韓国の独島関連海洋調査時には、巡視船を出動させると脅している。

　もう、こういった日本の政治的意図はよく分かっているから、9月に予定されている第6回目の交渉のため、綿密な対策を立てねばならない。EEZ境界は国際法121条により、独島基点に決定されるべく事案であり、政治的妥協をしてはならない。現在の東海秩序は極めて穏やかである。日中紛争地域の尖閣諸島のように、暫定合意した現在の漁業協定をそのまま維持しつつEEZ境界は後世に先送りし、焦って政治的な妥協点を見つけようとしては絶対にならない。領有権が明白になれば、国際法の原則に従って自ずと結果が出る。やむなく交渉に臨むことになっても、EEZ境界自体の議論よりも、独島領有権の徹底追及に集中しなければならない。

　今後の日本のEEZ交渉の要求に備えて、韓国政府が取るべき姿勢と方策を提案したい。先ず、日本の領有権主張が論破できる、韓国領土としての根拠を盛り込んだ対内外広報用の独島手帳を韓国語・英語・日本語の3ヶ国語で製作し、日本の交渉陣にも提示する。第二に、韓日両国の政府要人の会談で、紛争地域を前提に、独島に言及しようとする日本の思惑を断じて阻止し、独島が韓国領土であるというはっきりした立場を取る。第三に、実効的支配を後押しするものを除き、些細な事で日本を刺激し、紛争地域のように認識されることを可能な限り抑えねばならない。第四に、挑発的かつ威嚇的な日本の干渉によって実効的支配の強化が中断された場合、紛争地域

7월 한국의 독도관련 해양조사 때에는 순시선을 출동시키겠다고 위협하고 있다.

이제 이러한 일본의 정치적 의도를 잘 알고 있기에 9월로 예정되어 있는 제6차 협상을 위해 치밀한 대책을 세워야 한다. EEZ경계는 국제법 121조에 따라 독도 기점으로 결정되어야 할 사안으로서 절대로 정치적 타협을 해서는 안 된다. 현재의 동해 질서는 지극히 평온하다. 일중 분쟁 지역인 다오위다오 섬 처럼, 잠정합의한 현재의 어업협정 상태를 그대로 유지하여 EEZ경계는 후세에 미루고, 절대로 성급한 정치적 타협점을 찾으려고 해서는 안 된다. 영유권이 분명해 지면, 국제법적 원칙에 따라 자연히 결정되는 법이다. 부득이 협상에 임하게 되더라도 EEZ경계 자체의 논의보다는 독도 영유권을 철저히 따지는 일에만 치중해야 한다.

향후 일본의 EEZ협상 요구에 대비하여 한국 정부가 취해야 할 자세와 방안을 제안해 본다.

첫째, 일본의 영유권 주장을 철저히 반박할 수 있는 한국 영토로서의 근거를 담은 대내외 홍보용의 독도 영토 수첩을 한영일 3국어로 제작하여 일본의 협상 팀에게도 제시한다.

둘째, 한일 양국의 정부요인 회담에서 분쟁 지역을 전제로 독도를 언급하려는 일본의 의도를 단호히 차단하여 독도가 한국 영토라는 분명한 입장을 취한다.

셋째, 실효적 지배에 절대적인 도움 되는 것을 제외하고 하찮은 일로 일본을 자극하여 분쟁 지역처럼 인식되는 것을 최대한 자제해야

のように捉えられるので、最初からそのような契機を与えない。第
五に、独島が韓国の領土である最大の根拠は、まさに地理的近接性
であるが、鬱陵島を世界的な観光名所に開発すれば、自然に独島を
訪れる機会が生まれ、国際社会が韓国の領土として認めると共に実
効的支配を間接的に強化することとなり、更に、日本の干渉も防げ
る。第六に、今後もマスコミを通して交渉内容の完全公開をし、自
由民主主義を守護する国家として、国民世論を盾に独島の領土基点
のEEZ境界を確保すると共に、日本の野心から独島を守り抜く。

한다.

넷째, 도발적이고 위협적인 일본의 간섭에 의해 실효적 지배 강화가 중단된다면, 분쟁 지역처럼 비추어질 수 있기 때문에 애초에 그러한 단서를 만들지 않는다.

다섯째, 독도가 한국 영토로서의 최고 근거는 바로 지리적 근접성인데, 울릉도를 세계적인 관광 명소로 개발하면 자연스럽게 독도를 찾게되어 국제사회가 한국 영토로 인정하게 됨과 동시에 실효적 지배를 간접적인 방법으로 강화하는 것이 되며, 또한 일본의 간섭도 차단할 수 있다.

여섯째, 향후에도 협상 내용을 매스컴을 통해 전적으로 공개하여 자유민주주의를 수호하는 국가로서 국민 여론을 방패막이로 독도 영토 기점의 EEZ경계를 확보함과 동시에 일본의 야욕으로부터 독도 영토를 지켜낸다.

李明博政府、
実用外交でも
「独島基点EEZの確保」
変えてはならない

　普段、日本は独島を自分の領土だと信じている。外務省のホームページには、独島が歴史的にも国際法的にも日本の領土と明示している。一部の中学校、高校の教科書では韓国が不法に「日本領土竹島」を占領していると記述している。日本の社会科地図には独島が日本の領土として記されている。島根県は「竹島の日」を制定し、毎年記念行事を行っている。日本は新漁業協定を要求し、独島を中間水域に入れている。日本の巡視船は、毎日のように定期的に独島周辺をぐるぐる回って、韓国の独島支配状況を監視している。今、日本はむしろ独島基点の200海里排他的経済水域を締結しようと要求している。韓国の独島実効的支配については極めて不当だと考えており、12海里領海で操業ができないことに、強い不満を持っている。

　日本の当面の課題は、今すぐにでも排他的経済水域を画定し、韓

이명박 정부,
실용 외교에서도
'독도 기점 EEZ 확보'
변해서는 안 된다

평상시 일본은 독도를 자신의 영토라고 믿고 있다. 외무성 홈페이지에는 독도가 역사적으로나 국제법적으로 일본 영토라고 명시하고 있다. 일부 중학교, 고등학교 교과서에서는 한국이 불법적으로 '일본 영토 다케시마竹島'를 점령하고 있다고 기술하고 있다. 일본의 사회과 지도에는 독도가 일본 영토로 표시되어 있다. 시마네 현은 '죽도의 날'을 제정하여 매년 기념 행사를 하고 있다. 일본은 신어업협정을 요구하여 독도를 중간수역에 포함시켜두고 있다. 일본순시선은 매일처럼 정기적으로 독도 주변을 맴돌면서 한국의 독도 지배 상황을 감시하고 있다. 지금 일본은 오히려 독도 기점의 200해리 배타적 경제수역을 체결하자고 요구하고 있다. 한국의 독도 실효적 지배에 대해 매우 부당하게 생각하고 있고, 12해리 영해에서 조업을 하지 못하는 것에 대해 엄청난 불만을 갖고 있다.

国領土としての地位を毀損し、日本領土としての地位を確保することである。日本は独島を共同管理水域に含め、共同で漁業資源が管理できる法的地位を確保しているので、少なくとも独島周辺海域に、共同で管理する境界線を画定せんとする意図がある。

日本は自分たちの望む権益を手に入れる機会を狙っている。開かれた政府時代である2004年を韓日友好の年と定め、未来志向的な韓日関係を宣言するや、これを好機と捉えた。日本は「竹島の日」を制定し、中高の教科書に韓国が日本の竹島を不法に占領していると改訂、更に、独島測量船を派遣して韓国の独島周辺の海底地形名登録を阻止したことがあった。これに対し、盧武鉉大統領が主権に対する挑戦だと強く対応すると、表面的には独島政策から退いたかのように、小康状態に入ったのだ。

李明博政府は、このような日本の政治外交文化をしっかり理解していなかったようだ。独島問題、教科書問題、東海名称問題などで韓日関係を悪化させない方針から、些細な問題は心にしまって日本を刺激しないようにと、駐韓日国大使館のホームページから独島関連の内容を削除した。李明博政府は、実用外交で対日経済外交に活力を吹き入み国益を上げたいがため、領土主権に対しては堂々とした、明確なポリシーを保留にした。

日本は李明博政府の消極的な独島政策を好機とばかりに、領土政策と外交政策を別件の事案に分け、表面的には韓日新時代を表明しながら強力な独島政策を実施した。外務省のホームページを新たに

　일본의 당면 과제는 당장이라도 배타적 경제수역을 획선하여 한국 영토로서 지위를 훼손하고 일본 영토로서의 지위를 최대한 확보하는 것이다. 일본은 독도를 공동관리수역에 포함하여 어업 자원을 공동으로 관리할 수 있는 법적 지위를 확보하고 있기 때문에 적어도 독도주변 해역을 공동으로 관리하는 경계선을 획선하려는 의도를 갖고 있다.

　일본은 자신들이 의도하는 권익을 확보할 수 있는 기회를 노리고 있다. 참여정부 시절 2004년을 한일우호의 해를 정하여 미래지향적인 한일 관계를 선언하자마자, 이를 기회로 삼았다. 일본은 '죽도의 날'을 제정했고, 중고등학교 교과서에 한국이 일본의 죽도를 불법으로 점령하고 있다고 개정했고, 독도 측량선을 파견하여 한국의 독도 주변 해저지명 등록을 저지한 적이 있었다. 이에 대해 노무현 대통령이 주권에 대한 도전이라고 강력히 대응하자, 표면적으로는 독도 정책을 후퇴한 듯이 숨고르기에 들어갔던 것이다.

　이명박 정부는 이러한 일본의 정치외교문화를 제대로 이해하지 못한 듯하다. 독도 문제, 교과서문제, 동해명칭문제 등으로 한일 관계를 악화시키지 않겠다는 방침으로 사소한 문제에 대해서는 호주머니에 넣어두겠다는 방침을 정하고 일본을 자극 하지 않기 위해 주일한국대사관 홈페이지에서 독도 관련 내용을 삭제했다. 이명박 정부는 실용외교로 대일 경제외교에 활력을 불어넣어 국익을 올리겠다고 하여 영토주권에 대한 당당하고 분명한 정책을 유보했다.

　일본은 이명박 정부의 소극적인 독도 정책을 기회로 삼아 영토정책과 외교정책을 별개의 사안으로 분리하고, 표면적으로는 한일신시대

改編し、歪曲された論理で操り、独島が日本領土である10の理由を収録したパンフレットを英語・日本語・韓国語の3ヶ国語で作成して広報しており、また、文部科学省は、中学校社会科の学習指導要領に独島が日本の固有の領土であるという内容を記述するという方針を明らかにした。

　紛れもなく独島が韓国領土であれば、日本のこのような行為は韓国の主権に対する挑戦である。しかし、今回の独島領土に対する日本の挑戦的な態度は、李明博政権が自ら招いたものである。独島の領土政策を堂々と、そして明確にするという立場を表明し、未来志向的な韓日関係を宣言していたら、このようなことはなかっただろう。覆水盆に返らずだ。李明博大統領が「真相を把握し、強力に対応せよ」と指示したと言うが、過去もそうだったように、日本は韓国の大統領を恐れていない。

　韓国政府は今からでも対日政策を見直して領土問題と外交問題を分け、堂々と明確に独島政策を実行すべきである。そうでなければ、李明博政府の独島政策への試練は続くだろう。一度譲歩した領土的地位は二度と戻らない。過去の歴代政府が犯した平和線撤廃や漁業協定で独島を中間線に入れ毀損した領土的地位は、もはや取り返しがつかない。現在、我々国民は信じていた李明博政府のリーダーシップに、疑いを持ち始めた。うやむやにし続けた独島政策を貫くのなら、国際法の定める独島基点200海里排他的経済水域は死守できず、独島の領土主権も守ることはできない。

를 표명하면서 강력한 독도 정책을 실시했다. 외무성의 홈페이지를 새로이 개편했고, 왜곡된 논리로 조작하여 독도가 일본 영토인 이유 10가지를 수록한 팸플릿을 영문, 일문과 한국어의 3개 국어로 제작하여 홍보했으며, 또한 문부과학성은 중학교 사회과 학습지도요령에 독도가 일본의 고유 영토라는 내용을 기술한다는 방침을 밝혔다.

진정 독도가 한국 영토라면 일본의 이러한 행위는 한국의 주권에 대한 도전이다. 이번 독도영토에 대한 일본의 도전적인 태도는 이명박 정부가 스스로 자초한 것이다. 독도 영토 정책을 당당하고 분명하게 한다는 입장을 밝히면서 미래지향적인 한일 관계를 선언했다면 이러한 일은 없었을 것이다. 이미 물은 엎질러졌다. 이명박 대통령이 '진상을 파악하여 강력히 대응하라'고 지시했다고 하지만, 과거도 그러했듯이 일본은 한국 대통령을 두려워하지 않는다.

한국 정부는 지금이라도 대일정책을 수정하여 영토 문제와 외교 문제를 분리하여 당당하고도 분명하게 독도 정책을 실행해야 할 것이다. 그렇지 않는다면 이명박 정부의 독도 정책에 대한 시험은 계속될 것이다. 한번 양보한 영토적 지위는 다시 회복되지 않는다. 과거 역대정부가 범했던 평화선 철폐와 어업협정에서 독도를 중간선에 포함시켜서 훼손한 영토적 지위는 더 이상 회복이 불가능하다. 현재 우리 국민은 믿었던 이명박 정부의 리더십을 의심하기 시작했다. 계속적으로 흐지부지한 독도 정책으로 일관한다면, 국제법이 정하는 독도 기점의 200해리 배타적 경제수역을 사수하지 못함과 동시에 독도의 영토주권도 지켜내지 못할 것이다.

独島に対する
領有権主張の裏で
有利な「EEZ協定」を
狙っている

　日本は、韓日友好関係の回復よりも独島問題を重視しているという事実が明白になった。国民政府時代に日本が「竹島の日」を制定したことで、主権侵略の議論と共に両国首脳で結んだパートナーシップは疎かなまま、寒々とした関係が4年間続いた。

　李明博政府は、韓日の正常関係を回復するためには、先ず、過去にこだわらず未来志向的な関係を望むと歩み寄り、両国関係の修復を約束した。しかし、わずか数ヶ月足らずで日本が独島領有権を主張する事態が起こった。日本が国民政府時代を教訓としたのなら、独島領有権主張を水面上に持出しては来ないだろう。

　福田首相は今回、中学校社会科教科書の指導要領解説書に独島が日本領土という内容を盛り込むと最終的に承認した。これは改訂版が施行される2012年からすべての中学校で独島が日本の領土だと教

독도에 대한
영유권 주장 이면에
유리한 'EEZ협정'
노리고 있다

일본은 한일 우호 관계의 복원보다 독도 문제를 더 중시하고 있다는 사실이 분명해졌다. 국민 정부 시절 일본이 '죽도의 날'을 제정함으로써 주권침략의 논란과 더불어 빚어진 양국 정상의 동반자 관계 약속을 뒤로 한 채 싸늘한 관계가 4년간 지속되었다.

이명박 정부는 한일 간의 정상적 관계로 복원하기 위해 먼저 과거에 집착하지 않고 미래지향적인 관계를 희망한다고 접근하여 양국 관계의 복원을 약속했다. 그런데 불과 수개월 만에 일본이 독도 영유권을 주장하는 사태가 발생했다. 일본이 국민정부 시절을 교훈으로 삼았더라면 독도 영유권 주장을 수면위로 갖고 나오지는 않았을 것이다.

후쿠다 총리는 이번에 중학교 사회과 교과서의 지도 요령 해설서에 독도가 일본 영토라는 내용을 포함시킨다고 최종적으로 승인했다. 이는 개정판이 시행되는 2012년부터 모든 중학교에서 독도가 일본 영토

育するということだ。今回の独島領土教育を扇動した組織は右傾化した自民党中心の政治家らだったが、日本政府はこれで弾みをつけようと目論んでいた。

このような日本の領有権主張の裏には、現在進行中のEEZ_{排他的経済水域}の交渉で、有利な地位を確保せんとする意図が根底にあることは看過できない。

現在、日本政府は、自分たちが望む方法でEEZ設定を強要している。韓国が国際法の定める独島領土主権、12海里領海の主権、200海里EEZの原則を守って紛争地域であることを認めなければ、日本の意図が通ることはない。日本が自分たちの目的を達成するためには、韓国政府に独島が紛争地域であることを認めさせる必要があった。韓国では既に漁業協定_{1999年}で共同管理水域を設けたため、紛争地域であることを認めた部分が全くない訳ではない。このように日本は、漁業協定のように、とにかく共同管理水域を設定することで、資源開発の共同管理を推し進めようとしている。

万が一韓国がこのような日本の意図を見過ごしたなら、完全な領土主権の守護は勿論のこと、今後、独島を巡る対立は一層激化するだろう。

東アジア外交を重視することで知られている福田康夫首相が、直々に独島問題を取り上げたなら、韓国側は李明博大統領の出番である。大統領が自国の領土である独島に対して、堂々と明確に領土主権の意志を表明して、何か問題があるだろうか？当事国である日

라고 교육하도록 하겠다는 것이다. 이번 독도 영토 교육을 선동한 부류는 우경화된 자민당 중심의 정치인들이었지만, 일본 정부는 이를 지렛대로 삼으려는 의도를 갖고 있었다.

이러한 일본의 영유권 주장 이면에는 현재 진행 중인 EEZ배타적 경제수역 협상에서 유리한 지위를 확보하겠다는 의도를 깔고 있다는 사실을 간과할 수 없다.

현재 일본 정부는 자신들이 원하는 방식으로 EEZ 설정을 강요하고 있다. 한국이 국제법이 정하는 독도 영토주권, 12해리 영해주권, 200해리 EEZ의 원칙을 고수하여 분쟁 지역임을 인정하지 않는다면 일본의 의도는 관철될 수 없다. 일본이 자신들의 목적을 달성하기 위해서는 한국 정부로 하여금 독도가 분쟁 지역임을 인정하도록 해야 했다. 이미 한국은 어업협정1999에서 공동관리수역을 설정하여 다소 분쟁 지역임을 인정한 부분이 없지 않다. 이처럼 일본은 어업협정처럼 최소한 공동관리수역을 설정하는 방식으로 자원 개발의 공동 관리를 추진하려고 하고 있다.

만약 한국이 이러한 일본의 의도를 간과한다면, 완전한 영토주권의 수호는 물론이고 향후 독도를 둘러싼 대립은 더욱 격화될 조짐이다.

동아시아 외교를 중시한다고 알려져 있는 후쿠다 야스오 수상이 직접 독도 문제를 들고 나온 이상, 이제 이명박 대통령이 나올 순번이다. 대통령이 자국의 영토인 독도에 대해 당당하고 분명한 영토주권 의지를 표명한다고 해서 누가 뭐라 하겠는가? 당사국인 일본에서도 당연한 처사라고 여길 것이다.

本でも、当然の結果と受け止めるだろう。

日本の人々は独島が自分の領土だと教育されてきたので、日本の領土だと信じている。これを受け、福田首相が国家の最高指導者として独島は自分の領土だと信じ、国益のために領有権を主張して、締約国である韓国を除けば、国際社会の中で誰が非難するだろうか?

ところが最近、報道のように、李明博大統領が福田首相に独島の領有権を主張しないで欲しいと懇願したというが、それが一体何の役に立つのだろうか?

友好関係を結んだ韓国大統領の切実な要望を、嘲笑うかのように聞き流した福田首相の言動は、穏健を前面に独島紛争化を企てた卑劣な挑発行為である。独島は紛争地域ではなく、過去一度も韓国政府がこのような挑発行為を黙過したことはなかった。

現在の李明博大統領は国内外的に、政治的に四面楚歌に置かれている。独島主権のリーダーシップにも、韓国国民は憂慮している。だからこそ今、李明博大統領は進んで独島を訪れ、対内外に韓国の公式の立場を宣明し、主権国家の最高責任者としてのリーダーシップを見せなければならない。

これは歴史的権原に則って、独島を実効的に支配している韓国の領土主権を対外的に知らしめる絶好の機会であり、主権国家最高指導者としての威厳ある主権外交が評価されるだろう。だが仮にこのような機会を逃してしまったら、韓国の独島領土主権に対する意志は疑われ、日本の挑発を更に加速させることになるだろう。

　일본인들은 독도가 자신들의 영토라고 교육을 받아왔기 때문에 일본 영토라고 믿고 있다. 이러한 영향을 받은 후쿠다 수상도 국가 최고 지도자로서 독도가 자신의 영토라고 믿고 국익을 위해 영유권을 주장하는 것에 대해 당사국인 한국을 제외한다면 국제사회에서 누가 어떻게 비난하겠는가?

　그런데 최근 보도처럼, 이명박 대통령이 후쿠다 수상에게 독도에 대해 영유권을 주장하지 말아 달라고 간절히 호소했다고 하는데, 그것이 무슨 소용이 있겠는가?

　우호 관계를 약속한 한국 대통령의 간절한 부탁을 조롱이라도 하듯이 무시한 후쿠다 수상의 언행은 온건을 간판으로 독도 분쟁화를 시도한 야비한 도발한 행위이다. 독도는 분쟁 지역이 아니며, 과거 한 번도 한국 정부가 이런 도발 행위를 묵과한 적이 없었다.

　현재 이명박 대통령은 국내외적으로 정치적 사면초가에 처해 있다. 독도 주권의 리더십에 대해서도 한국 국민들은 우려하고 있다. 바로 이때 이명박 대통령은 스스로 독도를 방문하고 대내외에 한국의 공식적인 입장을 천명하여 주권 국가의 최고 책임자의 리더십을 보여야 할 것이다.

　이는 역사적 권원을 바탕으로 독도를 실효적으로 지배하고 있는 한국의 영토주권을 대외적으로 알리는 절호의 기회이며, 주권 국가의 최고 지도자로서 당당한 주권 외교로 평가받을 수 있다. 반면, 이런 기회를 놓친다면 한국의 독도 영토주권에 대한 의지를 의심하여 일본의 도발을 더욱 가속될 것임에 분명하다.

EEZ協定、
急ぐことはない

最近開かれた韓日第5回排他的経済水域EEZの交渉は、両国が独島基点を主張し、何の成果もなく終わった。しかし、韓国側から見れば、成功だった。

韓国は、独島が韓国領土という点と、EEZ境界は独島領土基点であり、国際法の原則に基づいて決定されるという点を明確に示した。韓国が独島基点を主張することで、1998年に暫定合意した新漁業協定の鬱陵島起点に大きな意味がなくなったことから、今回の交渉は成功したと評価できる。特に交渉内容がマスコミによって完全公開され、国民の信頼と関心の中で進行された点を高く評価する。

事実、今回の交渉で明らかになったように、1～4回目の交渉は密室で行われ、日本は「独島基点」を主張したのに対し韓国は「鬱陵島基点」を主張し、国際法的地位を放棄した。日本は今回の交渉を通

EEZ협상
서두를 것 없다

최근 열린 한·일간 제5차 배타적 경제수역EEZ협상은 양국이 독도 기점을 주장하여 아무런 성과없이 끝났다. 그러나 한국 입장에서 보면 성공적이었다.

우리측은 독도가 한국 영토라는 점과 EEZ경계는 독도 영토 기점으로 국제법적 원칙에 따라 결정되어야 한다는 점을 분명히 했다. 우리 측이 독도 기점 주장을 함으로써 1998년 잠정적으로 합의한 신어업협 정의 울릉도 기점은 큰 의미가 없게 된 점에서 이번 협상은 성공적이 라고 평가할 수 있다. 특히 협상 내용을 매스컴을 통해 전적으로 공개 하여 국민의 신뢰와 관심 속에서 진행되었다는 점을 높이 평가한다.

사실 이번 협상에서 밝혀졌듯 1~4차 협상은 밀실에서 진행되어 일 본은 '독도 기점'을 주장한 반면, 한국은 '울릉도 기점'을 주장하여 스스 로 국제법적 지위를 포기했다. 일본은 이번 협상을 통해 정부 주요 인

じて、政府の主要人物間で交された言葉も記録に残し、交渉カードとして利用していることが分かった。また、日本は領土問題と分けて、政治的妥協策としてEEZ境界を漁業協定のような共同管理水域とするよう求め、国際法上の地位を毀損しようという意図も明るみになった。

独島は鬱陵島から見える、地理的な近接性と古代以来の歴史性の下、韓国が実効的に占有している国際法上の固有の領土だ。現在の東海秩序は極めて穏やかである。暫定合意した現在の漁業協定の状態をそのまま維持し、EEZ境界の決定は後世に先送りしよう。絶対に慌てて政治的な妥協点を見つけてはならない。領有権が明確になれば、国際法の原則に基づいて、自ずと決まる。

だが、今後日本のEEZ交渉要求に徹底して備えねばならない。日本の領有権主張を徹底的に反論するため、韓・英・日3カ国の言語で書かれた独島領土手帳を作成すべきである。また、些細なことで日本を刺激せず、日本が干渉する余地を作らないようにする必要がある。独島は鬱陵島と近距離にあるので、鬱陵島を世界的な観光名所として開発すれば、自然に独島の実効的支配が強化されていることに繋がり、日本の干渉も遮ることができる。今後も交渉内容を全面的に公開し、国民世論を盾に独島の領土基点を確保し、日本の野望から独島を守らなければならない。

사들 간에 주고 받은 말도 기록에 남겨 협상 카드로 이용하고 있음이 드러났다. 또 일본은 영토 문제와 분리하여 정치적 타협으로 EEZ경계를 어업협정과 같은 공동관리수역을 요구해 국제법상의 지위를 훼손하려는 의도가 분명해졌다.

독도는 울릉도에서 보이는 지리적 근접성과 고대 이후의 역사성을 바탕으로 한국이 실효적으로 점유하고 있는 국제법상의 고유 영토다. 현재의 동해 질서는 지극히 평온하다. 잠정적으로 합의한 현재의 어업협정 상태를 그대로 유지하여 EEZ경계 결정은 후세에 미루자. 절대로 성급히 정치적 타협점을 찾으려고 해서는 안 된다. 영유권이 분명해지면, 국제법적 원칙에 따라 자연히 결정된다.

향후 일본의 EEZ협상 요구에 철저히 대비해야 한다. 일본의 영유권 주장을 철저히 반박할 수 있는 한·영·일 3개국 언어로 된 독도 영토 수첩을 제작해야 한다. 또 사소한 일로 일본을 자극하지 않고, 일본의 간섭 여지를 만들지 않을 필요가 있다. 울릉도와 거리가 가까워서 울릉도를 세계적인 관광 명소로 개발한다면 자연스럽게 독도의 실효적 지배가 강화되어 일본의 간섭도 차단할 수 있다. 앞으로도 협상 내용을 전적으로 공개하고 국민 여론을 방패막이로 독도 영토 기점을 확보하여 일본의 야욕으로부터 독도를 지켜내야 할 것이다.

제2부

일본 정부의
독도 영토화 교육
의무화에
어떻게
대응할 것인가?

第2部
日本政府の
独島領土化教育の
義務化に
どう
対応すべきか?

歪曲された
独島領土化の公教育が
領土紛争煽る

　日本政府は勿論、国民の間でも韓国の独島実効的支配に対抗して領有権を主張している。日本政府の領有権主張は政策的なものだが、国民の領有権の主張は、教育的な影響によるものである。

　1945年8月15日、新生独立国韓国が独島を実効的支配をするようになった時、果たして歴史的、国際法的論拠に対し連合国の同意なくして可能だったのだろうか？

　1952年9月、対日講和条約が締結された直後、韓国は翌年1月に「海洋の大統領主権宣言」に独島が韓国領土であることを改めて表明した。この時、日本は表面的には、最初は韓国政府の独島領有権に異議を唱えた。韓国政府はこれを侵略的行為と非難し続け、独島領土に対する国民意識を鼓吹させていった。

　一方、日本政府の領有権主張は政府の政策に過ぎず、殆どの国民

왜곡된
독도 영토화의 공교육이
영토 분쟁 부추긴다

일본 정부는 물론이고 자국민들조차도 한국의 독도 실효적 지배에 대항하여 영유권을 주장하고 있다. 일본 정부의 영유권 주장은 정책적인 것이지만, 국민들의 영유권 주장은 교육적인 영향에 의한 것이다.

1945년 8월 15일 신생 독립국 한국이 독도를 실효적 지배를 하게 되었을 때에는 과연 역사적 국제법적 논거에 대해 연합국의 동의가 없었다면 과연 가능했을까?

1952년 9월 대일강화조약이 체결된 직후, 한국은 이듬해 1월 '해양에 대한 대통령 주권선언'으로 독도가 한국 영토임을 재천명했다. 이때 일본은 표면적으로는 처음으로 한국 정부에 대해 독도 영유권에 이의를 제기했다. 한국 정부는 이를 침략적 행위라고 비난하면서 독도 영토에 대한 국민의식을 고취시켜 나갔다.

한편, 일본 정부의 영유권 주장은 정부 정책에 불과한 것으로 대부

は冷ややかだった。その理由は、日本国民の意識の中に独島が日本の領土であるという認識がなかったからである。独島が平和線によって韓国領土と固定化されていたので、一部の島根県民を除き、日本国民は相変わらず無関心であった。

　日本政府は、韓日両国間の紛争を避けるために消極的な独島政策に付け込み、1999年、韓国の金融危機状況を挑発的に悪用し、韓国政府に対して中間水域による新漁業協定を採択するよう強制、2005年に日本政府は島根県「竹島の日」制定を黙認し、2005年に中学校教科書、2006年には、高校など学校の教科書に独島が日本領土という内容を記載するよう指示した。

　日本国民は独島の歴史的そして法的地位に関して何も知らないまま、日本政府の政策による詰め込み学校教育で、日本の領土だと教えられている。

　独島紛争が表面化してから半世紀が過ぎた現時点、過去に韓国が独占的に確保していた独島の主権は、日本政府と詰め込み教育を受けた日本国民に、激しく挑戦されている。挑発的な行為を牽制する21世紀の国際法の存在を、無色にしている。

　安倍晋三官房長官は4月21日、日本の毎日新聞新聞とのインタビューで「日本は強いて波風を起こしたくない」という発言を、ためらいもなくしている。これは言い換えると、日本の要求を拒否すれば、波風が起こるということだ。このような発言は、帝国主義の時代に膨張主義者らがよく使っていた表現である。

분의 국민들은 냉랭했다. 그 이유는 일본 국민들의 의식 속에는 독도가 일본 영토라는 인식이 없었기 때문이다. 그럼에도 불구하고 독도가 평화선에 의해 한국 영토로 고정화되어 있었기에 일부 시마네 현 거주민을 제외한 일본 국민들은 여전히 무관심했다.

일본 정부는 한일 양국 간의 분쟁을 피하기 위해 소극적인 독도 정책의 틈을 타고, 1999년 도발적으로 한국의 금융 위기 상황을 악용하여 한국 정부에 대해 중간수역에 의한 신어업협정을 채택하도록 강요했고, 2005년 일본 정부는 시마네 현의 '다케시마의 날' 제정을 묵인하고, 2005년의 중학교 교과서, 2006년에는 고등학교 교과서에 독도가 일본 영토라는 내용을 기술하도록 지시했다.

사실 일본 국민들은 독도의 역사적 법적 지위에 관해서도 제대로 알지도 못한 채 일본 정부의 정책에 의해 주입식 학교 교육에서 일본 영토라는 교육을 받고 있다.

독도 분쟁이 표면화된 지 반세기가 지난 현시점, 과거 한국이 독점적으로 확보하고 있던 독도에 대한 주권은 일본 정부 및 주입식 교육을 받은 일본 국민들에게 거세게 도전을 받고 있다. 도발적인 행위를 견제하고 있는 21세기의 국제법의 존재를 무색하게 하고 있다.

아베 신조安倍晋三 관방장관은 4월 21일 일본 마이니치每日 신문과의 인터뷰에서 "일본이 무리하게 풍파를 일으키고 싶지 않다"라는 발언을 서슴지 않게 하고 있다. 이는 바꾸어말하면 일본의 요구에 거절한다면 풍파를 일으키겠다는 발언이다. 이러한 발언은 제국주의시대에 대륙팽창주의자들이 자주 사용하던 용어이다.

安倍官房長官は勿論、大多数の日本人は独島が歴史的にも法的に日本の領土だと思っている。日報外務省の公式ホームページで、日本固有の領土だが韓国が不法占拠していると、歴史を歪曲しているからである。これは、日本の独島を研究する大多数の学者たちの認識である。

このような認識は、日本国民に公教育を通して教育させようというものである。中学校に続いて高校の教科書でも、独島が日本の領土であることを明記している。

今この時に、韓国がすべきことは、何よりもまず、独島が韓国領土である根拠を日本人に見せることだ。日本政府が公教育で教える独島教育が、偽りであることを証明せねばならない。活発な独島研究を日本語地図で見る独島、歴史的資料として見る独島、国際法的に見る独島を、日本に積極的に知らせるべきである。しかし既に日本政府の独島政策が日本国民に広く認識され、出遅れた感がある。

二番目に、国際社会で独島が日本の領土であると認識されていくことを阻止しなければならない。既に国際社会で、独島が日本の領土であると認識されている部分がある。

三番目は、日本が独島の領土主権を毀損できる権原を先占した点である。漁業の面で共同管理水域内の独島を管理できるよう日本に認めたため、竹島、日本海という名称が国際社会の至る所で通用している。独島周辺の近接水域24海里内の地形名を日本が先に取得して国際水路機関に登録したのである。

아베 관방장관은 물론이고 대다수 일본인들은 독도가 역사적으로나 법적으로 일본 영토인 줄 알고 있다. 일본외무성의 공식 홈페이지에 따르면, 일본의 고유 영토를 한국이 불법적으로 점령하고 있다는 식으로 역사를 왜곡하고 있는데 이러한 인식은 일본의 독도를 연구한다는 대다수 학자들의 인식이다.

이러한 인식은 일본의 국민들에게 공교육을 통하여 교육을 시키겠다는 것이다. 중학교에 이어 고등학교 교과서에서도 독도가 일본 영토임을 명기하고 있다.

지금 이 시점에서 한국이 할 일은 독도가 한국 영토인 근거를 일본인에게 알리는 일이다. 일본 정부가 공교육을 통해서 알리는 독도 교육이 거짓임을 증명해 주어야 한다. 일본어를 이용하여 지도로 보는 독도, 역사적 자료로 보는 독도, 국제법적으로 보는 독도 등의 활발한 연구를 통해 일본에 적극적으로 알려야 한다. 하지만 일본 정부의 독도 정책으로 이미 일본 국민들에게 인식돼 너무 늦은 감이 있다.

두 번째로, 국제사회에서 독도가 일본 영토로 인식되어 가는 것을 차단해야 한다. 이미 많은 국제사회에서 독도가 일본 영토로 인식되고 있다는 점이다. 일본이 독도에 대한 영토주권을 훼손할 수 있는 권원을 선점했는데, 다케시마, 일본해라는 명칭이 국제사회에 통용되는 부분이 너무 많고, 어업 측면에서 독도를 공동관리수역으로 일본에 인정했으며 독도 주변 근접수역24해리 내에 지명을 일본이 선점하여 국제수로기구에 등록했다는 점이다.

이제 독도 문제는 독도의 어업권을 명확하게 하지 못한 어업협정 이

今、独島問題は歴史的権原、国際法的権原の問題を越え、独島の漁業権が明確化できない漁業協定以降、紛争地域として捉えられ、国際社会での位置、実効的支配の強化など、政治的な問題にまで発展、政治問題として本格的に扱われるようになった。

후 역사적·국제법적 권원의 문제를 넘어서 분쟁 지역으로서 해석되어 왔다. 또한 국제사회의 위치, 실효적 지배 강화 등 정치적 문제로 확산되어 정치 문제로 본격화되었다.

日本の高等学校 「学習指導要領解説書」の発表に 消極的対処、 日本の独島領有権教育 このまま黙認するのか？

　独島は歴史的にも国際法的にも韓国領土であることは間違いない。過去の歴代政府は、日本の違法で挑発的な独島領有権主張に対して断固として対処してきた。

　ところが最近、日本が独島領有権主張を強化したのは、「無反応が上策」という一部歴代政権の誤った独島政策による。領土主権を守ることは外交関係で何をおいても最も重要である。領土主権は、断固とした取り組みだけが最善の方策である。一時的な外交関係を懸念して領土主権をおざなりにすれば、大きな危機に直面する。

　日本の前自民党政府は2008年7月、中学校社会科の学習指導要領解説書を改訂し、2012年から学校での独島教育義務化を明記した。それを受け、韓国は駐日大使を召還して、一時的に外交断絶措置を取り、強く抗議した。これに日本は、韓日関係の悪化を懸念して「北

일본의 고등학교
'학습지도요령 해설서' 발표에 대한 소극적 대처, 일본의 독도 영유권 교육 이대로 묵인할 것인가?

독도는 역사적으로나 국제법적으로 한국 영토임에 분명하다. 과거 역대 정부는 일본의 불법적이고 도발적인 독도 영유권 주장에 대해 단호하게 대처해 왔다.

그런데 최근 일본이 독도 영유권 주장을 강화하게 된 것은 '무대응이 상책'이라는 일부 역대 정권의 잘못된 독도 정책 때문이다. 영토주권을 수호하는 것은 외교 관계에서 무엇보다도 가장 중요하다. 영토주권은 단호한 대처만이 최선의 방책이다. 일시적인 외교관계를 우려하여 영토주권을 소홀히 한다면 반드시 큰 위기에 직면한다.

일본의 전 자민당정부는 2008년 7월 중학교 사회과 학습지도요령 해설서를 개정하여 2012년부터 학교에서의 독도 교육 의무화를 명기했다. 그래서 한국은 주일대사를 소환하여 일시적인 외교 관계의 단절 조치를 취하여 강력히 항의했다. 이로 인해 일본은 한일 관계의 악화

方領土と同様に」とし、2009年の高校地理歴史と学習指導要領解説書では、「中学校の解説書に基づいて」という迂回的な表現で、独島が日本の領土であることを表記した。このように日本が下手に出てきたのは、韓国民の強力な領土主権意識の賜物であった。

　新たに発足した日本の民主党政権は「対米外交を重視 - 対アジア外交軽視」という前自民党政権の外交政策を反面教師に、対アジア外交重視を標榜した。これは、鳩山首相が「隣国の嫌がることはしない。」と述べたことからも推量れる。事実、鳩山首相も民主党の実力者小沢幹事長も、独島問題で両国の関係悪化を望んでいない。

　それにもかかわらず、今回の民主党政府が高校の指導要領解説書で、「中学校の解説書に基づき、北方領土などの領土回復のために引き続き努力する。」と改正し、中学校に加え高校でも独島教育を実施するという方針を明らかにしたのだ。

　今回の事態は、韓国政府が事前に外交努力を傾けていたら、十分に防ぐこともできただろう。だがこれを放置し、更に「独島の名称を表記していないのは、鳩山政権が韓日関係を考慮した措置」として在韓日本大使を呼んで抗議する程度で終わる、消極的な姿勢を取った。これは外交的失策だ。

　当面の私たちの課題は、日本の歪曲された独島教育を阻止し、領土主権を守護することである。日本政府が表向きに韓国政府の面子を立ててくれたといって、許される問題ではない。今回の措置は、高校でも中学校と同様に、独島教育の義務化を明示したものであ

를 우려하여 ‘북방 영토와 같이’라고 했고, 2009년의 고등학교 지리역사과 학습지도요령 해설서에서는 ‘중학교 해설서에 입각하여’라는 우회적인 표현으로 독도가 일본 영토임을 표기했다. 일본의 강도를 낮추게 한 것은 한국민의 강력한 영토주권 의식에 의한 것이었다.

새로 출범한 일본 민주당정부는 ‘대미외교 중시-대아시아외교 경시’라는 전 자민당정부의 외교정책을 반면교사로 삼아 대아시아외교의 중시를 표방했다. 이는 하토야마 수상이 ‘이웃국가가 싫어하는 일은 하지 않겠다.’라고 언급한 것으로도 짐작할 수 있다. 사실 하토야마 수상도 민주당 실세 오자와 간사장도 독도 문제로 양국 관계의 악화를 원치 않고 있다.

그럼에도 불구하고 이번 민주당정부가 고등학교 지도요령 해설서에서 ‘중학교 해설서에 입각하여 북방 영토 등 영토 회복을 위해 지속적으로 노력한다.’고 개정하여 중학교와 더불어 고등학교에서도 독도 교육을 실시하겠다는 방침을 발표했던 것이다.

이번 사태는 한국 정부가 사전에 외교적 노력을 기울였더라면 충분히 막을 수도 있었을 것이다. 이를 방치하였고, 게다가 ‘독도 명칭을 직접 표기하지 않은 것은 하토야마 정부가 한일 관계를 고려한 조치’라고 하여 주한 일본대사를 불러 항의하는 선에서 그치는 소극적인 자세를 취했다. 이는 외교적 실책이다.

당면한 우리의 과제는 일본의 왜곡된 독도 교육을 막아 영토주권을 수호하는 일이다. 일본 정부가 가식적으로 한국 정부의 체면을 살려주었다고 해서 용서될 문제는 아니다. 이번 조치는 고등학교에서도 중학

る。これを基に2013年に高校学習指導要領が改正され、独島教育が義務的に実施される。これは、まさに独島が歴史的にも国際法的にも日本領土という教育である。このまま行けば、未来に独島領有権を巡って、1億2700万の日本国民と4千500万の韓国国民が対立している領土戦争が予想される。これを回避できるのは今、2013年の改正の高校学習指導要領で独島教育の明示を防ぐことだけである。

　韓国政府は、今回も駐日大使を召還する強力な措置を取るべきだった。そうしていたら、今後対アジア共同体の実現を掲げている民主党政府の立場から、独島領有権主張を自制する可能性が非常に高い。韓国政府の消極的な対応は、前自民党政府と同様に民主党政府にも積極的な独島政策の口実を提供した。

교와 마찬가지로 독도 교육의 의무화를 명시한 것이다. 이를 토대로 2013년 고등학교 학습지도요령이 개정되어 독도 교육이 의무적으로 실시된다. 이는 바로 독도가 역사적으로나 국제법적으로 일본 영토라는 교육이다. 그 결과 미래 독도 영유권을 둘러싼 1억 2700만의 일본 국민과 4천 500만의 한국민이 대립되는 영토 전쟁이 예상된다. 이를 피하려면 이제 2013년 개정의 고등학교 학습지도요령에서 독도 교육의 명시를 막는 것뿐이다.

한국 정부는 이번에도 주일대사를 소환하는 강력한 조치를 마땅히 취해야 했다. 그랬더라면 향후 대아시아 공동체 실현을 내걸고 있는 민주당 정부 입장에서 독도 영유권 주장을 자제할 가능성이 매우 높다. 한국 정부의 소극적인 대응은 전 자민당정부와 마찬가지로 민주당 정부에게도 적극적인 독도 정책의 빌미를 제공했다.

実用外交の名目での
静穏な独島政策、
日本政府に
悪用されている

　今年は安重根の国権回復を念願しながら、31歳の若さで、外交権を強奪した伊藤博文を射殺して殉国してから100年目になる年である。安重根義士を思うと、世界10位圏の位相を持つようになった韓国が、まだ日本の独島侵奪意図を阻止できずにいる状況が余りにも心苦しい。

　今こそ、韓国政府は独島政策を変更すべきである。李明博大統領は、実用外交という名分の下、盧武鉉大統領時代の対日声明で、独島の領土主権を明確にすることで、疎遠になった韓日関係を回復しようと、日本の独島領有権主張に対し強い姿勢で応じることはなかったという部分がある。

　その結果日本政府は、2008年7月に中学校、2009年12月には高校の社会科の教科書指導要領解説書を改編して、「竹島」教育を義務化

실용 외교 뒤의
조용한 독도 정책,
일본 정부에
악용당하고 있다

금년은 안중근의가 국권 회복을 염원하면서 31세의 젊디젊은 나이로 외교권을 강탈한 이토 히로부미를 사살하고 순국한 지 100년째 되는 해이다. 안중근 의사를 생각하니 세계 10위권의 위상을 갖게 된 한국이 아직도 일본의 독도 침탈 의도를 막지 못하고 있는 상황이 너무나 안타깝다.

이제 한국 정부는 독도 정책을 수정해야 한다. 이명박 대통령은 실용 외교라는 명분 아래 노무현 대통령 시절 대일 성명으로 독도 영토 주권을 명확히 함으로써 소원해진 한일 관계를 복원하기 위해 일본의 독도 영유권 주장에 대해 단호하게 대응하지 않은 부분이 있다.

그 결과 일본 정부는 2008년 7월 중학교, 2009년 12월 고등학교 사회과 교과서지도요령 해설서를 수정하여 '죽도' 교육을 의무화했다. 또한 2010년 3월 30일 이번에는 초등학교 5종의 모든 사회과 교과서에

した。また、2010年3月30日、今度は小学校5種すべての社会科教科書でも「竹島」教育を義務化した。これは、今後の日本国民に対する「竹島」教育の本格化を意味し、未来の韓日関係において両国民間のジレンマを助長し、領土紛争の激化と国際社会での紛争地域化を定着させる結果を招くことになるだろう。

　日本政府が独島の本質を歪曲してまで領土教育を実施しようとするのは、韓国の独島領土主権を完全に否定するナショナリズム的な御用学者らに踊らされ、更に、独島の本質に対する見識不足の官僚らが同調し、それを一部の政治家が政略的に利用しているからである。

　一方で、韓国政府の外交的失策も追求する必要がある。日本の高校教科書指導要領解説書を変更した際に、「日本政府が韓国政府に配慮した部分がある」と、これを慰めに積極的に対応しなかったという点だ。今回、小学校で独島教育を義務化したのもまさにその延長線上だったということを見過ごしてはならない。むしろ日本政府は、韓国政府の実用外交を盾に、学校教育での独島教育という目標を100％達成したことになる。

　歴史的権原に基づいて実効的に支配し、領土主権を確固たるものにしている現時点での韓国政府の役割は、緻密に日本の行動を観察し、日本の挑発を徹底的に防ぐことである。最近の一連の事態を見る時、韓国政府の役割不在を指摘せざるを得ない。

　今、私たちの課題は、日本の「竹島」教育を徹底して阻止すること

서도 '죽도' 교육을 의무화했다. 이는 향후 일본 국민들에 대한 '죽도' 교육의 본격화를 예고한다. 이는 미래 한일 관계에 있어서 양 국민 간의 갈등을 조장하고 영토 분쟁의 격화와 국제사회에서의 분쟁 지역화를 고착화하는 결과를 초래하게 될 것이다.

일본 정부가 독도의 본질을 왜곡해 가면서까지 영토 교육을 실시하려고 하는 것은 한국의 독도 영토주권을 전적으로 부정하는 내셔널리즘적인 어용학자들의 선동, 또한 독도의 본질에 대한 식견이 부족한 관료들의 동조, 일부 정치인들의 정략적 악용 때문이다.

한편으로 한국 정부의 외교적 실책도 짚고 넘어가야 한다. 일본이 고등학교 교과서 지도요령 해설서를 수정하였을 때 '일본 정부가 한국 정부를 배려한 부분이 있다'라고 이를 위안삼아 적극적으로 대응하지 않았다는 점이다. 이번 초등학교에서의 독도 교육을 의무화한 것도 바로 그 연장선상에서 결정된 것이라는 점을 간과해서는 안 된다. 오히려 일본 정부는 한국 정부의 실용 외교를 방패삼아 학교 교육에서의 독도 교육이라는 목표를 100% 달성한 셈이 된다.

역사적 권원을 바탕으로 실효적으로 지배하여 영토주권을 확고히 하고 있는 현 시점에서 한국 정부의 역할은 치밀하게 일본의 행동을 관찰하여 일본의 도발을 철저히 막는 일이다. 최근 일련의 사태를 볼 때 우리정부의 역할 부재를 지적하지 않을 수 없다.

이제 우리의 과제는 일본의 '죽도' 교육을 철저히 막는 일이다. 그 최선책으로 일본을 비롯한 세계의 시민사회에 대해 역사적 권원을 바탕으로 한 독도의 본질을 알리는 일이다. 독도의 본질에 무지한 일본의

である。その最善策として、日本を始め世界の市民社会に対し、歴史的権原に基づいた独島の本質を知らせることである。独島の本質に無知な日本の官僚らを目覚めさせねばならず、日本の政治家の政略的な悪用を食い止めねばならない。

また、現在の韓国政府の実用外交を前面に出した曖昧な政策は、むしろ日本にとって韓国が独島を紛争地域を認めていると誤認させ、挑発的な「竹島」領土化政策を支援する結果を招くことになる。果敢に実用外交と独島外交を分け、消極的な政策から積極的な政策に正せねばならない。領土主権はいかなる外交政策の犠牲にも、なってはならないだろう。

관료들을 깨우치게 해야 하고, 일본 정치인들의 정략적인 악용을 막아
야 한다.

 또한 현재 한국 정부의 실용 외교를 앞세운 애매한 정책은 오히려
일본으로 하여금 한국이 독도를 분쟁 지역을 인정하고 있는 것으로 오
인하게 하여 도발적인 '죽도' 영토화 정책을 돕는 결과를 초래하게 된
다. 과감히 실용 외교와 독도 외교를 분리하여 소극적인 정책에서 적
극적인 정책으로 수정되어야 한다. 영토주권은 어떠한 외교정책의 희
생물이 되어서는 안 될 것이다.

日本の独島挑発、
しっかりと理解して
適切に対応しよう

　日本政府は4月6日の閣議で、2010年の防衛白書でも独島が日本領土と明記することを決めた。既に2008年3月、中学校で独島教育を義務化、2009年12月の高校に続いて今年3月に小学校でも独島教育の義務化を決定した。このように見ると、日本は現在、小・中・高のすべての学校教育で、独島領土化教育を義務化したのである。そして外交政策でも、独島領土化を放棄しないと明確に述べている。

　韓国政府は、過去に自民党政府の挑発的な独島政策を繰り返し受けたので、交代した民主党政権への期待は大きかった。ところが、民主党政府も相変わらず独島挑発を行い、それに対する失望感は大きい。日本の首相の平均在任期間は1年半程度である。日本の政治の特徴は、各省庁の専門家で構成され、官僚が政策を立案するので、政権をかけて強力なリーダーシップを発揮しない限り、政策基

일본의 독도 도발,
제대로 이해해서
올바로 대응하자

일본 정부는 4월 6일 각료회의에서 2010년 방위백서에도 독도가 일본 영토라고 명기하기로 결정했다. 이미 2008년 3월 중학교에서 독도 교육을 의무화한 바가 있고, 2009년 12월 고등학교에 이어 금년 3월 초등학교에도 독도 교육을 의무화하기로 결정했다. 이렇게 볼 때 일본은 이제 초, 중, 고의 모든 학교 교육에서 독도 영토화 교육을 의무화한 것이다. 그리고 외교정책에서도 독도 영토화를 포기하지 않겠다고 명확히 밝혔다.

한국 정부는 과거 자민당정부에서 도발적인 독도 정책을 남발하였기에 교체된 민주당정부에 거는 기대는 컸다. 그런데 민주당정부의 변함없는 독도 도발에 대해 실망도 컸다. 일본 총리의 평균 재임 기간은 1년 반 정도이다. 일본 정치의 특징은 각 부처에 전문가로 구성된 관료들이 정책을 입안하기 때문에 정권을 걸고 강력한 리더십을 발휘하

調の変化はほぼ不可能だ。

　最近の一連の独島挑発は、回転の早い政治状況で行われたものである。一部では、日本が独島問題を国内外の政治に利用するためだと主張する人もいるが、全くそうではない。日本が挑発する理由は簡単である。日本の立場からすれば、1905年、無主地先占の法理に則って国際法に立脚した領土措置を断行したが、それ以前から日本の領土であったという考えを持っているからである。しかも、一度も領土主権を放棄したことがないという。しかし、韓日関係の下に見れば、独島領有権を根拠に、1905年に不法に編入措置した点と、今も領有権を放棄していないという点、日本が掲げるこの2つの根拠で、数百、数千件にも及ぶ韓国の領土としての歴史的な証拠と、これを基盤に実効的占有している状態を、日本は絶対に超えることはできない。

　一部では、強硬対応に因る紛争化を懸念しているが、そんなことはない。独島の本質について何も知らない第三者が紛争地域と考えようが、領有権とは無関係である。

　既に独島は本質的な要因から韓国の領土である。時間が経つほど、国際法は韓国の立場を一層強固なものにする。日本の右翼はこれに焦りを覚え、現実倒錯的な考え方で沈黙する日本国民を利用して、1905年に日本帝国が侵奪しようとしていた独島を占有せしめんとしている。最近、日本政府の独島挑発は、これら右翼に扇動されているのである。

지 않는 한 정책기조의 변화는 거의 불가능하다.

최근 일련의 독도 도발은 바로 이러한 정치 상황에서 벌어진 것이다. 일각에선 일본이 독도 문제를 국내외정치에 이용하기 위해서라고 주장하는 이도 있지만, 그것은 전혀 그렇지 않다. 일본이 도발하는 이유는 간단하다. 일본의 입장에서 본다면 1905년 무주지 선점으로 국제법에 입각한 영토 조치를 단행하여 과거부터 일본 영토라는 생각을 가지고 있기 때문이다. 게다가 한 번도 영토주권을 포기한 적이 없다는 것이다. 독도에 대한 영유권 근거로는 1905년 불법적으로 편입 조치한 점과 지금도 영유권을 포기하지 않고 있다는 점이다. 그러나 일본이 내세우는 두 가지 근거로서 수백, 수천 건에 달하는 한국 영토로서의 역사적 증거와 이를 바탕으로 실효적으로 점유하고 있는 상태를 절대로 능가할 수 없다.

일각에선 강경대응으로 인한 분쟁화를 우려하고 있지만, 그건 그렇지 않다. 독도의 본질에 대해 아무것도 모르는 제3자가 분쟁 지역으로 생각하든 말든 영유권과는 무관하다.

이미 독도는 본질적인 요인에 의해 한국 영토이다. 시간이 지나면 지날수록 국제법은 한국의 입장을 더욱 공고화하고 있다. 일본 우익들은 이를 초조하게 생각하여 현실도착적인 사고로 침묵하는 일본 국민들을 이용하여 1905년 일본제국이 침탈하려고 했던 독도를 차지하려고 하고 있다. 최근 일본 정부의 독도 도발은 이들 우익들에게 선동된 것이다.

이러한 이유라면 우리의 대응방침도 간단하다. 일본의 1905년 영토

このような理由なら、私たちの対応方針も簡単である。日本の1905年の領土編入の違法性と、現在の日本の領有権主張が帝国主義の領土侵略的な発想であることを公論化すればよい。その方法として、数百、数千点にも及ぶ韓国領土としての歴史的な証拠を、埃だらけの倉庫に保管しておかず、日本国民に大々的に公開すればよい。パンフレットを発刊して、インターネットを介して、その史料を絶えず日本に送り出す。日本の首相は勿論のこと、政府の要人、与野党の国会議員や自治体、自治体議員や政治家志望者に直接史料を送付する。また、中央政府や地方自治体、学校などの図書館や資料室にも配置して、あらゆる日本国民に知れ渡るようにする。

韓国政府はこれ以上、独島の領有権明示に躊躇してはならない。領土問題は、他の外交懸案とは別に扱わねばならない。独島問題が長期的な懸案だからといって、外交関係を断絶することは絶対にあってはならない。日本が領有権を主張すれば、その都度大統領は独島の本質的な史料を日本の首相に直に提示するなど、領土主権を明確に伝える勇気とリーダーシップを発揮しなければならないだろう。

편입의 불법성과 현재 일본의 영유권 주장이 제국주의의 영토 침략적 발상이라는 것을 공론화하면 된다. 그 방법으로서는 수백, 수천 점에 달하는 한국 영토로서의 역사적 증거를 먼지 쌓인 창고 속에 넣어 두지 말고, 이를 일본 국민들에게 대대적으로 공개하면 된다. 책자를 발간하고, 인터넷을 통해 그 사료를 끊임없이 일본으로 송출한다. 일본의 총리는 물론이고 정부 요인, 여야당 국회의원, 지자체, 지자체의원과 정치가 지망생들에게 직접 사료를 송부한다. 또한 중앙정부와 지자체, 학교 등의 도서관과 자료실에도 배치하여 모든 국민들이 알도록 한다.

한국 정부는 더 이상 독도 영유권을 분명히 하는 일에 주저해서는 안 된다. 영토 문제는 다른 외교 현안과 분리해서 다루어야 한다. 독도 문제는 장기적 현안으로서 외교관계를 단절하는 일은 절대로 있어서는 안 된다. 일본이 영유권을 주장할 때마다 대통령은 독도의 본질인 사료를 일본 총리에게 직접 제시하여 영토주권을 명확히 할 수 있는 용기와 리더십을 발휘해야 할 것이다.

日本政府、独島歪曲教育強制教科書、検定を強行する時ではない

　日本政府は、2006年から愛国教育を強化し、2008年3月に中学校学習指導要領、7月に中学校学習指導要領解説書で「竹島独島を巡って主張に相違があることなどについても、北方領土と同様に我が国の領土、領域について理解を深めさせることが必要だ」とする独島歪曲教育を義務化する方針を決めた。その方針に即し、中学校の教科書を発行する各出版社は教科書検定を申請し、日本政府はこれを3月末に発表する予定だ。私たちが懸念しているのは、中学校の社会科教科書、即ち地理・歴史・公民でも歪曲された独島教育を一段と具体的に強化しようという点である。

　独島は地理的、歴史的権原に基づいて、国際法的に韓国が管理する固有の領土である。日本は過去にもそうだったように、未来にも教育を通じて独島の領土主権を侵害しようとしている。

일본 정부,
독도 왜곡 교육 강요하는
교과서 검정
강행할 때 아니다

일본 정부는 2006년 애국 교육을 강화하여 2008년 3월 중학교 학습지도요령, 7월 중학교 학습지도요령 해설서에서 "다케시마竹島·독도를 둘러싼 주장에 차이가 있다는 점 등에 대해서도 북방 영토와 마찬가지로 우리나라의 영토, 영역에 관해 이해를 심화시키는 것이 필요하다."라고 하는 독도 왜곡 교육을 의무화하는 방침을 결정했다. 그 방침에 입각하여 중학교 교과서를 발행하는 각 출판사에서는 교과서 검정을 신청했고, 일본 정부는 이를 3월 말에 발표할 예정이다. 우리가 우려하는 것은 중학교 사회과 교과서 즉 지리, 역사, 공민에서도 왜곡된 독도 교육을 더욱 구체적으로 강화하려고 한다는 점이다.

독도는 지리적 역사적 권원을 바탕으로 국제법적으로 한국이 관리하는 고유 영토이다. 일본은 과거에도 그랬듯이 미래에도 교육을 통해 독도의 영토주권을 침해하려고 한다.

　独島は日本領土ではない。独島は過去の日本帝国主義が密かに盗取しようとしたと、今日、日本政府が独島の領有権を主張することは、領土ナショナリズムによるものである。日本政府は歪曲された独島教育で、未来の世代にも日本の領土であるという認識を植え付けようという。

　過去も現在も、日本国内では歴史学者を筆頭に良心的な学者らは、日本帝国が独島を侵奪しようとしていたことを反省して韓国領土であることを認めている。ところが御用学者や右翼がかった政治家らに扇動されて領有権を主張する反省なき日本政府の態度は、日本の将来を真っ暗にしている。故に、今の日本政府の課題は、日本帝国主義の遺産である歴史歪曲や領土侵略問題を今世紀にすっかり消すことである。にもかかわらず、次世代にまでこれを伝えようとするのは、非常に愚かな行為である。

　日本は今、3.11東北大震災で2万人の人命被害と共に、福島原発事故による放射能漏れの問題で呻吟している。どんなに国家主義的性向が強い日本でも、予定されていたからと教科書検定を強行すれば、これは正しい判断ではない。

　今、韓国では大惨禍にある隣国日本を救おうと、全国民が自分のことのように活動している。これに日本国民は、隣国の大切さと有難さに感謝している。せっかく韓日両国民が一つになって温情を分け合っている最中に邪魔をして、韓日関係が悪化すると分かっている教科書検定を強行すれば、日本外交は大失策になるだろう。

독도는 일본 영토가 아니다. 독도는 과거 일본제국주의가 몰래 도취하려고 했던 것으로 오늘날 일본 정부가 독도의 영유권을 주장하는 것은 영토 내셔널리즘에 의한 것이다. 일본 정부는 왜곡된 독도 교육으로 미래 세대에게도 일본 영토라는 인식을 심겠다는 것이다.

과거나 현재나 일본 국내에서는 역사학자를 필두로 양심적인 학자들은 일제가 독도를 침탈하려고 했던 것을 반성하여 한국 영토임을 스스로 인정하고 있다. 그런데 어용학자나 우익성향의 정치인들에게 선동되어 영유권을 주장하는 반성없는 일본 정부의 태도는 일본의 장래를 암울하게 한다. 따라서 지금 일본 정부의 과제는 일본제국주의의 유산인 역사 왜곡이나 영토 침략 문제를 금세기에 종결지우는 일이다. 그럼에도 불구하고 다음세대까지 이를 넘기려고 하는 것은 매우 어리석은 행위이다.

일본은 지금 3·11 동일본대지진으로 2만여 명의 인명 피해와 더불어 후쿠시마 원전 폭발로 인한 방사선 유출 문제로 신음하고 있다. 제아무리 국가주의적 성향이 강한 일본이라고 할지라도 예정되었던 것이라고 하여 교과서 검정을 강행한다면 이는 올바른 판단이 아니다.

지금 한국에서는 대참화 속의 이웃나라 일본을 돕겠다고 온 국민이 내 일처럼 나서고 있다. 이에 대해 일본 국민들은 이웃나라의 소중함과 고마움에 감사하고 있다. 모처럼 한일 양국국민이 한마음이 되어 온정을 나누고 있는 마당에 기름에 불붙듯이 한일 관계가 악화될 것이 뻔한 교과서 검정을 강행한다면 일본 외교는 대실책이 될 것이다.

한국 정부의 일각에서는 모처럼 온정을 베풀고 있어 한일 간의 아름

　韓国政府の一部では、せっかく思いやっていて、韓日間の美しい姿に水を差すことになるから、教科書が検定されても抗議の程度を抑えようという声もある。それは違う。そのすべての責任は日本にある。独島問題は主権の問題である。勿論、予定している災害支援を変更することは望ましくないが、独島問題については、強く対応しなければならない。これにより、一部の韓国国民が寄付を拒否することがあったら、その過ち、それも日本政府にある。大震災被害への温情を盾に、独島の領土主権を侵奪しようとする日本の行為は絶対に容認できない。

다운 모습에 찬물을 끼얹는 격이 되므로 교과서가 검정되더라도 항의 수위를 낮추자는 목소리도 있다. 그것은 아니다. 그 모든 책임은 일본에 있다. 독도 문제는 주권의 문제이다. 물론 예정하고 있는 재해지원을 변경하는 것은 바람직하지 않지만, 독도 문제에 대해서는 강력히 대응해야 한다. 이로 인해 일부 한국 국민들이 기부를 거부하는 일이 생긴다면 그 잘못 또한 일본 정부에 있다. 대지진 피해의 온정을 방패막이로 독도의 영토주권을 침탈하려는 일본의 행위는 절대로 용인될 수 없다.

日本の
独島歪曲教育強行、
新韓日漁業協定破棄で
「強く対応」しなければ

　日本政府は3月30日、中学校社会科の授業で独島歪曲教育を義務化する教科書を検定発表した。韓国政府はこれを挑発と看做し、強く対応するという姿勢を見せている。しかし、過去にもそうだったように、口では強く対応すると言いながら、生温い対応に終わった。むしろ、その度に日本は意図したところを押し通し、独島への領土的野心を育ててきた。今回も口だけで終わるのではないかと、不安が募る。

　日本の立場も理解しろという専門家の見解もあるが、独島は歴史的にも国際法的にも韓国固有の領土である。日本の領土ではない。日本は今の世代に果たせなかった志を次世代で果たそうと、歪曲された独島教育を徹底するという。独島は私たちの三百里国土の裾子として、子孫代々受け継がせてこそ、固有の遺産である。独島を狙

일본의
독도 왜곡 교육 강행,
신한일어업협정 파기로
'강력대응'해야

일본 정부는 3월 30일 중학교 사회과 수업에서 독도 왜곡 교육을 의무화하는 교과서를 검정 발표했다. 한국 정부는 이를 도발로 간주하여 강력하게 대응하겠다고 벼르고 있다. 하지만 과거에도 그랬듯이 말로만 강력히 대응하겠다고 해 놓고 미온적인 대응에 그쳤다. 오히려 그때마다 일본은 의도한 바를 관철시켜 독도에 대한 영토적 야욕을 키워왔다. 이번에도 구호에만 그칠까 우려스럽다.

일본의 입장도 이해하라는 전문가의 견해도 있지만, 독도는 역사적으로나 국제법적으로 한국의 고유 영토이다. 일본 영토가 아니다. 일본은 이 세대에 이루지 못한 뜻을 다음 세대에서라도 이루어지도록 왜곡된 독도 교육을 철저히 하겠다는 것이다. 독도는 우리의 삼천리강토의 막내로서 후손대대로 물려 주어야 하는 고유 유산이다. 독도를 노리는 일본의 도발적 행위를 이제 더 이상 묵과할 수 없다. 강력히 대응

う日本の挑発的な行為を、これ以上見過ごすことはできない。強く
対応しなければならない。

　最も強力な対応は、新韓日漁業協定を破棄することである。日本
は独島の漁業主権、更に領土主権までも狙って、1997年の金融危機
という国家的危機状況に置かれている韓国に、一方的に漁業協定を
破棄して新たな漁業水域を強要し、隣国の痛みを挑発の好機とし
た。その時、日本は独島の領土主権を毀損するため、意図的に中間
水域に独島を入れ、両国が独島に対して同等の地位にある新韓日漁
業協定を強要したのだ。今回のこともそうだが、最近、日本が独島
挑発を露骨に表している根本的な要因は、まさに中間水域に独島が
あり、日本も韓国と同様に50％の所有権があるからだ。

　このような日本の行為を教訓にするなら、今回新韓日漁業協定を
破棄して中間水域から独島を解放し、完全な状態で管理すべきであ
る。

　危機が機会という言葉があるように、今がまさにその機会であ
る。一部では東北大震災という日本の国家的危機状況を悪用すると
いう話も出るだろうが、それは違う。先に日本が隣国の痛みを共に
している韓国国民の気持ちを仇で返すように、歪曲された独島教育
を義務化すると発表し、その契機を作ったのではなかったのか。こ
れは、主権国家の黙過できない挑戦行為である。

　次の措置としては、独島領土管理をより徹底せねばならない。独
島に防波堤を設置すると共に船着場を拡張して、365日、船舶の接

해야 한다.

가장 강력한 대응은 바로 신한일어업협정을 파기하는 일이다. 일본은 독도의 어업주권, 더 나아가서 영토주권까지 노리더니 1997년 금융위기라는 국가적 위기 상황에 처해 있는 한국에게 일방적으로 어업협정을 파기하고 새로운 어업수역을 강요하여 이웃나라의 아픔을 도발의 기회로 삼았다. 그때 일본은 독도 영토주권을 훼손하기 위해 의도적으로 중간수역에 독도를 포함시켜 양국이 독도에 대해 동등 지위를 갖는 신한일어업협정을 강요했던 것이다. 이번 일도 그렇지만 최근 일본이 독도 도발을 노골화하는 근본적인 요인은 바로 중간수역에 독도가 포함되어 있기 때문에 일본도 한국과 마찬가지로 50%의 소유권이 있다는 것이다. 이러한 일본의 행위를 교훈으로 삼는다면 신한일어업협정을 파기하고 중간수역에서 독도를 자유롭게 하여 온전한 상태로 관리해야 할 것이다.

위기가 기회라는 말이 있듯이 지금이 바로 그 기회이다. 일각에서 동북부대지진이라는 일본의 국가적 위기상황을 악용한다는 말도 하겠지만, 그건 그렇지 않다. 일본이 먼저 이웃의 아픔을 같이하고 있는 한국민의 호의를 매로 갚는 듯이 왜곡된 독도 교육을 의무화하겠다고 발표하여 그 빌미를 제공하지 않았는가? 이는 주권 국가에 대한 묵과할 수 없는 도전 행위이다.

다음 조치로는 독도 영토 관리를 더욱 철저히 해야 할 것이다. 독도에 방파제 설치와 더불어 선착장을 확장하여 365일 선박의 접안을 가능하게 해야 한다. 세계 각국으로부터 많은 관광객들을 울릉도와 독도

岸を可能にする。世界各国から多くの観光客を、鬱陵島と独島に呼び込み、韓国の領土であることをアピールせねばならない。そして独島の居住施設も拡張して、鬱陵島から行き来することがあっても、独島住民の数を増やし、訪問者が数日間独島に滞在できるようにし、内陸部と繋がった韓国文化を作って、誰が見ても、すぐに韓国領土という事実が分かるようにしなければならない。

　更に、日本の次世代のために歪曲された独島教育は、必ず阻止せねばならない。これは明日の韓日関係、東アジアの関係を悪化させるだけでなく、日本が自ら世界での孤立を招くだろう。今回の歪曲された独島教育は、右翼系の御用学者や政治家の扇動によるものである。日本国民は、独島の本質を詳しく知らない。彼らが手軽に接することのできる日本語版独島の本を数多く出版して、適切な独島教育に導くべきである。

에 불러들여 한국 영토임을 알려야 한다. 그리고 독도에 거주시설을 확장하여 울릉도에서 왕래하는 일이 있더라도 독도 주민의 수를 늘이고, 방문객들이 수일간 독도에 머물 수 있도록 하여 내륙과 연결되는 한국 문화권을 만들어 누가 보더라도 금방 한국 영토라는 사실을 알 수 있도록 해야 한다.

더 나아가, 일본의 미래 세대에 대한 왜곡된 독도 교육은 반드시 막아야 한다. 이는 내일의 한일 관계, 동아시아 관계를 악화시킬 뿐만 아니라 일본이 스스로 세계 속의 고립을 자초하는 일이다. 이번 왜곡된 독도 교육은 우익 성향의 어용학자나 정치인들의 선동에 의한 것이다. 일본 국민은 독도의 본질에 대해 잘 알지 못한다. 그들이 손쉽게 접할 수 있는 일본어판 독도 서적을 대량으로 출간하여 올바른 독도 교육을 유도해야 할 것이다.

제3부
독도
영토 수호를 위한
창의적인 제안

第3部
独島の
領土守護のための
創造的な提案

独島問題、
韓米首脳会談の議題に
絶対になってはならない

　先ず結論から言えば、独島は国内問題であって、国際問題ではない。特に米国が介入する問題でもない。過去、米国が対日講和条約を締結した当時、冷戦という国際情勢の中で日本を自由陣営に編入するため肩を持ち、終戦直後、ずっと韓国の領土であるという認識から突然うって変わって、政治的に日本の領土としたことがあった。

　しかし、最終的に1951年9月、対日講和条約で他の連合国の抵抗にあい、日本の領土として規定できなかった。当時米国は、このような政策的過ちを認め、その後ずっと、独島問題について、当事者間の解決を望み、介入を回避してきた。今も同様である。米国は、独島問題に関与しようとしないが、関与する事案でもないし、関与してもならない。

독도 문제
한미정상회담의 의제가
돼서는 절대로 안 된다

우선 결론부터 말하자면, 독도는 국내 문제이지 국제 문제가 아니다. 특히 미국이 개입할 문제는 더더욱 아니다. 과거 미국이 대일강화조약을 체결할 당시 냉전이라는 국제 정세 속에서 일본의 자유진영 편입을 위해 두둔하여 종전 직후 줄곧 한국 영토라는 인식에서 갑자기 돌변, 정치적 일본 영토라고 한 적이 있었다.

그러나 최종적으로 1951년 9월 대일강화조약에서 다른 연합국의 저항에 부딪혀 일본 영토로 규정하지는 못 했다. 당시 미국은 이러한 정책적 오류를 인정하고 그 후 줄곧 독도 문제에 대해 당사자 간의 해결을 희망하면서 개입을 회피했다. 지금도 마찬가지이다. 미국은 독도 문제에 관여하려고 하지 않을 뿐만 아니라, 관여할 사안도 아니지만 관여해서도 안 된다.

미국 입장에서 독도의 역사적 권원을 잘 알지 못하기 때문에 일본이

　米国の立場では、独島の歴史的権原をよく知らないので、日本が領有権を主張しているからと、紛争地域と捉えることもできる。しかし、韓日両者が米国の同盟国であるため、積極的にどちらか一方の味方に付くことはできないので、政治的中立を守ろうと努力してきた。

　万が一独島に問題があるとすれば、全面的に日本が、日本帝国主義が拡げた領土を返してくれと主張することで生じた問題で、韓国の領土として、それ自体に欠陥があったからではない。しかも、韓国政府が独島を紛争地域として認めたこともない。従って独島は、政策的にも国内の問題として対処すべき事案だ。

　歴史的に見れば、独島は鬱陵島と共に新羅于山国の時代から韓国固有の領土である。どの国も、独島の領有権を主張したことはなく、異議を提起したこともない。ところが、1905年、日本帝国主義が日露戦争中に、突然政治的野心から一方的に編入措置を取った。これは合法的な措置ではなく、朝鮮侵略の一環として密かに行われた。

　敗戦後、日本はポツダム宣言を全面的に受け入れ、日本帝国主義が侵略した領土を日本の領土から切り離すことを承認した。この時、独島は韓国の独立と合わせて韓国領土として、韓国の漁師らが操業する地域に区分され、優先的に日本の領土から分離された。連合国もこれを受け入れ、韓国領土として認めた。ところが、日本は1951年9月に締結された対日平和条約締結の過程で、既に日本の領

영유권을 주장하고 있으므로 분쟁 지역으로 볼 수도 있다. 그러나 한일 모두가 미국의 우방국이므로 어느 한쪽을 적극적으로 두둔할 수 없으므로 정치적 중립을 취하려고 노력해 왔다.

만일 독도에 문제가 있다고 한다면, 전적으로 일본이 일본제국주의가 확장한 영토를 돌려달라고 주장함으로써 생긴 문제이지, 한국 영토로서 그 자체에 하자가 있어서가 아니다. 또한 한국 정부가 독도를 분쟁 지역으로 인정한 바도 없다. 따라서 독도는 정책적으로도 국내 문제로 다루어야 할 사안이다.

역사적으로 보면, 독도는 울릉도와 더불어 신라 우산국시대 이후 한국의 고유 영토이다. 어느 국가도 독도에 대해 영유권을 주장한 바 없었으며 이의를 제기한 바도 없다. 그런데 1905년 일본제국주의가 갑자기 러일전쟁 중에 정치적 야심으로 일방적 편입 조치를 취했다. 이는 합법적인 조치가 아닌 조선 침략의 일환으로 은밀히 취해진 것이었다.

패전 후 일본은 포츠담선언을 전적으로 수락하여 일본제국주의가 침략한 영토를 일본 영토에서 분리한다는 것에 승인했다. 이때 독도는 한국 독립과 더불어 한국 영토로서 한국 어부들이 조업하는 지역으로 구분되어 우선적으로 일본 영토에서 분리되었다. 연합국도 이를 인정하여 한국 영토로서 인정했다. 그런데 일본은 1951년 9월에 체결된 대일평화조약 체결 과정에서 이미 일본 영토에서 분리되어진 독도에 대해 우호적이었던 미국에게 로비하여 일본 영토로 규정하려고 의도했다. 그러나 결국은 다른 연합국의 항의로 일본의 의도는 달성되지 못했다. 하지만 결과적으로 미국의 정책 변화로 인해, 종전 직후 한국 영

土から分離された独島に対して、友好的だった米国へのロビー活動で日本の領土と規定しようと企てた。最終的には、他の国の抗議で日本の意図は達成できなかったが、結果的に米国の政策の変化により、独島の地位が終戦直後、韓国領土として草案が作成されていたものが、完全に削除されて韓国領土として規定されていなかった。だが終戦直後、連合国によって優先措置され、領土主権が行使されていた韓国漁師の操業については、何ら異議を提起しなかった。

米国が政治的に日本の立場を支持したのは連合国の一員としての、米国の主張に過ぎず、連合国の最終的な決定には至らなかった。現在、日本は暇さえあれば韓国が独島を不法占有していると主張しているが、このような経緯を見ると、韓国が不法で独島を占領した痕跡はどこにもない。

過去に独島は、日本帝国主義が侵奪した地域だったが、対日講和条約以降は、自由民主主義を信奉する日本と何ら関係のない地域である。連合国が解散され、第3国になった米国も同様である。従って、独島が韓米首脳会談の議題になることも絶対になく、なってもいけない。独島を第3国である米国と議論するというのは、むしろ国際問題と刻印して紛争地域であると誤認させる結果を招くだろう。

独島が第3国に、米国のように紛争地域と誤認するのは、韓国が領土主権行使を徹底せず生じた問題である。紛争地域化を阻止する方法は、韓国の自主的努力であり、外交的妥協の対象となることは

토로서 초안을 작성했던 것이 전적으로 삭제되어 독도의 지위가 한국 영토로서 규정되지 못했다. 하지만 종전 직후 연합국에 의해 우선 조치되어 영토주권이 행사되고 있던 한국 어부들의 조업에 대해서는 아무런 이의를 제기하지 않았다.

미국이 정치적으로 일본의 입장을 지지한 것은 연합국의 일원으로서 미국의 주장에 불과한 것으로 연합국의 최종적인 결정은 될 수 없었다. 현재 일본은 틈만 나면 한국이 독도를 불법 점령하고 있다고 주장하고 있지만, 이러한 정황으로 볼 때 한국이 불법적으로 독도를 점령한 흔적은 어디에도 없다.

과거 독도는 일본제국주의가 침탈한 지역이었지만, 대일강화조약 이후 자유민주주의를 신봉하는 일본과는 전혀 무관한 지역이다. 연합국이 해체되어 제3국이 된 미국 또한 마찬가지이다. 따라서 독도가 한미정상회담의 의제가 절대로 될 수도 없고, 되어서도 안 된다. 독도를 제3국인 미국과 논의한다는 것은 오히려 국제 문제로 각인시켜 분쟁 지역으로 오인하게 하는 결과를 초래할 것이다.

독도가 제3국에게 미국처럼 분쟁 지역으로 오인되는 것은 한국이 영토주권 행사를 철저히 하지 못하여 생긴 문제이다. 분쟁 지역화를 막는 방법은 한국의 자율적 노력에 속하는 것으로 외교적 타협의 대상이 될 수 없다.

만일 이명박 대통령이 부시 대통령에게 요구한다고 해서 절대로 한국의 입장만을 두둔하지 않을 것임에 분명하다. 같은 우방국 이지만, 미국이 일본의 입장을 간접적으로 두둔하는 것은 과거도 그랬고, 지금

ない。

　もし李明博大統領がブッシュ大統領に要求しても、絶対に韓国の立場だけを庇うことはないだろう。同盟国ではあるが、米国が日本の立場を間接的に庇うことは過去もそうであったし、今も同様である。日本は近代以降、国益を最優先にするナショナリズム的性格が強い国だ。日本が韓国の主権を侵奪したのは昨日今日のことではない。日本の領有権主張に対し、決して外交的に妥協してはならない。金大中政府のように、どんなに国家が危機的状況に瀕していても、漁業協定のような条約を結んで領土主権が政治的に悪用される可能性を、絶対的に作ってはならない。

도 마찬가지이다. 일본은 근대 이후 국익을 최우선으로 하는 내셔널리즘적 성격이 강한 나라이다. 일본이 한국의 주권을 침탈한 것은 어제 오늘의 일이 아니다. 일본의 영유권 주장에 대해 외교적으로 절대로 타협해서는 안 된다. 김대중 정부처럼, 아무리 국가가 위기 상황에 처하더라도 어업협정과 같은 조약을 체결하여 영토주권이 정치적으로 악용될 소지를 절대도 만들어서는 안 될 것이다.

10万ウォン紙幣の絵柄、
「大東輿地図」の代わりに
安龍福の
「朝鮮之八道」を…

　近頃、韓国銀行が10万ウォン札の裏面に金正浩キム·ジョンホの大東輿地図を入れることに決めたが独島問題が持ち上がり、発行を保留するという事態になった。大東輿地図には独島がない。独島は最近になって、日本がうちの土地だと言い張り出したものだから、韓日関係の冷え込みは勿論、年間独島守護のため膨大な国費を浪費している。

　大東輿地図は、明らかに近代的な測量のなかった時代1861年に、朝鮮半島を最も正確に描いた、非常に優れた地図であることは否めない。しかし、今や独島のない地図では、その価値が薄れてしまっている。韓国銀行が最大の貨幣単位である10万ウォン札に地図を入れたいとしたのは素晴らしい発想だ。いや、必ず私たちの領土として、歴史的権原のある独島入りの朝鮮半島の地図を配置する必要が

10만 원권 지폐 도안, '대동여지도' 대신 안용복의 '조선의 팔도'를...

　최근 한국은행이 10만 원권의 뒷면에 김정호의 대동여지도를 그려 넣기로 결정했다가 독도 문제가 논란되어 발행을 보류하는 사태가 발생했다. 대동여지도에는 독도가 없다. 독도는 최근 들어와서 일본이 막무가내로 자기네 땅이라고 우기는 바람에 한일 관계의 냉각은 물론이고 연간 독도 수호를 위한 엄청난 국고를 낭비하고 있다.

　대동여지도는 분명히 현대적 측량이 없던 시기에 한반도 지도를 가장 정확하게 그린 1861년에 만들어진 아주 훌륭한 지도임은 부정할 수 없다. 그러나 이제 독도가 없는 지도는 그 가치가 바래지고 있다. 한국은행이 가장 큰 화폐 단위인 10만 원권에 지도를 넣겠다고 한 것은 훌륭한 발상이다. 아니 반드시 우리 영토로서 역사적 권원을 내포한 독도가 그려진 한반도 지도를 넣어야 할 것이다. 이는 국제 사회에 통용되어 일본의 독도 침탈을 막는 아주 든든한 쐐기가 될 것임에 분

ある。これは国際社会に通用し、日本の独島侵奪を跳ね除ける、非
常に心強い支えになる。

　実は歴史的に見ると、独島が朝鮮半島地図に消えた時期があっ
た。韓国は15世紀以降470余年間、日本は17世紀以降260余年間、門
戸を開放する近代まで鎖国を断行した。この時期、朝鮮は新羅の于
山国時代からの領土だと認識してきた鬱陵島/独島への渡航を禁止
する代わりに、捜討使<small>鬱陵島に逃げた罪人を取り締まる官吏</small>を送り、管理し
た。ところが、東莱の安龍福という者が密かに鬱陵島に不法渡航し
ており、同じ時期に鬱陵島に日本の漁民が渡ってきた。1692年から
1699年の間に鬱陵島/竹島紛争が起こり、これは国家間の紛争に拡
大したが、結局、安龍福は私的に2回に亘って日本へ渡り、日本の
中央と地方政府に対して鬱陵島/独島の領有権を強く提起し、幕府
から朝鮮の領土であることを認めてもらって帰ってきた。しかし安
龍福は、国から国土を守護したという功績は認められたが、国の法
律を破って国外に渡航したという罪で流刑を受けた。これを契機
に、近代開港期までの180余年間、漁師らはやたらに鬱陵島/独島へ
渡航しまいと、消極的だった。その間の朝鮮半島地図には「世宗実
録地理志」などにより、東海の鬱陵島/于山島の2島が存在するとい
う従来の歴史的認識に立って、「于山島=独島」の代わりに「于山島=
竹島<small>鬱陵島近隣の島</small>」と誤って表記する風習が生まれた。「大東輿地図」
も、まさにこの時期に描かれたため、独島が欠落した。日本が独
島を自分の地だと言い張って「大東輿地図」の価値が急落した。もし

명하다.

　사실 역사적으로 보면 독도가 한반도 지도에 사라졌던 한 시기가 있었다. 한국은 15세기 이후 470여 년간, 일본은 17세기 이후 260여 년간 문호를 개방한 근대시대까지 쇄국을 단행했다. 이 시기 조선은 신라 우산국시대부터 영토로 인식해 오던 울릉도·독도 도항을 금지하는 대신 수토사를 파견하여 관리했다. 그런데 동래의 안용복이라는 사람이 몰래 울릉도에 불법 도항했고, 같은 시기에 비워진 울릉도에 일본 어부가 도항하여 1692년부터 1699년 사이에 이들 간에 울릉도·독도 분쟁이 발생했고, 이는 국가 간의 분쟁으로 확대되었다. 결국 안용복은 사적으로 2차례에 걸쳐 일본에 건너가 일본 중앙과 지방정부에 대해 울릉도·독도의 영유권을 강력히 제기하여 막부로부터 조선 영토임을 인정받아 돌아왔다. 그러나 안용복은 국가로부터 국토를 수호했다는 공적을 인정받았지만, 국법을 어기고 국외로 도항했다는 죄로 유배형을 받았다. 이를 계기로 근대 개항기까지 180여 년간 어부들이 함부로 울릉도·독도 도항을 꺼렸다. 그 사이의 한반도 지도에는 '세종실록지리지' 등에 의해 동해상에 울릉도·우산도 2섬이 존재한다는 종래의 역사적 인식에 입각하여 '우산도=독도' 대신에 '우산도=죽도_{울릉도 인근 섬}'로 잘못 표기하는 풍습이 생겨났다. '대동여지도'도 바로 이 시기에 그려져서 독도가 누락되었다. 그런데 일본이 독도를 자기네 땅이라 우기는 바람에 '대동여지도'의 가치가 추락하게 되었다. 만일 '대동여지도'가 현행대로 10만 원권에 새겨진다면 일본은 독도 문제로 웃고 한국은 울 것이다.

「大東輿地図」が現行通り10万ウォン札に刻まれていたら、日本は声を上げて笑い、韓国は泣いていただろう。

　貨幣の図案には、現実を度外視した歴史上の人物や内容は無意味である。安龍福が描いた「朝鮮之八道」は、独島が歴史的に韓国領土という歴史的権原を持っており、現実を反映している。「朝鮮八道地図」には、朝鮮は八道で、特に江原道には松島と竹島、即ち独島と鬱陵島が含まれていると強調している。この地図は、最近日本で発見されたのだが、幕府時代の日本が鬱陵島/独島領有権主張を放棄することにさせた史料だった。今後も独島問題解決の端緒であることに違いはない。日本の企みで、国際社会で急速に紛争地域として認識されていく、私たち国土の裾子、独島を守らなければならない。私たちには、完全な国土を子孫に残す歴史的使命がある。私たちは、過去の独島を守り、将来の独島を守った安龍福の「朝鮮八道地図」を忘れてはならないだろう。

　화폐의 도안에는 현실을 도외시하는 역사적 인물이나 내용은 무의미하다. 안용복이 그린 '조선의 팔도'는 독도가 역사적으로 한국 영토라는 역사적 권원을 내포하고 있어서 현실성을 반영하고 있다. '조선팔도지도'에는 조선은 8도이고, 특히 강원도에는 송도와 죽도 즉 독도와 울릉도가 포함되어 있다고 강조하고 있다. 이 지도는 최근 일본에서 발견되었는데 과거 막부시대 일본의 울릉도·독도 영유권 주장을 포기하게 한 장본인이었다. 미래에도 독도 문제를 해결할 실마리임을 의심치 않는다. 일본의 농간으로 국제사회에서 급속도로 분쟁 지역으로 인식되어가는 우리 국토의 막내인 독도를 지켜내야 한다. 우리는 온전한 국토를 후손들에게 물려줄 역사적 사명을 갖고 있다. 우리는 과거의 독도를 지켜주었고 미래의 독도를 지켜줄 안용복의 '조선의 팔도'를 잊어서는 안 될 것이다.

10月25日
「独島の日」制定の
正当性

(1) 地理的にも独島は韓国固有の領土

独島は昔から、2つの小さな岩礁でできている。人が住める島で
もなく、長期間、滞在できる島でもない。にもかかわらず、韓国側
の古地図や古文献に鬱陵島と独島が表記されているのは、朝鮮の領
域として認識していたということだ。独島は韓国と日本の間の国境
地帯にある。昔から独島は韓国の鬱陵島から見えるが、日本の隠岐
の島からは見えない。それで、韓国の鬱陵島の人々には古くから独
島に対して領域意識があったが、日本の人々には独島の領域意識は
生まれなかった。その時代の独島は今日のように経済的価値があっ
た訳ではない。単に地理的に見えるから、象徴的に領域意識を持つ
ようになった。

10월 25일
'독도의 날' 제정의
당위성

(1) 지리적으로도 독도는 한국의 고유 영토

독도는 예로부터 2개의 작은 암초로 되어 있다. 사람이 살 수 있는 섬도 아니고 오랫동안 머물 수 있는 섬도 아니다. 그럼에도 불구하고 한국 측의 고지도나 고문헌에 울릉도와 더불어 독도를 표기된 것은 상징적으로 조선의 영역으로 인식했다는 것이다. 독도는 한국과 일본 사이의 국경 지대에 있다. 예부터 독도는 한국의 울릉도에서는 보이지만, 일본의 오키 섬에서는 보이지 않는다. 그러한 이유로 한국의 울릉도 사람들에게는 예부터 독도에 대한 영역 의식이 생겨났고, 일본 사람에게는 독도에 대한 영역 의식이 생겨나지 않았다. 그 시대의 독도는 오늘날처럼 경제적 가치가 있어서가 아니라 단지 지리적으로 보인다는 점에서 상징적으로 영역 의식을 갖게 되었던 것이다.

(2) 歴史的にも独島は韓国固有の領土

　朝鮮王朝実録を始めとする韓国側の官撰古文献と古地図には、必ず東海に鬱陵島と于山島「独島」の古名の2つの島が記されている。つまりこれは、朝鮮の中央政府で鬱陵島と独島を領域として認識していたことを意味する。一方、日本側の官撰の記録には、独島に関する記録がない。全く、領域意識がなかったのだ。

　このように古地図や古文献に、東海に鬱陵島と于山島が表記されているということは、鬱陵島と共に独島が韓国領土であることに相違ない。特に『世宗実録地理志1454年編纂』や『粛宗実録1728年編纂』に鬱陵島と于山島が登場するのは、東海の鬱陵島に倭寇が侵入したためだが、領土に危機が近づく時ほど領土意識が強くなり、独島までの領域表示を明確にしたのだ。

　古地図と古文献に鬱陵島と于山島が共に記されたのは、2島両方が朝鮮の領土であるという意味である。ところが最近、日本は韓国の領土独島の領有権を否定するために、古地図や古文献に登場する于山島について、今日の独島ではなく竹島鬱陵島本土から2km地点の島と強弁したりもする。竹島は鬱陵島周辺の島々と岩礁の内の一つに過ぎない。竹島が于山島であれば、古地図や古文献に離して表記する理由がない。従って、于山島は今の独島であることは明らかである。

(2) 역사적으로도 독도는 한국의 고유 영토

조선왕조실록을 비롯한 한국 측의 관찬 고문헌과 고지도에 반드시 동해에 울릉도와 우산도 2개의 섬을 표기하고 있다. 즉 이는 조선의 중앙정부에서 울릉도와 더불어 독도를 영역으로 의식했다는 것을 의미한다. 반면 일본 측의 관찬 기록에서는 독도에 관한 기록이 없으므로 전혀 영역 의식을 갖고 있지 않았던 것이다.

이처럼 고지도와 고문헌에 동해에 울릉도와 더불어 우산도가 표기되었다는 것은 울릉도와 더불어 독도가 한국 영토임에 분명하다. 특히 세종실록 지리지나 숙종실록 지리지에 울릉도와 우산도가 등장하는 것은 동해의 울릉도에 왜구가 침입하였기 때문이다. 영토에 위기가 닥칠 때일수록 더욱 영토 의식이 강하게 나타나 독도까지도 영역 표시를 명확히 했다.

고지도와 고문헌에 울릉도와 우산도가 동시에 표기된 것은 두 섬 모두 조선의 영토라는 의미이다. 그런데 최근 일본은 한국 영토 독도의 영유권을 부정하기 위해 고지도와 고문헌에 등장하는 우산도에 대해 오늘날 독도가 아니고 죽도울릉도 본토에서 2km 지점의 섬라고 강변하기도 한다. 죽도는 울릉도의 주변의 여러 섬과 암초 중의 하나에 불과하다. 죽도가 우산도라면 고지도와 고문헌에서 절대로 분리하여 표기할 이유가 없다. 따라서 우산도는 지금의 독도임에 분명하다.

(3) 独島に関する近代国際法に基づいた行政措置

1876年、日本の圧力によって、韓日両国は江華島条約日本名：日朝修好条規を締結し、最終的には朝鮮の門戸が開放され、日本の韓国侵略が本格化した。特に鬱陵島に日本人が頻繁に侵入した。朝鮮朝廷は鬱陵島の領土主権を守るため、鬱陵島に朝鮮人を移住させた。更に、日本人が鬱陵島に強く執着するようになると、朝鮮朝廷は、東海周辺の島々の行政措置を断行して、これらの島が朝鮮の領土であることを明確にした。それが勅令41号である。

敕令　敕令第四一号　鬱陵島ヲ鬱島ト改称シ島監ヲ郡守ニ改正セシ件　第一條　鬱陵島ヲ鬱島ト改称シ江原道ニ附屬シ島監ヲ郡守ニ改正シ官制中ニ編入シ郡等ハ五等トスル事　第二條　郡廳位置ハ台霞洞ニ定メ區域ハ郁陵全島ト竹島石島ヲ管轄スル事　第三條　開國五百四年八月十六日官報中官廳事項欄内鬱陵島以下十九字ヲ刪去シ開國五百五年敕令第三十六号　第五條　江原道二十六郡ノ六字ハ七字ニ改正シ安峽郡下ニ鬱島郡三字ヲ添入スル事　第四條　經費ハ五等郡ニ磨錬セルガ現今間ユエ吏額ガ未備ニテ庶事草創スルニ該島收税中ヨリ姑先磨錬スル事　第五條　未盡タル諸條ハ本島開拓ヲ隨センバ次第磨煉スル事

附則第六条本令ハ領布ヨリ施行スル事

光武四年十月二十五日御押御璽奉

勅　議政府議政臨時署理賛政内部大臣　李乾夏

(3) 독도에 대한 근대국제법에 의거한 행정 조치

1876년 일본의 강압에 의해 한일 양국은 강화도조약을 체결하여 결국 조선의 문호가 개방되어 일본의 한국 침략이 본격화되었다. 특히 울릉도에 일본인들이 빈번히 침입했다. 조선조정은 울릉도에 대한 영토주권을 수호하기 위해 울릉도에 조선인을 이주시켰다. 더 나아가서 일본인들이 울릉도에 대한 강하게 집착하게 되자 조선 조정은 동해의 주변섬에 대한 행정 조치를 단행하여 이들 섬이 조선 영토임을 명확히 했다. 그것이 바로 아래의 칙령41호이다.

勅令勅令第四一號 鬱陵島를 鬱島로 改稱하고 島監을 郡守로 改正한件 第一條 鬱陵島를 鬱島라 改稱하야 江原道에 附屬하고 島監을 郡守로 改正하야 官制中에 編入하고 郡等은 五等으로 할事 第二條 郡廳位置는 台霞洞으로 定하고 區域은 鬱陵全島와 竹島石島를 管轄할 事 第三條 開國五百四年八月十六日官報中 官廳事項欄內 鬱陵島以下十九字를 刪去하고 開國 五百五年 勅令第三十六號 第五條 江原道二十六郡의 六字는 七字로 改正하고 安峽郡下에 鬱島郡三字를 添入할 事 第四條 經費는 五等郡으로 磨鍊하되 現今間인즉 吏額이 未備하고 庶事草創하기로 該島收稅中으로 姑先磨鍊할 事 第五條 未盡한 諸條는 本島開拓을 隨하야 次第磨鍊할 事

附則第六條 本令은 頒布日로부터 施行할 事

光武四年十月二十五日 御押 御璽 奉

〈翻訳〉

勅令第41号
鬱陵島を鬱島と名を変え、島鑑を郡守に改正した件
　第1条　鬱陵島を鬱島と改称、江原道に属し、島鑑を軍帥に改正し、管制に編入して、官等を5等とする
　第2条　軍庁位置は臺霞洞と定め区域は鬱陵全島と竹島、石島を管轄すること
　第3条　開国504年8月16日、官報中の官庁事項欄に鬱陵島以下19字を削除して、開国505年勅令第36号第5条江原道26軍の'6'字は'7'字に改正し、安峽郡下に「鬱島郡」の3字を追加すること。
　第4条　費用は5等郡で用意するが、現在官吏定員が不足しているので、多くの仕事を始めるたのにこの島に税金を先に用意すること
　第5条　準備できない条項は、この島を開拓しながら、次回用意すること

　附則
　第6条の本領は、公布の日から施行すること

　光武4年10月25日

　御押　御璽　棒

　勅　議政府　議定署理賛政内部大臣　李乾夏

上記鬱島郡の領域として「郡庁位置は、臺霞洞に定め区域は鬱陵

칙령 제41호

울릉도를 울도로 이름을 바꾸고, 도감을 군수로 개정한 건

제1조 울릉도를 울도라 개칭하여 강원도에 소속하고, 도감을 군수로 개정하여 관제 중에 편입하고 관등은 5등으로 할 일

제2조 군청 위치는 대하동으로 정하고 구역은 울릉전도와 죽도, 석도를 관할할 일

제3조 개국 504년 8월 16일 관보 중에 관청사항란에 울릉도 이하 19자를 삭제하고, 개국 505년 칙령 제36호 제5조 강원도 26군의 '6'자는 '7'자로 개정하고 안협군 밑에 '울도군' 3자를 추가할 일.

제4조 경비는 5등군으로 마련하되 현재 이액이 미비하고 서사초창이므로, 이 섬의 세금에서 먼저 마련할 일

제5조 미진한 여러 조항은 이 섬을 개척하면서 차차 다음에 마련할 일

부칙

제6조 본령은 반포일로부터 시행할 일

광무4년 10월 25일

어압 어새 봉

칙 의정부 의정임시서리 찬정내부대신 이건하

위에서 울도군의 영역으로서 '군청위치는 대하동으로 정하고 구역은 울릉전도와 죽도, 석도를 관할할 일'이라고 한 점으로 미루어보아

全島と竹島、石島を管轄する事」とした点でも「石島」がまさに独島である。

(4) 日本帝国主義の独島領土侵略

上で見たように、独島は韓国の固有領土であることは明らかだ。ところが、日本帝国主義は、独島が韓日両国間の国境地帯にあるという点を悪用し、大陸拡張を本格化した1905年の日露戦争中、無主地だという理由で日本の領土に編入する措置を取った。日本は昔から、独島が韓国の鬱陵島から見える島で韓国が領土として管理してきたという事実を知らなかったのか分からないが、国際法を悪用し、無主地先占の法理を適用して韓国の領土を侵略しようとしたのだ。

日本帝国主義の一方的な独島の領土編入措置は違法な、朝鮮の領土に対する侵略に過ぎない。韓国政府はこのような事実を1年後に知らされ、侵略的な行為を強く非難し、日本統監府に認められないと明確に述べた。日本帝国主義の韓国領土侵略は独島の強制編入措置を始めとして同年、韓国の外交権を強奪し、これを基に1910年には韓国領土全体を収奪して行った。こう見ると、日本の独島編入措置が韓国侵略の序幕だったことが分かる。日本帝国主義の韓国侵略は、1945年の敗戦で連合国の措置により、日本領土から完全に分離された。

'석도'가 바로 독도인 것이다.

(4) 일본제국주의의 독도 영토 침략

위에서 살펴본 바와 같이 독도는 한국의 고유 영토임에 분명하다. 그런데 일본제국주의는 독도가 한일 양국 사이의 국경 지대에 있다는 점을 악용하여 대륙 팽창을 본격화하던 1905년 러일전쟁 중에, 무주지 라고 하여 일본 영토에 편입하는 조치를 취했다. 일본은 예로부터 독도가 한국의 울릉도에서 보이는 섬으로, 한국이 영토로서 관리해 왔다는 사실을 알았는지 몰랐는지 모르겠지만 국제법을 악용하여 무주지 선점 논리를 적용하여 한국의 영토를 침략하려 했던 것이다.

일본제국주의의 일방적인 독도 영토 편입 조치는 불법적인 조선 영토에 대한 침략에 불과하다. 한국 정부는 이러한 사실을 1년 후에 전해 듣고 침략적인 행위를 강력히 비난하여 일본 통감부에 대해 인정할 수 없음을 분명히 했다. 일본제국주의의 한국 영토 침략은 독도 강제 편입 조치를 시작으로, 같은 해 한국의 외교권을 강탈했고 이를 바탕으로 1910년에는 한국 영토 전체를 수탈해 갔다. 이를 볼 때 일본의 독도 편입 조치가 한국 침략의 서막이었음을 알 수 있다. 일본제국주의의 한국 침략은 1945년 패전으로 연합국의 조치에 의해 일본 영토에서 완전히 분리되었다.

(5) 日本帝国の独島編入措置の不当性に対する韓国政府の抗議

実際、勅令41号で鬱島郡に属す「石島」が独島であることが明白であるにもかかわらず、日本はこれを否定している。日本の主張がいかに矛盾しているのかは、「皇城新聞」1906年7月13日付けの記事で確認することができる。

郁島郡の配置顚末

統監府ヨリ内部ニ公函セル江原道三涉郡管下所在鬱陵島ニ所属島嶼ハ郡庁設始年月日ヲ示明ラル故ニ答函セン光武二年五月二十日ニ鬱陵島監ニ設始セルガ光武四年十月二十五日ニ政府会議ヲ經由センバ郡守ヲ配置セルニ郡庁ハ台霞洞ニ在リ該郡所管島竹島石島デ東西ガ六十里デ南北ガ四十里ナルニ合二百余里トイウコトナリ。

〈翻訳〉

日本帝国統監府から内部訳注：大韓帝国の内務省に通知され、江原道三涉郡管下所在の鬱陵島に所属する島嶼や郡庁が初めて設置された年月を説明しろと言った。これに応じ、光武2年18995月20日に鬱陵島監で設立したが、光武4年190010月25日に政府の会議を経て郡守を配置したので、郡庁は台霞洞に置き、この郡が管轄する島は竹島と石島であり、東西が60理で南北が40理なので、合わせて200余里と答えたという。注：韓国の10里=日本の1里

即ち、1906年7月を前後して、日本帝国統監府が大韓帝国の内部の鬱陵島に属す島嶼や郡庁を設置した年月を報告するように求めた

(5) 일제의 독도 편입 조치의 부당성에 대한 한국 정부의 항의

사실 칙령41호에서 울도군에 소속된 '석도'가 독도임이 분명함에도 일본은 이를 부정하고 있다. 일본의 주장이 얼마나 모순적인가는 '황성신문' 1906년 7월 13일자 기사에서 확인할 수 있다.

鬱島郡의 配置顚末

統監府에서 內部에 公函되 江原道 三涉郡 管下 所在 鬱陵島에 所屬島嶼와 郡廳設始 年月日을 示明라 故로 答函되 光武二年 五月 二十日에 鬱陵島監으로 設始하였다가 光武四年 十月 二十五日에 政府會議를 經由야 郡守를 配置하니 郡廳은 台霞洞에 在하고 該郡 所管島 竹島石島오 東西가 六十里오 南北이 四十里니 合 二百餘里라고 얏다더라.

통감부에서 내부_{역주: 대한제국의 내무부}에 알리되, 강원도 삼척군 관하 소재의 울릉도에 소속하는 도서와 군청이 처음 설치된 연월을 설명하라고 하였다. 이에 화답하되, 광무 2년₁₈₉₈ 5월 20일에 울릉도감으로 설립하였다가 광무 4년₁₉₀₀ 10월 25일에 정부 회의를 거쳐 군수를 배치하였으니, 군청은 태하동에 두고 이 군이 관할하는 섬은 죽도와 석도요, 동서가 60리요 남북이 40리니 합쳐 200여 리라고 하였다더라.

즉 1906년 7월을 전후해서 일제 통감부가 대한제국 내부_{내무부}에 대해 울릉도 소속 도서와 군청을 설치한 연월을 보고하라는 요청했던 것이다. 이는 1905년 일본 시마네 현 관리가 독도 편입 사실을 1906년 심흥택 울도 군수에게 알림으로서 심흥택 군수가 그 사실을 대한제국

のである。これは、1905年に日本の島根県の官吏が独島編入の事実
を1906年、沈弘澤シム・ホンテク鬱島郡守へ通知し、沈弘澤郡守がその
事実を大韓帝国に報告したものだ。大韓帝国は日本帝国統監府に抗
議し、これに対して日本帝国統監府が韓国政府に独島の行政措置の
事実を報告するよう言ったのだ。この時、韓国政府が日本が編入す
る5年前に既に歴史的権原を基に、独島を「石島」という名で韓国領
土として行政管轄区域に含まれている措置を取ったとする「勅令41
号」を統監府に報告した。これは、統監府に大韓帝国の勅令41号「石
島」によって、独島が韓国領土であることを明確に確認させたもの
だった。これにより、日本が主張する1905年独島の領土編入措置を
全面的に否定したのである。

(6) 国際法的にも独島は韓国固有の領土

　国際法で領土の帰属を決定する要件は、どの国が先に発見し、こ
れを継続的に管理し、今日どの国が領土を管理しているのかが標準
である。独島は地理的に鬱陵島から見える島として、古代からの自
然な流れで韓国領域の象徴として、韓国領土として認識されてきて
いる。日本帝国主義の韓国侵略に対応して近代的な領土の管理とし
て、1900年勅令41号で行政措置を断行し、独島を管理してきた。し
かし、日本帝国が独島を侵奪しようと1905年に編入措置を取った
が、これは他国の領土への編入措置であるため、違法な領土侵略に
過ぎない。独島は1945年、連合国の措置により韓国の独立と同時に

에 보고했던 것이다. 대한제국은 일제 통감부에 항의했고, 이에 대해 일제 통감부가 한국 정부에 대해 독도의 행정 조치 사실을 보고하라고 했던 것이다. 이때 한국 정부가 일본이 편입하기 5년 전에 이미 역사적 권원을 바탕으로 독도를 '석도'라는 이름으로 한국 영토로서 행정관할구역에 포함하는 조치를 취했다고 하는 '칙령41호'를 통감부에 보고했던 것이다. 이는 통감부에 대해 대한제국의 칙령41호의 '석도'에 의해 독도가 한국 영토임을 명확히 확인시킨 것이었다. 이로 인해 일본이 주장하는 1905년 독도 영토 편입 조치를 전면적으로 부정했던 것이다.

(6) 국제법적으로도 독도는 한국의 고유 영토

국제법에서 영토의 귀속을 결정하는 요건으로 어느 나라가 먼저 발견하여 이를 지속적으로 관리해 왔고 오늘날 어느 나라가 영토를 관리하고 있는가가 기준이다. 독도는 지리적으로 울릉도에서 보이는 섬으로서 고대 시대부터 자연적인 요건에 의해 한국 영역의 상징으로 한국 영토로서 인식되어 왔으며, 일본제국주의의 한국 침략에 대응하여 근대적인 영토 관리로서 1900년 칙령41호로 행정 조치를 단행하여 독도를 관리해 왔다. 그런데 일제가 독도를 침탈하려고 1905년 편입 조치를 취했지만 이는 타국 영토에 대한 편입 조치이므로 불법적인 침략에 불과하다. 독도는 1945년 연합국의 조치에 의해 한국의 독립과 더불어 다시 독도를 영토로서 관리해 오고 있다. 이를 보더라도 독도가 국제법적으로도 명명백백한 한국 영토인 것이다.

改めて独島を領土として管理している。これを見ても、独島が国際法的にも明白な韓国の領土だと分かる。

(7)「独島の日」制定の正当性

　大韓帝国は1900年10月25日、鬱陵島と独島を韓国の領土として管理するための行政措置を断行した。これは日本が独島を侵奪しようとしていた1905年2月22日、違法な編入措置よりも5年も前のことだ。今年は近代国際法に依拠した領土管理のため、行政措置を断行してから110年になる年である。今も、日本は暇さえあれば、独島に対する領有権を主張している。このような状況に、近代的な国際法による領土管理措置だった「勅令41号」を記念することは、対内外に独島の領土主権を喚起させる非常に重要なことである。日本の島根県は「竹島の日」を定め、1905年に日本帝国主義が領土侵略のため不法に独島を編入措置した2月22日を記念している。独島の領土主権を歪曲して捏造する日本の行為を黙認すれば、国際社会は独島を日本領土として認識することになるだろう。これを食い止めるためにも、独島が明白に韓国の領土である真実に立脚した歴史的権原を使って、はっきりさせる必要がある。

　ハングルの日は訓民正音頒布日を新暦に変えて1446年10月9日に定めたが、今年はハングル創製564年目を迎えた。一日も早く、1900年10月25日の勅令41号を記念して、「独島の日」を制定することが急がれる。これこそ、本当に日本の独島侵奪行為に対応して、独島の領土主権を保全する措置である。

(7) '독도의 날' 제정의 당위성

대한제국은 1900년 10월 25일 울릉도와 더불어 독도를 한국 영토로서 관리하기 위해 행정 조치를 단행했다. 이는 일본이 독도를 침탈하려고 했던 1905년 2월 22일 불법적인 편입 조치보다도 5년이나 앞선다. 금년은 근대국제법에 의거한 영토 관리를 위해 행정 조치를 단행한지 110돌이 되는 해이다. 지금도 일본은 틈만 있으면 독도에 대한 영유권을 주장하고 있다. 이러한 상황에 근대적인 국제법에 의한 영토 관리 조치였던 '칙령41호'를 기념하는 것은 대내외에 독도의 영토주권을 환기시키는 매우 중요한 일이다. 일본의 시마네 현은 '죽도의 날'을 정하여 1905년 일본제국주의가 영토 침략을 위해 불법적으로 독도를 편입 조치한 1905년 2월 22일을 기념하고 있다. 독도의 영토주권을 왜곡하고 날조하는 일본의 행위를 묵인한다면 국제사회는 독도를 일본 영토로 인식하게 될 것이다. 이를 극복하기 위해서라도 독도가 명명백백한 한국 영토라는 것을 진실에 입각한 역사적 권원을 통해 명확히 할 필요가 있다.

한글날은 훈민정음 반포일을 양력으로 환산하여 1446년 10월 9일로 정하여 올해는 한글창제 564돌을 맞이했다. 하루빨리 1900년 10월 25일의 칙령41호를 기념하여 '독도의 날'을 제정하는 것이 시급하다. 이것이야말로 진정 일본의 독도 침탈 행위에 대응하여 독도 영토주권을 보전하는 조치일 것이다.

日本の独島挑発
対応策の提案
:「竹島問題研究会」に参加して

　筆者は、日本の島根県が設置した独島問題、つまり「竹島問題研究会」以下、「研究会」の招請で先月25日、松江市の島根県民会館で開かれた非公開の会合に出席した。今回の第9回会合は、初めて韓国の学者を招いた席だった。筆者は、非公開会議に先立って、公開講義で「日本の独島資料解釈に対する批判」というタイトルで、日本側の論理の虚構性を批判し、非公開講義では、韓国側の主張は、史料的論証がされていないとする日本の学者らの質疑に答えた。

　研究会は昨年3月25日、島根県議会が「竹島の日」条例の制定以降、島根県の議会の要求に応えるため設置した機関である。委員長と副委員長を始め、歴史学・地理学・法学の専門家と職員など10人で構成されている。会合は2ヶ月に一度程開かれ、その成果は、5月に中間報告書の形式で島根県に提出し、来年3月に最終報告書を出す

일본의 독도 도발의
대응책 제안
: '다케시마문제연구회'에 다녀와서

필자는 일본 시마네 현이 설치한 독도 문제, 곧 '다케시마문제연구회'이하 연구회의 초청으로 지난달 25일 마쓰에 시에 있는 시마네 현민회관에서 열린 비공개 회합에 참석했다. 이번 제9회 회합은 처음 한국 학자를 초청한 자리였다. 필자는 비공개 회의에 앞선 공개강의에서 '일본의 독도 자료 해석에 대한 비판'이라는 제목으로 일본 측 논리의 허구성을 비판했고, 비공개 강의에서는 한국 측의 주장은 사료적 논증이 되지 않았다고 하는 일본 학자들의 질의에 대답했다.

연구회는 지난해 3월 25일 시마네 현의회가 '다케시마의 날' 조례를 제정한 이후, 시마네 현이 의회의 요구에 부응하기 위해 설치한 기구다. 위원장과 부위원장을 비롯해서 역사학·지리학·법학 전문가와 직원 등 10명으로 구성되어 있다. 회합은 두 달에 한 번 정도로 열리며, 그 성과는 지난 5월 중간 보고서 형식으로 시마네 현에 제출했고, 내

予定である。設立の目的は、第一には韓国の独島領有権主張に反論するものであり、第二には、竹島が日本の領土であることを強調して、政府と県に領土政策を奨励し、国民に領土意識を鼓吹することだった。

　研究会のメンバーは、いずれも「竹島は日本の領土」という強い信念を持っていた。その根拠は、1905年無主地を先占して領土に編入した後、アシカ漁業で実効的占有をしたので、国際法的に合法的な措置だということである。現在の日本の領土の中で沖縄、小笠原諸島、尖閣諸島もこのような形で領土に編入措置されている。

　研究会は、1905年に領土編入以前に、韓国が独島を実効的に支配したことがないという所に焦点を当て、「于山島」と「石島」は現在の独島ではないと主張している。最近まで、日本の学界の研究成果を見ると、独島が日本領土としての歴史的権原が全くない状態であることが徐々に明らかになっている。だから、研究委員らには、史料を歪曲解釈までしながら「固有領土論」を主張する場合と、早くに歴史的権原の弱さを認め、「無主地先占論」の合法性に比重を置く場合とがいる。

　これに対し、韓国はどのように対応する必要があるだろうか?

　先ず、歴史的な史料の発掘と共に、独島が歴史的・国際法的に韓国領土であることが、時間の経過と共に次々と明らかになっている。従って独島問題は、現状維持政策として実効的期間を延長することが最善の方策であると思う。日本の政治的な意図に巻き込まれ、

년 3월 최종 보고서를 낼 예정이다. 설립 목적은 일차적으로는 한국의 독도 영유권 주장을 반박하는 것이고, 이차적으로는 '다케시마'가 일본 영토임을 강조하여 정부와 현에 대해 영토 정책을 독려하고, 국민들에게 영토 의식을 고취시키려는 것이었다.

연구회 위원들은 모두 '다케시마는 일본 영토'라는 강한 신념을 갖고 있었다. 그 근거는 1905년 무주지를 선점하여 영토로 편입한 뒤 강치 어업으로 실효적 점유를 했으므로 국제법적으로 합법한 조처라는 것이다. 현재 일본 영토 가운데 오키나와, 오가사하라 군도, 센카쿠 제도도 이와 비슷하게 영토로 편입 조처된 바 있다.

연구회는, 1905년 영토 편입 이전에 한국이 독도를 실효적으로 지배한 적이 없다는 데 초점을 맞추고 '우산도'와 '석도'는 현재의 독도가 아니라는 주장을 하고 있다. 최근까지 일본 학계의 연구 성과를 보면 독도가 일본 영토로서 역사적 권원이 전혀 없는 상태라는 것이 서서히 드러나고 있다. 그래서 연구위원들 간에는, 사료를 왜곡하여 해석하면서까지 '고유 영토론'을 주장하는 부류와 일찌감치 역사적 권원의 박약함을 인정하고 '무주지 선점론'의 합법성에 비중을 두는 부류로 나뉜다.

이에 대해 한국은 어떻게 대응해야 할 것인가?

첫째, 역사적 사료의 발굴과 더불어 독도가 역사적·국제법적으로 한국 영토임이 시간의 흐름과 함께 잇따라 밝혀지고 있다. 따라서 독도 문제는 현상 유지 정책으로 실효적 기간을 연장하는 것이 최선의 방책이라고 본다. 일본의 정치적인 의도에 말려 성급히 독도 기점을

性急に独島基点を放棄する漁業協定と排他的経済水域EEZの境界を決定してはならない。積極的な外交チャンネルを通して、歴史的・国際法的権原が韓国にあるという事実を対外的に積極的に広報し、独島外交の主導権を取らねばならない。

第二に、独島の実効的支配として前近代の「于山島」、近代の「石島」が今の独島であることを文献上で完璧に論証しなければならない。これは日本の固有領土論と無主地先占論の両方を無力化することができる。

第三に、独島に対する実効的支配のみを過度に強調し、日本の世論と国民感情を刺激することにより、独島論争が領有権権原の本質と異なって進んでいくことを防がなければならない。これを補強するためには、独島の母のような島である鬱陵島を国際的な観光地として開発する必要がある。

第四に、日本の市民社会に独島の本質と日本政府の独島侵奪野望を告発し、国際社会の世論を喚起しなければならない。

第五に、独島問題は主権の問題なので、政府の安定した支援と積極的な主権意志が必要である。

포기하는 어업 협정과 배타적 경제수역EEZ 경계를 결정해서는 안 된
다. 적극적인 외교 채널을 통해 역사적·국제법적 권원이 한국에 있
다는 사실을 대외적으로 적극 홍보하여 독도 외교의 주도권을 잡아야
한다.

둘째, 독도의 실효적 지배로서 전근대의 '우산도', 근대의 '석도'가 지
금의 독도라는 것을 문헌상으로 완벽하게 논증해 내야 한다. 이는 일
본의 고유 영토론과 무주지 선점론 모두를 무력화할 수 있다.

셋째, 독도에 대한 실효적 지배만을 지나치게 강조하여 일본의 여론
과 국민 감정을 자극함으로써 독도 논쟁이 영유권 권원의 본질과 다르
게 진행되는 것을 막아야 한다. 이를 보완하기 위해서는 독도의 어미
섬母島에 해당되는 울릉도를 국제적인 관광지로 개발해야 한다.

넷째, 일본의 시민사회에 독도의 본질과 일본 정부의 독도 침탈 야
욕을 고발하고 국제사회의 여론을 환기시켜야 한다.

다섯째, 독도 문제는 주권 문제이므로 정부의 꾸준한 지원과 적극적
인 주권 의지가 필요하다.

毎月1日
「独島守護の日」に
制定し独島主権の世論を
鼓吹

　独島が厳然と韓国固有の領土にもかかわらず、日本は国益最優先主義を掲げ、日本の領土化に血眼になっている。韓国は日本の領有権の主張、世界地図と大百科事典に日本領と記載、韓国の独島の行政措置に対する抗議、日本人の戸籍登載など、独島に対する日本のすべての行為を独島収奪のための戦略的行為と看做し、領土紛争化を助長する国際世論を徹底的に阻止せねばならない。

　勿論、政府が先頭に立つが、経済的に依存関係にある韓国政府の立場から、政府間の対話では何の効果も期待できず、期待をかけても無駄かもしれない。唯一無二の方法で3.1運動のような全国民運動を展開し、世界の世論を喚起させることが何よりも重要だと思う。全国民的運動に発展させ、徹底して続けていかねばならない。

　ここで、全国民運動として一つ提案するなら、過去に私たちの国

매월 1일
'독도 수호의 날' 제정하여
독도 주권 여론
고취시켜야 한다

　독도가 엄연히 한국의 고유 영토임에도 불구하고 일본은 국익 최우선주의를 내세워 일본 영토화에 혈안이 되어 있다. 한국은 일본의 영유권 주장, 세계지도 및 대백과사전의 일본령으로 기재, 한국의 독도 행정 조치에 대한 항의, 일본인의 호적 등재 등 독도에 대한 일본의 모든 행위를 독도 수탈을 위한 전략적인 행위로 간주하고, 영토 분쟁화를 조장하는 국제여론을 철저히 막아야 한다.

　물론 정부가 앞장서야 하지만, 경제적으로 의존 관계에 있는 한국 정부의 입장에서 정부 간의 대화로는 아무런 효과도 기대할 수 없으며, 기대를 걸어서도 안 될 것 같다. 유일무이한 방법으로 3·1운동과 같은 전국민 운동을 통해 세계 여론을 환기시키는 것이 무엇보다도 중요하다고 본다. 전국민적 운동으로 승화시켜 철저하고 지속적으로 전개해야 한다.

が日本の韓国統治に対抗して独立の意志を世界に訴え、国家独立の基盤を作ったその堂々たる偉大な3.1運動があったではないか。今、その精神がなければ、日本の挑戦的で侵略的な独島収奪に対抗する術はない。3.1運動の精神を換起して、毎月1日を「独島守護の日」と定めるべきである。そして独島を象徴する旗を作り、独島守護の意志を鼓舞しなければならない。各家庭では365日間独島旗を掲揚し、毎月1日「独島守護の日」には、集会やパレードを開催して日本の独島主権毀損を糾弾しなければならない。このように全国民が心を一つにして独島の主権守護運動を展開した時、国際社会は独島領土権の真実を知り、国際社会の世論が日本に独島領土の侵略的野望を捨てさせるだろう。

여기서 전국민운동으로 한 가지 안을 제안한다면, 과거 우리 민족이 일본의 한국 통치에 대항하여 독립의 의지를 세계에 호소, 국가 독립의 기반을 마련한 그 당당하고 위대한 3·1운동이 있지 않은가? 이제 그러한 정신을 갖고 있지 않으면 일본의 도전적이고 침략적인 독도수탈에 대항할 길이 없다. 3·1운동 정신을 되살려서 매월 1일을 '독도 수호의 날'로 정해야 한다. 그리고 독도를 상징하는 깃발을 만들어 독도 수호의 의지를 고취시켜야 한다. 각 가정에서는 365일간 독도 기旗를 게양하고, 매월 1일 '독도 수호의 날'에는 집회와 시가행진을 통해 일본의 독도 주권 훼손을 규탄해야 한다. 이렇게 전국민이 한마음이 되어 독도의 주권 수호 운동을 전개할 때, 국제사회는 독도 영토권의 진실을 알게 될 것이며, 국제사회의 여론은 일본으로 하여금 독도 영토에 대한 침략적인 야욕을 버리게 할 것이다.

「独島の日」と勅令41号、国際法の基準「誰が発見し管理しているか」勅令41号を記念して領土主権喚起しなければ…

　独島は昔から、2つの小さな岩礁でできている。人が住める島でもなく、長期間、滞在できる島でもない。にもかかわらず、韓国側の古地図や古文献に鬱陵島と独島が表記されているのは、朝鮮の領域として認識していたということだ。独島は韓国と日本の間の国境地帯にある。昔から独島は韓国の鬱陵島から見えるが、日本の隠岐の島からは見えない。それで、韓国の鬱陵島の人々には古くから独島に対して領域意識があったが、日本の人々には独島の領域意識は生まれなかった。

　『世宗実録地理志1454年編纂』や『粛宗実録1728年編纂』に鬱陵島と于山島が登場するのは、東海の鬱陵島に倭寇が侵入したためだが、領土に危機が近づく時ほど領土意識が強くなり、独島までの領域表示を明確にしたのだ。

'독도의 날'과 칙령41호,
국제법 기준
'누가 발견해 관리하고 있나'
칙령41호 기념해
영토주권 환기시켜야...

독도는 2개의 작은 암초로 되어 있다. 예로부터 사람이 살 수 있는 섬도 아니고 오랫동안 머물 수 있는 섬도 아니다. 그럼에도 불구하고 고지도나 고문헌에 울릉도와 더불어 독도가 표기된 것은 상징적으로 조선의 영역으로 인식되었음을 알 수 있다. 독도는 한국의 울릉도에서는 보이지만, 일본의 오키 섬에서는 보이지 않는다. 그런 이유로 한국의 울릉도 사람들에게는 예로부터 독도에 대한 영역 의식이 생겼고, 일본인에게는 독도에 대한 영역 의식이 생기지 않았다.

세종실록 지리지나 숙종실록 지리지에 울릉도와 우산도독도가 등장하는 것은 동해의 울릉도에 왜구가 침입하였기 때문이다. 영토에 위기가 닥칠 때일수록 더욱 영토 의식이 강하게 나타나 독도까지도 영역 표시를 명확히 했다.

1876년 일본의 강압에 의해 강화도조약이 체결되자 조선의 문호는

　1876年、日本の圧力によって、江華島条約日本名：日朝修好条規が締結されるや、朝鮮の門戸は開放され、日本の韓国侵略が本格化した。特に鬱陵島に日本人が頻繁に侵入した。朝鮮朝廷は鬱陵島の領土主権を守るため、鬱陵島に朝鮮人を移住させた。更に、日本人が鬱陵島に強く執着するようになると、朝鮮朝廷は、東海周辺の島々の行政措置を断行し、これらの島が朝鮮の領土であることを明確にした。それが勅令41号である。

　ところが、日本帝国主義は、独島が韓日両国間の国境地帯にあるという点を悪用し、大陸拡張を本格化した1905年の日露戦争中、無主地だという理由で日本の領土に編入する措置を取った。韓国政府はこの事実を1年後に知り、日本統監府に認めることができないことを明らかに述べた。この内容は、ハングルに翻訳された「皇城新聞」1906年7月13日付けの記事で確認できる。

　「日本帝国統監府が内部訳注：大韓帝国の内務省に、江原道三涉郡管下所在の鬱陵島に所属する島嶼や、郡庁が初めて設置された年月を説明しろと言った。これに応じ、光武2年18985月20日に鬱陵島監で設立したが、光武4年190010月25日に政府の会議を経て郡守を配置したので、郡庁は台霞洞に置き、この郡が管轄する島は竹島と石島であり、東西が60理で南北が40理なので、合わせて200余里と答えた。」

注：韓国の10里は日本の1里

　これは、大韓帝国政府が統監府に勅令41号「石島」によって、今日の独島が明確な韓国領土であることを確認させたものだった。言う

개방되었으며 일본의 한국 침략은 본격화되었다. 특히 울릉도에 일본인들이 빈번히 침입했다. 조선 조정은 울릉도에 대한 영토주권을 수호하기 위해 울릉도에 조선인을 이주시켰다. 더 나아가 일본인들이 울릉도에 강하게 집착하자 조선 조정은 동해의 주변 섬에 대한 행정 조치를 단행, 이들 섬이 조선 영토임을 명확히 했다. 그것이 바로 칙령41호이다.

그런데 일본제국주의는 독도가 한일 양국 사이의 국경 지대에 있다는 점을 악용하여 대륙 팽창을 본격화하던 1905년 러일전쟁 중에 무주지라고 하여 일본 영토에 편입하는 조치를 취했다. 한국 정부는 이러한 사실을 1년 후에 전해 듣고 일본 통감부에 대해 인정할 수 없음을 분명히 했다. 이 내용은 한글로 번역된 '황성신문' 1906년 7월 13일자 기사로서 확인할 수 있다.

'일제 통감부가 내부 대한제국의 내무부에 강원도 삼척군 관하 소재의 울릉도에 소속하는 도서와 군청이 처음 설치된 연월을 설명하라고 하였다. 내부는 이에 답하여 광무 2년 1898 5월 20일에 울릉도감을 설립하였다가 광무 4년 1900 10월 25일에 정부 회의를 거쳐 군수를 배치하였다. 군청은 태하동에 두고 이 군이 관할하는 섬은 죽도와 석도이다. 동서가 60리이고 남북이 40리이다. 이를 합치면 200여 리이다고 했다.'

이는 대한제국정부가 통감부에 대해 칙령41호의 '석도'로 인해 오늘날 독도가 명확한 한국 영토임을 확인시킨 것이었다. 다시 말하면 일본이 주장하는 1905년 독도 영토 편입 조치를 전면적으로 부정한 것이었다.

なれば、日本が主張する1905年独島領土編入措置を全面的に否定した出来事であった。

国際法で領土の帰属を決定する要件は、どの国が先に発見しこれを継続的に管理し、今日どの国が領土を管理しているのかが標準である。独島は地理的に鬱陵島から見え、古代からの自然な流れで韓国領域の象徴として、韓国領土として認識されてきている。日本帝国主義の韓国侵略に対応し、1900年勅令41号で近代的な行政措置を断行し、独島を管理してきた。しかし、日本帝国が独島を侵奪しようと1905年に編入措置を取ったが、これは他国領土への編入措置であるため、違法な領土侵略に過ぎない。独島は1945年、連合国の措置により韓国の独立と同時に、改めて独島を領土として管理している。これを見ても、独島が国際法的にも明白な韓国の領土だと分かる。

今年は近代国際法に依拠した領土管理のため、行政措置を断行してから110年になる年である。今も、日本は暇さえあれば、独島に対する領有権を主張している。このような状況に、近代的な国際法による領土管理措置だった「勅令41号」を記念することは、対内外に独島の領土主権を喚起させる非常に重要なことである。日本の島根県は「竹島の日」を定め、日本帝国主義が領土侵略のため不法に独島を編入措置した「1905年2月22日」を記念している。このような、独島の領土主権を歪曲し捏造する日本の行為を黙認すれば、国際社会は独島を日本領土として認識することになるだろう。これを食い止

국제법에서 영토의 귀속을 결정하는 요건으로 어느 나라가 먼저 발견해 이를 지속적으로 관리해왔고 오늘날 어느 나라가 그 영토를 관리하고 있는가가 기준이다. 독도는 지리적으로 울릉도에서 보여 자연적 요건에 의해 고대 시대부터 한국 영토로서 인식되어 왔으며, 또한 일본제국주의의 침략에 대응, 1900년 칙령41호로 근대적인 행정 조치를 단행해 독도를 관리해 왔다. 그럼에도 불구하고 일제는 독도를 침탈하려고 1905년 편입 조치를 취했지만 이는 타국 영토에 대한 편입 조치이었으므로 불법적인 영토 침략에 불과하다. 독도는 1945년 연합국의 조치에 의해 독립과 더불어 다시 한국이 영토로서 관리해 오고 있다. 이를 보더라도 독도가 국제법적으로도 명명백백한 한국 영토인 것이다.

금년은 근대국제법에 의거한 독도 영토 관리를 위해 행정 조치를 단행한지 110돌이 되는 해이다. 지금도 일본은 틈만 있으면 독도에 대한 영유권을 주장하고 있다. 이러한 상황에 근대적인 국제법에 의한 영토 관리 조치였던 칙령41호를 기념하는 것은 대내외에 독도의 영토주권을 환기시키는 매우 중요한 일이다. 일본의 시마네 현은 '죽도의 날'을 정하여 일본제국주의가 독도 침략을 위해 불법적으로 편입 조치한 '1905년 2월 22일'을 기념하고 있다. 이 같은 독도의 영토주권을 왜곡하고 날조하는 일본의 행위를 묵인한다면 국제사회는 독도를 일본 영토로 인식하게 될 것이다. 이를 극복하기 위해서라도 독도가 진실에 입각한 역사적 권원에 의해 명명백백한 한국 영토임을 명확히 해둘 필요가 있다.

めるためにも、独島が明白に韓国の領土である真実に立脚した歴史的権原を使って、はっきりさせる必要がある。

去る9日、私たちはハングル創製564周年を迎え「ハングルの日」を祝った。ハングルの日は1446年10月9日、訓民正音頒布の日を新暦に置き換えたものである。今、私たちは一日も早く「独島の日」を制定し、近代的行政措置として、独島領土を管理してきた1900年10月25日の勅令41号を記念することが急がれる。これこそ、本当に日本の領土侵奪行為に対応し、独島の領土主権を保全する措置である。

지난 9일 우리는 한글창제 564돌을 맞아 한글날을 기념했다. 한글날은 1446년 10월 9일 훈민정음 반포한 날을 양력으로 환산한 것이다. 지금 우리에게는 하루빨리 '독도의 날'을 제정하여 근대적 행정 조치로 독도 영토를 관리해 온 1900년 10월 25일의 칙령41호를 기념하는 일이 시급하다. 이것이야말로 진정 일본의 영토 침탈 행위에 대응하여 독도의 영토주권을 보전하는 조치일 것이다.

独島挑発
日本自民党議員の鬱陵島訪問、
公式招待して
独島の本質を
知らせる機会にしなければ

　独島は国際法的に、歴史的権原に基づき、韓国が実効的に管理している韓国固有の領土である。過去日本は、日露戦争の混乱期に乗じて国境地帯の無人島であることを利用して、主のいない島であるとして意図的に形式的な編入措置を取り、独島侵奪を試みたことがあった。その後、日本帝国侵略期を終え、今も独島挑発は続いている。しかし、国難期の大韓帝国も日本の編入措置を認めず、第2次世界大戦後の新生独立国の大韓民国も日本の独島挑発に断固として応じ、国土を守ってきた。今年8月初旬に4人の自民党議員が鬱陵島訪問を計画しているのも、止まない日本の独島挑発の一つだ。

　今日の日本人の中には独島を韓国領土と認める人もいれば、日本の領土だと思っている人もいる。独島問題が生じたのは、ナショナリズム的な日本の歪曲された独島教育と偏向報道の影響を受けた日

독도 도발
일본 자민당의원의 울릉도 방문,
공식 초대하여
독도 본질을
알리는 기회로 삼아야

독도는 국제법적으로 역사적 권원에 의거하여 한국이 실효적으로 관리하고 있는 한국의 고유 영토이다. 과거 일본은 러일전쟁의 혼란한 틈을 타서 국경 지대의 무인도라는 것을 악용하여 의도적으로 주인없는 섬이라고 하여 형식적인 편입 조치를 취하여 독도 침탈을 시도한 적이 있었다. 그 후에도 일제 침략기를 거쳐서 지금까지도 독도 도발은 계속되고 있다. 하지만 국난國難기의 대한제국도 일본의 편입 조치를 인정하지 않았고, 제2차 세계대전 후 신생 독립국의 대한민국도 일본의 독도 도발에 단호히 대응하여 국토를 수호해 왔다. 이번 8월 초 4명의 자민당의원이 울릉도를 방문 계획하고 있는 것도 계속되는 일본의 독도 도발의 일환이다.

오늘날 일본인들 중에는 독도를 한국 영토로 인정하는 사람도 있고 일본 영토라고 생각하는 사람도 있다. 독도 문제가 발생하게 된 것은

本の新世代が、韓国の独島を日本の「竹島」と誤認して領有権を主張するためである。今回鬱陵島訪問を計画している自民党議員らは、まさにこのような環境で育った世代だ。

誤った教育を受けた人々が独島挑発をしようとするのは、見ようによっては当然のことかもしれない。問題の所在は、彼らに歪曲された教育を強要した、日本政府である。だから、たとえ彼らが独島挑発を意図して鬱陵島を訪問しようとしても、敵対心に燃える盗賊のように受け入れるのは、やめよう。むしろ彼らを温かく迎えて、神秘の島、韓国の鬱陵島を存分に楽しめるようするべきだろう。彼らが望むなら、独島に案内してもいいだろう。

その代わりに、彼らに生まれて初めて、正しい独島教育を受ける良い機会を提供しよう。なぜ独島が韓国の領土でしかありえないのか、一生懸命に説明して歪曲された教育による日本の領土「竹島」という固定観念を払拭させれば良い。このような方法で、自ら「竹島」、日本領土論を諦めるようにすべきである。

今の時点で日本の独島挑発に最も急がれる対応は、日本の歪曲された独島教育を防いで、独島の本質を知らせることである。正しい独島教育を日本で行う方法もあるが、日本人を韓国に招待して行う方法もある。今回の自民党議員の鬱陵島訪問は、まさに後者の場合である。

韓国政府は、今回の自民党議員鬱陵島訪問の対応方法に関して苦心しているようだ。政府や国会議員会が主体となって正式に招請プ

내셔널리즘적인 일본의 왜곡된 독도 교육과 편향된 언론보도의 영향을 받은 일본의 신세대들이 한국의 독도를 일본의 '다케시마'로 오인하여 영유권을 주장하기 때문이다. 이번에 울릉도 방문을 계획하고 있는 자민당의원들은 바로 이러한 환경에서 성장한 세대들이다.

잘못된 교육을 받은 이들이 독도 도발을 하려고 하는 것은 어쩌면 당연할 수도 있다. 문제의 소재는 이들에게 왜곡된 교육을 강요한 일본 정부이다. 비록 이들이 독도 도발을 의도하여 울릉도를 방문하려 하지만 적개심이 불타는 도적처럼 받아들이지 말자는 것이다. 오히려 이들을 따뜻하게 맞이하여 신비의 섬 한국의 울릉도를 마음껏 즐기도록 해야할 것이다. 본인들이 원하면 독도에 안내해도 좋을 것이다.

그 대신에 이들에게 생전처음으로 올바른 독도 교육을 받을 좋은 기회를 제공하자. 왜 독도가 한국 영토일 수밖에 없는 가를 열심히 설명하여 왜곡된 교육에 의한 일본 영토 '다케시마'라는 고정관념을 불식시켜주면 된다. 이런 방법으로 스스로 '다케시마' 일본 영토론을 포기하도록 해야 한다.

지금 시점에서 일본의 독도 도발에 가장 시급한 대응은 일본의 왜곡된 독도 교육을 막고, 독도의 본질을 알리는 일이다. 올바른 독도 교육은 일본 현지에서 하는 방법도 있지만, 일본인을 한국에 초대하여 행하는 방법도 있다. 이번 자민당의원의 울릉도방문은 바로 후자의 경우에 속한다.

우리 정부는 이번 자민당의원 울릉도 방문의 대응 방법을 두고 부심하고 있는 듯하다. 정부나 국회의원회가 주체가 되어 정식 초청 프로

ログラムを作り、友好関係的側面から独島に関心を持つ多くの日本国会議員を正式に招待するのだ。先ず、不祥事が起こらぬように鬱陵島を訪問し、領有権に関連する行動をしないという確約をさせる。韓国はこの機会を生かし、鬱陵島と独島が地理的に近接しており韓国の領土でしかありえないことを認識させると共に、独島の本質を伝える教育プログラムを作成し、適切な独島教育を実施するのだ。

　彼ら今回一度の訪問で独島が韓国領土だと納得はしないだろうが、将来、独島問題解決にプラスに働くと確信している。独島が明らかに韓国の領土である以上、国際社会が認める島にならねばならない。彼らの訪問を物理的に防ぐならば、むしろ国際社会に独島が紛争地域という誤解を招くことになりかねない。

그램을 만들어 우호 관계적 측면에서 독도에 관심을 갖고 있는 많은 일본 국회의원들을 공식적으로 초대하는 것이다. 먼저 불상사를 없애기 위해 울릉도를 방문하여 영유권 관련 행동을 하지 않는다는 확약을 받는 것이다. 한국은 이 기회를 통해 울릉도와 독도가 지리적으로 근접하여 한국 영토가 될 수밖에 없음을 인지시킴과 동시에 독도의 본질을 알리는 교육 프로그램을 만들어 올바른 독도 교육을 실시하는 것이다.

이들이 이번 한 번의 방문으로 독도가 한국 영토라고 승복하지 않겠지만 미래 독도 문제 해결에 유익하게 작용할 것임을 확신한다. 분명히 독도가 한국 영토인 이상 국제사회가 인정하는 섬이 되어야 한다. 이들의 방문을 물리적으로 막는다면 오히려 국제사회에 독도가 분쟁 지역이라는 오해를 불러일으킬 수 있다.

朴槿恵(パク・クネ)政府の
対日関係と
独島管理の課題

現在、日韓関係は完全に閉塞し、朴槿恵政府の重要な外交課題となった。これがどのように解決されるだろうか？過去1965年の国交回復以来、韓国は大統領就任と同時に、日本を訪問するのが慣例であった。それは経済的依存関係によって避けることができない上下関係のような状態だったからである。これは、やや屈辱的に見えたりもした。ところが、朴槿恵大統領は就任後、過去の歴代政府とは異なり、日本訪問を保留して、中国と米国を優先的に訪問した。現在の朴槿恵政府の韓日関係は、日本が李明博大統領の独島訪問に抗議して冷却した関係をそのまま引き継ぎ、新しい関係への改善もなく、その延長線上にある。それは過去とは異なり、韓国経済が日本に隷属されたことから多少自由な状態になったことを意味する。一方では、自由貿易協定などで、様々な国と経済的関係を結んで日本

박근혜 정부의
대일관계와
독도 관리의 과제

현재 한일 관계는 완전히 경색되어 박근혜 정부의 중요한 외교 과제가 되었다. 이를 어떻게 풀 것인가? 과거 1965년 국교 회복 이후 한국은 대통령 취임과 동시에 일본을 방문하는 것이 관례였다. 그것은 경제적 의존관계에 의해 피할 수 없는 갑을관계와 같은 상태였기 때문이다. 이는 다소 굴욕적으로 보이기도 했다. 그런데 박근혜 대통령은 취임 후 과거 역대 정부와 달리 일본 방문을 보류하고 중국과 미국을 우선적으로 방문했다. 현재 박근혜 정부에서의 한일 관계는 일본이 이명박 대통령의 독도 방문에 항의하여 냉각된 관계를 그대로 인계받아 새로운 관계 개선 없이 그 연장선상에 있다. 그것은 과거와 달리 한국경제가 일본에 예속되었던 것이 다소 자유로워졌다는 것을 의미하기도 하고, 한편으로는 자유무역협정 등으로 다양한 국가들과 경제적 관계를 맺어 일본에 예속되지 않겠다는 박근혜 정부의 의지 표명이기도 하

に隷属されたくないという朴槿恵政府の意志表明でもある。それは正しい対日外交政策の方向だと評価できるだろう。過去の日本は、経済的依存関係にある韓国に対して高圧的な態度で国家の運命を思うままにしようとした。1997年に韓国の経験した外国為替枯渇による経済危機がまさにその良い例である。

　過去の韓日関係を見ると、李承晩政府では、日本が第2次世界大戦で敗北して連合国の占領統治を受け、韓国は新生独立国であって、両国の間に経済的依存関係がなかったので、対日強硬政策を展開することができた。その結果、平和線を宣言し、日本の独島の主権の侵奪を事前に防いだ。朴正煕政府では、日本が高度成長期で経済的繁栄を享受していたが、韓国は南北分断の中で経済的に日本の支援が切実だった状況だったので、屈辱的な内容に耐えながら、日韓協定を締結しなければならなかった。しかし、独島政策においては、日本の挑発にもかかわらず、独島密約という外交的手腕を発揮して管轄権を確保すると共に、領有権にも屈服しなかった。全斗煥、盧泰愚政府でもまだ依存的経済状況にあったため、独島政策において、対日宥和政策で現状維持による実効的支配という消極的な姿勢をとった。要するに、独島政策は、以前政権が消極的な姿勢をとると、必ず次の政権に大きな禍を呼び起こした。

　金泳三政府では、以前の政権とは異なり、対日強硬政策で独島に新しいマリーナを造った。これにより、日本の強い反発を招き、最終的には、金融危機を迎えることになった。実際に日本に挑発の口実を提供したのは、全斗煥・盧泰愚政権の弱い独島政策であった。

다. 그것은 올바른 대일정책의 방향이라고 평가할 수 있겠다. 과거 일본은 경제적 의존관계에 있는 한국에 대해 고압적인 태도로 국가 운명을 좌지우지하려 했다. 1997년에 겪었던 외환 고갈에 의한 경제 위기가 바로 그 좋은 사례이다.

　과거 한일 관계를 보면, 이승만 정부에서는 일본이 전쟁에서 패망하여 연합국의 점령 통치를 받고 있었기에 한국은 신생 독립국이었지만 경제적 의존관계가 아니었기에 대일강경 정책을 펼 수 있었다. 그 결과 평화선을 선언하여 일본의 독도 침탈을 막았다. 박정희 정부에는 일본이 고도성장기로서 경제적 번영을 누리고 있었고, 한국은 남북 분단 속에서 경제적으로 일본의 도움이 절실했던 상황이었기에 굴욕적인 내용을 감내하면서 한일협정을 체결해야만 했다. 그러나 독도 정책에 있어서는 일본의 도발에도 불구하고 독도 밀약이라는 외교적 수완을 발휘하여 관할권을 확보함과 동시에 영유권에 대해서도 굴복하지 않았다. 전두환, 노태우 정부에서도 여전히 의존적 경제 상황에 있었기 때문에 독도 정책에 있어서 대일유화 정책으로 현상 유지에 의한 실효적 지배라는 소극적인 자세를 취했다. 독도 정책에 있어서 전 정권이 소극적인 자세를 취하면 반드시 다음 정권에 큰 화를 불러일으켰다. 김영삼 정부는 이전 정권들과 달리 대일강경 정책으로 독도에 새로운 선착장을 건설했다. 이로 인해 일본의 강한 반발을 불러일으켜 결국 금융 위기를 맞이하게 되었다. 사실상 일본에게 도발의 빌미를 제공한 것은 전두환 정권의 나약한 독도 정책이었다. 김대중 정부에서는 금융 위기라는 국가적 위기 상황을 극복하기 위해 대일유화 정책을

金大中政府は、金融危機という国家的危機状況を克服するために、対日宥和政策を実施したところ、日本は独島周辺の漁場までの共同管理を強要した。金大中政府は、これを受容する失策を犯した。その余波は盧武鉉政府にまで続いた。韓国政府がドイツで開催される国際水路機構会議に参加して独島周辺の海山を韓国的名称をもって登録する予定に対して、日本はそれを妨害するために露骨に独島近海に測量船を派遣して一触即発の衝突事態を演出した。結局、盧武鉉政府はその計画を諦めるしかなかった。その影響で対日強硬政策に戻って、従来の鬱陵島基点の排他的経済水域設定方針を変更して独島起点を宣言した。李明博政府では、任期当初の7%の経済成長目標を達成するために、対日宥和政策で友好的な日韓関係を望んで独島問題を取り上げないと公言した。それが毒となって、むしろ日本は教科書を改訂して韓国の独島主権に挑発を敢行した。その結果、李明博大統領は任期末、対日強硬政策に戻っていきなりの独島訪問に加え、天皇に植民地支配の謝罪を要求して、日本の強い反発を買った。このように、政権の一時的な宥和政策では領土主権を守ることはできず、ただ一つ対日強硬政策をもって領土主権を重視することだけが韓国固有の領土独島に韓国の文化を創出することができる。今朴槿恵政府は対日依存的な経済関係を清算し、また、独島政策についても強硬な領土政策をもって対等な立場で通常の対日関係を維持しなければならないだろう。そのために外交、通商、文化を担当する部署とは別に慰安婦などの歴史問題と領土管理を担当する部署を新設し、日本に対応することを提案する。

실시했는데, 일본은 독도 주변 어장까지 공동 관리를 강요하였다. 김대중 정부는 이를 수용하는 실책을 범했다. 그 여파는 노무현 정부까지 이어졌다. 한국이 독일에서 열리는 국제수로기구회의에 독도의 주변 해산을 한국명으로 등록하려는 시도를 방해하기 위해 일본은 노골적으로 독도 근해에 측량선을 파견하여 일촉즉발의 충돌 사태를 연출했다. 결국 노무현 정부는 그 계획을 포기해야만했다.

이를 계기로 대일강경 정책으로 돌아서서 종래의 울릉도 기점의 배타적 경제수역을 변경하여 독도 기점을 선언했다. 이명박 정부에서는 임기 초 7%의 경제성장 목표를 달성하기 위해 대일유화 정책으로 우호적인 한일 관계를 희망하여 독도 문제를 거론하지 않겠다고 공언했다. 그것은 독이 되어 이를 악용한 일본은 교과서를 개정하여 독도 도발을 감행했다. 그 결과 이명박 대통령은 임기 말 대일강경 정책으로 돌아서서 독도 방문과 더불어 천황의 식민지 지배를 사과하라고 요구하여 일본의 강한 반발을 샀다. 이처럼, 일시적인 유화정책보다는 영토주권을 중시한 대일강경 정책만이 우리의 고유 영토 독도에 우리 한국 문화를 창출할 수 있었다. 이제 박근혜 정부는 대일의존적인 경제 관계를 청산하고, 또한 독도 정책에 있어서도 강경한 영토 정책으로 대등한 입장에서 정상적인 대일관계를 유지해야할 것이다. 이를 위해 외교, 통상, 문화를 담당하는 부서와 별도로 위안부 등의 역사 문제와 영토 관리를 담당하는 새로운 부서를 신설하여 일본에 대응할 것을 제안한다.

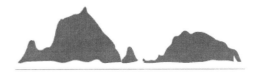

제4부

독도 문제의
본질과 과제는
무엇인가?

第4部
独島問題の
本質と課題は
何か?

勅令41号
「鬱島郡」管轄区域
「鬱陵全島、竹島、石島」で
「石島」は独島

　独島が韓国領土である最も強力な領土的権原は、1900年、高宗皇帝が行政区域を再編して、大韓帝国の領土として「鬱島郡」を設けた勅令41号である。その内容は、鬱島郡は「鬱陵全島、竹島、石島」を管轄するというものであった。この措置の背景には、日本による、朝鮮本土から遠く離れた鬱陵島と独島の侵奪に対する懸念があった。勅令41号は、1905年日露戦争中に日本が合法を装い、独島侵奪を狙って画策した「島根県告示第40号」による独島の領土編入措置よりも、5年早く発令された。ところが、現在の日本領土論を扇動する極右学者下條正男を始め日本の領土論者は、論証もなく勅令の「石島」は独島ではなく、今の「観音島」だと主張している。これに対して韓国領土論を主張する独島研究者らは「島のリスト順を見てもそうだが「石島」は間違いなく今の独島である」程度の論理で、明快

칙령41호의
'울도군' 관할구역
〈울릉전도, 죽도, 석도〉에서
'석도'는 독도가 맞다

독도가 한국 영토인 가장 강력한 영토적 권원은 1900년 고종황제가 행정구역을 개편하여 대한제국 영토로서 '울도군'을 설치한 칙령41호이다. 그 내용은 울도군은 '울릉전도鬱陵全島, 죽도竹島, 석도石島'를 관할한다는 것이었다. 이런 조치의 배경에는 일본이 조선 본토에서 멀리 떨어진 울릉도와 독도에 대한 침탈이 우려되었기 때문이다. 칙령41호는 1905년 러일 전쟁 중에 일본이 합법을 가장하여 독도 침탈을 노리고 획책한 '시마네 현 고시40호'에 의한 독도 영토 편입 조치보다 5년이나 앞선다. 그런데 현재 일본 영토론을 선동하는 극우 학자 시모조 마사오를 비롯한 일본 영토론자들은 논증 없이 칙령의 '석도'는 독도가 아니고, 지금의 '관음도'라고 주장한다. 이에 대해 한국 영토론을 주장하는 독도연구가들은 "섬의 나열 순을 보더라도 그렇고 '석도'는 당연히 지금의 독도이다." 정도의 논리로 명쾌한 반박을 하지 못하고 있다.

な反論ができずにいる。

　なので、「観音島が独島である」という日本の誤った論理を論証さ
えできれば、日本の主張は立場がなくなる。勅令41号で「鬱島郡」の
管轄区域に定められた「鬱陵全島、竹島、石島」の中で何よりも最も
明らかなのは「竹島」は、今「竹島」或いは「デッソム 竹の島」と呼ばれ
る島であり、議論の余地はない。であれば、「鬱陵全島」に、どのよ
うな島が含まれているのかが重要である。鬱陵島周辺の海に「島」と
呼べる島は、鬱陵島本島と観音島、竹島、独島である。これらの島
の特徴は、すべて人が上陸できる大きさであり、樹木が成長できる
土壌があることだ。「鬱陵全島」という表現は、「鬱陵島のすべての
島」という意味で、一つの島ではなく、「幾つかの島」を意味する。
前述した「竹島」を除けば、「鬱陵全島」と言える島は「観音島」だけ
だ。なぜなら、「石島」は独島を指すからである。事実上、鬱陵島の
本島近海には、竹島、観音島と三仙岩、タン岩、孔岩、亀岩、ブク
ジョ岩、獅子岩など6つの岩がある。これらの岩は人が登れるほど
の大きさでもなく、岩なので樹木も育たない。従って、勅令41号の
「石島」とは、今の独島を指していることが分かる。

　1906年2月、ソウルに統監府が設置されてから、統監府は勅令41
号の「石島」が独島であることを確認した。その経緯は次の通りであ
る。日本はロシアから韓国の支配権を得るために戦争を起こして朝
鮮が戦場になった時に、合法を装って「韓国の領土を無断で使用す
る」とする韓日議定書を強制した。独島は「所有者のいない島」と言い

그렇다면 '관음도가 독도이다.'라고 하는 일본의 잘못된 논리를 논증만 해내면 일본의 주장은 설 자리가 없어진다. 칙령 41호에서 '울도군'의 관할구역으로 정해진 '울릉전도, 죽도, 석도' 중에서 우선적으로 가장 분명한 것은 '죽도'는 지금 '죽도' 혹은 '댓섬'으로 불리는 섬으로서 논란의 여지가 없다. 그렇다면 '울릉전도'에는 어떤 섬들이 포함되어있는가가 중요하다. 울릉도 주변 바다에 섬島으로 불릴 수 있는 섬은 울릉도 본섬과 관음도, 죽도, 독도가 전부이다. 이들 섬의 특징은 모두 사람이 상륙할 수 있는 크기이고, 수목이 자랄 수 있는 흙이 있다. '울릉전도'라는 표현은 '울릉도의 모든 섬'이라는 의미로서, 한 개의 섬이 아니고 '여러 개의 섬'을 의미한다. 앞에서 언급한 '죽도'를 제외하면 '울릉전도'라고 할 수 있는 섬은 '관음도'뿐이다. 왜냐하면 '석도'는 독도를 지칭하기 때문이다. 사실상 울릉도 본섬 주변 바다에는 죽도, 관음도와 더불어 삼선암, 딴바위, 공암, 거북바위, 북저바위, 사자바위 등 6개의 바위가 있다. 이들 바위는 크기도 사람이 올라갈 수 있을 정도도 아니고, 바위라서 수목도 자랄 수 없다. 따라서 칙령41호의 '석도'는 지금의 독도임에 분명해진다.

그리고 1906년 2월 서울에 통감부가 설치되고 나서 통감부는 칙령 41호의 '석도'가 독도임을 확인했었다. 그 경위는 다음과 같다. 일본은 러시아로부터 한국 지배권을 인정받기 위해 전쟁을 일으키고 조선이 전쟁터가 되었을 때, 합법을 가장하여 '한국 영토를 무단으로 사용한다'고 하는 한일의정서를 강압했다. 독도에 대해서는 '주인이 없는 섬'이라고 우기면서 은밀한 조치로 아예 일본 영토에 편입시켰다. 일본은

張り、密かに措置を取って最初から日本の領土であると編入させた。日本は暫く後に戦争に勝利し、韓国の外交権を奪い、ソウルに統監府を設置して直接内政干渉して朝鮮の支配体制を作り上げ、同年3月28日、独島強奪の事実に関し鬱陵郡守、沈弘澤を直に訪ね、知らせに行った。これに慌てた郡守は、翌日29日にすぐ、「本郡所属独島が日本に強奪されたと、江原道観察使を介して中央政府に報告し、中央政府は勅令41号で1900年、独島が韓国領土であることを明確にしたという事実を統監府に通報して抗議した。その後統監府は、島根県告示40号による新領土「竹島」の取得が違法であることを確認することにより、勅令41号「石島」が韓国領土の「独島」であることを認めたのである。

　今日本が独島領有権を主張することは、2006年日本の測量船が独島近海を侵犯して武力衝突直前の状態になった時に、盧武鉉大統領の対日声明でも発表したように、「韓国を完全な主権国家として認めていない野蛮国家」であることを自ら認めているものである。日本は一日も早く過去の侵略戦争が恥ずかしく野蛮な行為だったことを認め、侵略した領土の領有権を主張することも野蛮な行為だと認めることが、早急な課題だと言える。

한참 있다가 전쟁에 승리하여 한국의 외교권을 강탈하고 서울에 통감부를 설치하여 직접적인 내정 간섭으로 조선의 지배 체제를 완성한 후, 그해 3월 28일 독도 강탈 사실에 대해 울릉군수 심흥택을 방문하는 간접적인 방식으로 알려왔다. 이에 당황한 군수는 바로 다음날 29일 본군소속 독도獨島가 일본에 강탈당했음을 강원도 관찰사를 통해 중앙정부에 보고했고, 중앙정부는 칙령41호로 1900년 독도가 한국 영토임을 명확히 했다는 사실을 통감부에 통보하여 항의했다. 그때 통감부는 시마네 현 고시40호로 인한 신영토 '다케시마竹島'의 취득이 불법임을 확인함으로써 칙령41호의 '석도'가 한국 영토의 '독도'임을 인정했던 것이다.

그런데 지금 일본이 독도 영유권을 주장하는 것은, 2006년 일본의 측량선이 독도 근해를 침범하여 무력 충돌 직전 상황이 되었을 때 노무현 대통령의 대일성명서에서도 발표했듯이 '한국을 완전한 주권국가로서 인정하지 않는 야만 국가'임을 스스로 인정하는 것이다. 일본은 하루빨리 과거 침략 전쟁이 부끄러운 야만적인 행위임을 인식하고, 침략한 영토에 대해 영유권을 주장하는 것 또한 야만적인 행위임을 인식하는 것이 가장 시급한 과제라고 하겠다.

果たして
日本が韓国領土独島の領有権
主張をする
立場にあるのか？

　現在日本は周辺国の中で、中・露・韓の三国と領土紛争を起こしているが、これらの地域のすべては元から日本の固有の領土ではなく、帝国主義的な方法で侵略しようとしていた場所である。

　独島の場合を見ると、現在の600点余りの領有権関連資料が残っているのだが、日本の領土としての証拠資料は一点もなく、すべてが韓国固有の領土としての証拠資料である。ところが、日本は第2次世界大戦のための対日平和条約で独島を日本の領土として処理しようと連合国にロビー活動した。その根拠は、日本は1905年、日露戦争中に島根県告示40号「所有者のいない島」を編入し、国際法で新領土になったと主張していることだ。ところが、当時の編入措置の切っ掛けを作って編入願いを提出していた漁師の中井養三郎は、独島を韓国の領土として認識し、日本の内務省も韓国の領土として認

과연 일본이
한국 영토 독도에 대해
영유권 주장을
할 위치에 있는가?

　현재 일본은 주변국 중·러·한 3국과 영토 분쟁을 일으키고 있으나, 이들 지역 모두는 원래부터 일본의 고유 영토가 아니었으며 제국주의적인 방법으로 침략하려고 했던 곳이다.

　독도의 경우를 보면, 현재 600여 점의 영유권 관련 자료가 남아 있는데 일본 영토로서의 증거자료는 한 점도 없고, 모두가 한국 고유 영토로서의 증거자료뿐이다. 그런데 일본은 제2차대전 종전을 위한 대일평화조약에서 독도를 일본 영토로 처리하려고 연합국에 로비했다. 일본은 그 근거로서 1905년 러일전쟁 중 시마네 현 고시40호로 '주인이 없는 섬'을 편입하여 국제법으로 신영토가 되었다고 주장한다. 그런데 당시 편입 조치의 단서를 제공하고 편입원을 제출했던 어부 나카이 요사부로中井養三郞는 독도를 한국 영토로 인식하고 있었고, 일본 내무성도 한국 영토로 인식하여 영토 편입은 부당하다는 입장이었는데, 외무

識しており、領土編入は不当だという立場だったが、外務省が戦争中の混乱期だから尚更のこと編入の適期だという侵略性で、強制措置を断行した。このように日本が侵略した領土は、米・英・中・ソの4大強国の合意の下ポツダム宣言で日本領土から没収して返還するよう規定された。それで連合国は、韓国の解放に加えて、優先的に、1946年SCAPIN連合国総司令部覚書677号で、独島を韓国の領土として措置した。日本は1951年の対日平和条約で、この連合国の措置を防ごうと、米国にロビーをして1905年の「島根県告示40号」を掲げ、正当性を主張した。米国は従来の立場を変えて日本を自由陣営に編入し、冷戦体制で優位権を占める狙いで韓国領土として確定されるべき独島の地位について黙認し、日本の歓心を買おうとした。結局、対日平和条約でSCAPIN677号の認定を受け、韓国が実効的に占有していた独島の地位が黙認状態に終わってしまった。そのため李承晩大統領は大急ぎで、1952年1月に独島の領土主権が韓国にあることをはっきり連合国に確認させるため平和線を宣言したのであり、これに対してどの国も問題提起はしなかった。

一方、在日米軍が1947年に独島を爆撃練習場に指定したが、1948年の誤爆で出漁中だった韓国漁民30人が犠牲となった。この事件で、1950年4月、米軍は過ちを認めて韓国に賠償したことがあった。ところが日本は、対日平和条約で独島を日本の領土として規定するために、1950年7月、米国人シーボルトにロビーを行っていた時点で、日米行政協定という名で独島を駐日米空軍の爆撃練習場に指定したが、平和条約の原案によって日本の意図は遂げられなかっ

성이 오히려 전쟁 중의 혼란한 상태이기에 더욱 편입의 적기라는 침략성을 들어내어 강제적 조치를 단행했다. 이와 같이 일본이 침략한 영토는 포츠담선언에서 미·영·중·소 4대 강국의 합의로, 일본 영토에서 몰수하여 반환 조치하도록 규정되었다. 그래서 연합국은 한국 해방과 더불어 우선적으로 1946년 SCAPIN677호로 독도를 한국 영토로서 조치했다. 일본은 1951년의 대일평화조약에서 이런 연합국의 조치를 막으려고 미국에 로비하여 1905년의 '시마네 현 고시40호'를 내세워 정당성을 주장했다. 그러자 미국은 종전의 입장을 바꾸어 일본을 자유진영에 편입하여 냉전체제에서의 우위권을 점할 목적으로 한국 영토로서 확정되어야할 독도의 지위에 대해 묵답함으로써 일본의 선심을 사려고 했다. 결국 대일평화조약에서는 SCAPIN677호에 의해 공인되어 한국이 실효적으로 점유하고 있던 독도의 지위가 묵인 상태에 그치고 말았다. 그래서 이승만 대통령은 1952년 1월 황급히 독도의 영토주권이 한국에 있음을 연합국에 명확히 확인시키기 위해 평화선을 선언했고, 이에 대해 어느 연합국에서도 문제 제기를 하지 않았다.

한편 주일미군이 1947년 독도를 폭격연습장으로 지정하였는데, 오폭으로 1948년 출어 중인 한국 어민 30여 명을 희생시켰다. 이 사건으로 1950년 4월 미군은 잘못을 인정하고 한국에 배상한 적이 있었다. 그런데 일본은 대일평화조약에서 독도를 일본 영토로서 규정하기 위해 1950년 7월 미국인 시볼트에 로비하던 시점, 미일행정협정이라는 이름으로 독도를 주일미공군의 폭격연습장으로 지정했으나 평화조약 원안에서 일본의 의도는 달성되지 못했다. 또한 한국의 평화선 조치

た。また、韓国の平和線措置も、日本はこれを違法と定めるために1952年7月、独島を爆撃練習場に指定するようにしたが、その年の9月、駐韓米軍の許可を受けて独島に上陸した韓国山岳会の独島調査団が爆撃演習に遭遇し、米国に抗議することにより、米軍は1953年3月の爆撃練習場の指定を撤回した。こうして見ると、日本は悪い意図を持って米国に接近したが、米国が日本の意図に関係なく韓国の実効的占有状態を認識したため、日本の米国への漠然とした期待は消え失せた。その影響で、日本政府は植民地支配の清算と、平和条約に当たる韓日協定でも韓国の実効的占有を黙認し、1974年韓日の大陸棚協定と、その後1998年新韓日漁業協定を締結するまでの約20年間、形式的な領有権主張はあったが、韓国の独島実効的占有を黙認してきた。

　新韓日漁業協定は、1997年、金泳三大統領が独島になくてはならない船着場の改築工事で積極的な独島管理措置を取った時、金融危機による経済危機の状況に加え、日本で企画されたものだが、問題は金大中大統領になって、慎重に対処できず独島を漁業共同管理水域に含む日本の要求を受け入れてしまったことだ。日本の右翼らが漁業協定を領土協定に拡大解釈して悪用し、再び独島挑発が激しくなった。下條正男は島根県を扇って「竹島問題研究会」を設立し、また、県議会をも扇動して「竹島の日」を条例制定した。更に、今日、彼らに操られた論理が日本国民と日本政界に浸透し、独島領土のアイデンティティに混乱を起こしている。一日も早く日本政府が独島の本質を悟り、領有権を放棄する日が来ることを期待している。

때에도 일본은 이를 불법으로 규정하기 위해 1952년 7월 독도를 폭격 연습장으로 지정하도록 했으나 그해 9월 주한미군의 허가를 받고 독도에 상륙한 한국산악회의 독도 조사단이 폭격 연습을 조우하고 미국에 항의함으로써 미군은 1953년 3월 폭격연습장 지정을 철회했다. 이렇게 볼 때 일본은 나쁜 의도를 갖고 미국에 접근했지만, 미국이 일본의 의도와 무관하게 한국의 실효적 점유 상태를 인정함으로써 미국에 대한 일본의 막연한 기대는 사라졌다. 그 결과 일본 정부는 식민지 지배의 청산과 평화조약에 해당하는 한일협정에도 한국의 실효적 점유를 묵인했고, 1974년 한일 간의 대륙붕조약에서도 마찬가지였다. 그후 1998년 신한일어업협정을 체결할 때까지 20여 년간 형식적인 영유권 주장은 있었지만, 한국의 독도 실효적 점유를 묵인해 왔다.

신한일어입협정은 1997년 김영삼 대통령이 독도 입도에 없어서 안 되는 선착장 개축 공사로 적극적 독도 관리 조치를 취했을 때, 금융위기에 의한 경제 위기 상황과 더불어 일본에 의해 기획된 것이지만, 문제는 김대중 대통령이 신중성을 잃고 독도를 어업 공동관리수역에 포함하는 일본 요구를 수용한 것이었다. 일본 우익들이 어업 협정을 영토 협정으로 확대 해석·악용함으로써 재차 독도 도발이 거세졌다. 시모조 마사오는 시마네 현을 선동하여 '죽도문제연구회'를 설립했고, 또한 현의회를 선동하여 '죽도의 날'을 조례로 제정했다. 더 나아가 오늘날 이들의 조작된 논리가 일본 국민과 일본 정계에 침투됨으로써 독도 영토의 정체성에 혼란을 겪고 있다. 하루빨리 일본 정부가 독도의 본질을 깨닫고 영유권을 포기하는 그날이 오기를 기대한다.

独島問題生じた
経緯を見れば、
その解決策が見えてくる

　韓日両国での独島関連の史料を見れば、歴史的に韓国は鬱陵島と共に独島を領土として認識し、管理してきた証拠がある。しかし、日本は17世紀、朝鮮の領土である鬱陵島に不法潜入し、初めて独島を寄港地として活用したという記録があるだけで、日本の領土として認識して管理したという証拠はない。では、両国間に独島問題はいつ、どのようにして起こったのだろうか？歴史的に見ると、三回に亘る対立があった。

　最初は、19世紀の日本がヨーロッパから近代国民国家システムを受け入れ、国境線を確定する過程であった。明治政府は公文書という形で1870年の「鬱陵島と独島が朝鮮国所属となっている始末」または1877年の太政官文書で「鬱陵島と独島は日本の領土ではない」として日本の領土から明確に除外した。

독도 문제의
발생 경위를 보면
그 해법이 보인다

　한일 양국에서의 독도 관련 사료를 보면 역사적으로 한국은 울릉도와 더불어 독도를 영토로서 인식하고 관리해 왔다는 증거가 있다. 그러나 일본은 17세기 조선의 영토인 울릉도에 불법으로 잠입하면서 처음으로 독도를 기항지로 활용했다는 기록만 있을 뿐, 일본의 영토로서 인식하고 관리했다는 증거는 없다. 그렇다면 양국 사이에 독도 문제는 언제 어떻게 발생하였을까? 역사적으로 보면 세 번에 걸친 대립이 있었다. 첫 번째는 19세기 일본이 유럽으로부터 근대 국민국가 시스템을 받아들여 국경선을 확정하는 과정이었다. 메이지 정부는 공문서 형식으로 1870년의 '울릉도와 독도가 조선국 소속이 된 시말' 또는 1877년의 태정관문서에서 "울릉도와 독도는 일본 영토가 아니다."라고 하여 일본 영토에서 명확히 제외시켰다. 두 번째는 1905년 일본이 독도를 강제로 편입한 사건이다. 나카이 요사부로라는 한 어부가 한국 영토인

　二回目は、1905年日本が独島を強制的に編入した事件である。中井養三郎というある漁師が、韓国領土である独島でのアシカ操業権を独占するため、日本政府を通じて韓国政府に申請する過程で、日本の外務省が扇動し、ちょうど日露戦争中だから、戦略的必要性によって島根県告示40号「いかなる国も実効的に管理した形跡がない」という名目で韓国を無視し、新しい領域として編入措置を取った。その時内務省は、韓国の領土らしき小さな島の問題で列強国から侵略国として誤認されかねないと消極的な姿勢を取った。戦争中の隠密な盗取行為だったため、韓国政府はその事実を知る由もなかった。その1年後、鬱島郡沈弘澤郡守から「本郡所属独島」が日本に侵奪されたという事実を知り、すぐさま1900年に措置した勅令41号を以って統監府に独島が韓国領土であると抗議した。この時既に統監府は、編入措置自体が違法盗取行為であることを分かっていた。だがなぜ1年後になって、日本は編入事実を朝鮮に知らせたのだろうか？1905年9月に日露戦争を終えて間もない11月に、韓国は日本に外交権を奪われており、日本はその勢いに乗って翌年2月、ソウルに朝鮮の統治機関として統監府を設置した。日本は、朝鮮を主権国家として認めようとしなかったからである。

　三回目は、第二次世界大戦直後、対日平和条約で日本は独島が日本の領土に決定されたと強弁していた時だ。日本帝国主義の侵略行為は1945年を頂点に、国際社会の非難を浴びて広島、長崎に原子爆弾の洗礼を受け、無条件降伏するに至った。連合国は日清戦争後、

독도에서의 강치 조업권을 독점하기 위해 일본 정부를 통해 한국 정부에 신청하려는 과정에 일본 외무성이 선동하여 마침 러일 전쟁 중이라 전략적 필요성에 따라 시마네 현 고시40호로 "어떤 나라도 실효적으로 관리했다는 형적이 없다."라는 명목으로 한국을 무시하고 새로운 영토로 편입 조치를 취했다. 그때 내무성은 한국의 영토로 보이는 작은 섬 문제로 열강들로부터 침략국으로 오인될 수 있다는 소극적인 자세를 취했다. 전쟁 중의 은밀한 도취 행위였기에 한국 정부는 그 사실을 알지 못했는데, 그 1년 후 울도군 심흥택군수로부터 '본군 소속 독도'가 일본에 의해 침탈당했다는 사실을 접하고 바로 1900년에 조치한 칙령 41호를 가지고 통감부에 독도가 한국 영토임을 항의했다. 이때에 이미 통감부는 편입 조치 자체가 불법적 도취 행위임을 알고 있었다. 일본은 왜 편입 사실을 1년 후에 조선에 알렸을까? 일본은 1905년 9월 러일전쟁을 끝내고 바로 11월 한국의 외교권을 강탈했으며, 그 여세로 이듬해 2월 서울에 조선의 통치 기관으로서 통감부를 설치했었다. 이런 사실로 보면 조선을 주권 국가로서 인정하지 않으려고 했기 때문이다.

세 번째는 제2차 세계대전 직후 대일평화조약에서 일본은 독도가 일본 영토로 결정되었다고 억지 주장을 했다. 일본제국주의의 침략 행위는 1945년을 정점으로 국제사회의 비난으로 히로시마, 나카사키에 원자폭탄의 세례를 받고 무조건 항복함으로써 연합국은 청일전쟁 이후 일본이 침략한 모든 영토를 몰수하기로 결정하고, 신생 독립국 한국의 영토 범위에 대해서도 1946년 SCAPIN677호를 가지고 한반도와

日本が侵略したすべての領土を没収することを決定し、新生独立国韓国の領土範囲についても、1946年SCAPIN677号を以って、朝鮮半島と独島を韓国領土に決定した。独島と近海の漁場は名実共に私たち固有の領土で、固有の漁業基地となった。国際社会の秩序は共同の敵であった侵略者日本を制圧後、社会主義ソ連と自由主義の米国を中心と対立する冷戦体制に再編された。米国は日本を自由主義国家に編入して、米軍基地を置くために日本帝国主義が侵略した独島の領有権主張に同調した。しかし、米国のように対日平和条約を調整していた英国を始めとする英連邦諸国は、米国の政治的行動に反対し、結局、連合国は独島のような無人島が紛争地域の場合は地位の決定を留保し、逆に沖縄のような有人島が紛争地域の場合は信託統治を実行するという方針を決定し、対日平和条約を完結させた。その結果、両国の国境線として日本領土から除外されている地域について、1946年のSCAPIN677号で「済州島、鬱陵島、独島」と挙げられていたものを、1951年の対日平和条約では「済州島、巨文島、鬱陵島」に変え、独島を除く曖昧な政治的文句を採用した。李承晩政府は、曖昧な措置のために再度日本の独島侵奪を懸念して、平和線を対内外に宣言して実効的な管理状態にあった独島の地位を一層明らかにした。一方、日本は平和条約上で日本領土から除外されている地域に、表面的な文句として「独島」が含まれていないので日本領土に決定したと、今日まで言い張っている。当時、日本の国会で対日平和条約批准過程で野党議員に攻撃され、日本政府は「日本領域

더불어 독도를 한국 영토로 결정했다. 독도와 근해 어장은 명실상부한 우리의 고유 영토, 고유의 어업기지가 되었다. 국제사회의 질서는 공동의 적이었던 침략자 일본을 제압한 후 사회주의 소련과 자유주의 미국을 중심으로 대립하는 냉전체제로 재편되었다. 미국은 일본을 자유주의 국가에 편입하여 미군기지를 두기 위해 일본제국주의가 침략한 독도의 영유권 주장에 동조했다. 그러나 미국과 같이 대일평화조약을 조율했던 영국을 비롯한 영연방국가들은 미국의 정치적 행동에 반대함으로써 결국 연합국은 독도 같은 무인도에 대한 분쟁 지역은 지위 결정을 유보하고, 오키나와 같은 유인도에 대한 분쟁 지역은 신탁 통치를 실행한다는 방침을 결정하고 대일평화조약을 완결시켰다. 그 결과 양국의 국경선으로서 일본 영토에서 제외되는 지역에 대해 1946년의 SCAPIN677호에서 '제주도, 울릉도, 독도'라고 했던 것을 1951년의 대일평화조약에서는 '제주도, 거문도, 울릉도'로 바꾸어 독도를 제외하는 애매한 정치적 문구를 채택했다. 이승만 정부는 애매한 조치로 인해 재차 일본의 독도 침탈을 우려하고 평화선을 대내외적으로 선언하여 실효적 관리 상태에 있던 독도의 지위를 한층 분명하게 했다. 한편 일본은 평화조약상에 일본 영토에서 제외되는 지역에 표면적인 문구로서 '독도'가 포함되어 있지 않다고 해서 일본 영토로 결정되었다고 오늘날까지 억지를 부리고 있다. 당시 일본 국회에서 대일평화조약 비준批准 과정에 야당의원의 공격을 받고, 정부는 '일본 영역 참고도'를 배포하여 스스로 독도가 한국 영토로 결정되었음을 시인했다. 이러한 사실은 그 후에 양국 사이에 행해진 1965년의 한일협정이나 1974년의

参考図」を配布し、自ら独島が韓国領土だと認めた。こういった事実はその後、両国間で行われた1965年の韓日協定や、1974年の大陸棚協定で独島に対する韓国の実効的占有状態を黙認していたことからも十分に確認できる。このように見ると、今日の日本政府の独島領有権主張は、国益を優先する国家主義的発想であることが分かる。

대륙붕협정에서 독도에 대한 한국의 실효적 점유 상태를 묵인했던 것으로도 충분히 확인된다. 이를 보더라도 오늘날 일본 정부의 독도 영유권 주장은 국익을 우선시하는 국가주의적 발상임을 알 수 있다.

不合理な日本の論理
：独島のアシカを絶滅させた日本の 不法略奪行為が 実効的管理の証拠だと言うが…

　TBCは2011年12月14日、特別企画「独島、法廷に立つ」という映像を放映した。その内容は、マレーシアとインドネシアのシパダン2002年判決、英国とフランスの間のマンキエ - エクレホ1953年判決、マレーシアとシンガポール間のペドラ・ブランカ2008年判決領土紛争の判例を分析し、判決の基準に歴史的権原はなく、実効的な管理を優先するという結論を前提として、20世紀初頭の日本が韓国よりも多くの独島を実効的に管理したため、国際司法裁判所の仲裁裁判で必ず韓国が勝つと断言することはできないと指摘した。万一の場合、独島問題が国際司法裁判所に立った時、韓国政府が有利な歴史的権原に頼って実効的な管理を怠れば、必ずしも韓国領土と判決が下るとは断定できないということだ。

　この映像は、事実関係が歪曲された部分が多いので、むしろ日本

황당한 일본의 논리
: 독도의 강치를 멸절시킨 일본의 불법 약탈 행위가 실효적 관리의 증거하고 하는데...

　TBC는 2011년 12월 14일 특별기획 '독도 법정에 서다'라는 다큐멘터리를 방영했다. 그 내용은 말레이시아와 인도네시아의 시파단 섬 2002년 판결, 영국과 프랑스 간의 망끼에-에크레호 섬 1953년 판결, 말레이시아와 싱가포르 간의 페드라 브랑카 섬 2008년 판결 등, 영토 분쟁의 판례를 분석하여 판결 기준이 역사적 권원보다는 실효적 관리를 우선시한다는 결론을 전제로 20세기 초 일본이 한국보다 더 많이 독도를 실효적으로 관리했기 때문에 국제사법재판소의 중재 재판에서 반드시 한국이 이긴다고 장담할 수 없다고 지적했다. 만일의 경우 독도 문제가 국제사법재판소에 서게 될 때, 한국 정부가 유리한 역사적 권원에 의존하여 실효적 관리를 소홀히 하게 된다면 반드시 한국 영토로 판결된다고 단정할 수 없다는 것이다.

　본 영상물은 사실관계가 왜곡된 부분이 많아서 오히려 일본에 악용

に悪用される可能性の高い作品である。日本のある漁師が1903年か
ら独島でアシカ漁を始め、1905年に彼はアシカ漁の独占権を求めた
時、日本の外務省は彼に編入と払い下げ書を提出するよう言った。
その結果、日本政府がある漁師にアシカ漁独占権を与えたことで、
独島を実効的に管理したというのだ。ところが、実際に独島は2つ
の岩礁でできた岩島である。一般的な土地のように経済活動のでき
る島ではない。このような独島に対する実効的管理とは、島の自然
資源を保護するとか、他国の領土的侵略に対抗して、領土主権の確
立のために努力したことを言う。

　独島の歴史的権原を見ると、15世紀以降の何枚かの古地図や古文
献で東海に2つの島があり、この2つの島は快晴の日、互いに眺める
ことができると記録してある。これは朝鮮政府が、独島を領土とし
て実効的に管理したことを意味する。17世紀には、安龍福事件を
きっかけに、朝鮮政府が鬱陵島と独島への領土認識を一段と強化
し、鬱陵島に捜討使を派遣して独島まで領土として管理しようとし
た。これに比べて日本の場合は、17世紀に鬱陵島と独島が日本の領
域とは無関係であることを正式に明らかにした。加えて19世紀に
は、近代国民国家に成長した明治政府もまた、太政官文書を介して
正式に鬱陵島と独島が日本の領土ではないことを明確にした。

　20世紀に入ってから韓国は、日本が東海の島、鬱陵島に領土的野
心を燃やしている頃の1900年10月、高宗皇帝が勅令40号を発令し鬱
島郡を設置して、独島を行政区域に含めて実効的に管轄した。その

될 소지가 높은 작품이다. 일본의 한 어부가 1903년부터 독도에서 강
치 잡이를 시작했고, 1905년 그가 강치 잡이의 독점권을 갖기를 원했
을 때 일본 외무성은 그에게 편입과 불하서를 제출하도록 했다. 그 결
과로 일본 정부가 한 어부에게 강치 잡이 독점권을 준 것을 가지고 독
도를 실효적으로 관리했다는 것이다. 그런데 사실 독도는 2개의 암초
로 된 바위섬이다. 일반 토지처럼 경제활동을 할 수 있는 섬이 아니다.
이러한 섬인 독도에 대한 실효적 관리는 섬의 자연 자원을 보호한다든
가, 타국의 영토적 침략에 대항하여 영토주권 확립을 위해 노력한 것
을 말한다.

독도의 역사적 권원을 보면 15세기 이후의 여러 고지도와 고문헌에
동해에 2개의 섬이 있고 이 두 섬은 날씨가 청명한 날 서로 바라볼 수
있다고 기록하고 있다. 이것은 조선 정부가 독도를 영토로서 실효적
관리를 했다는 것을 의미한다. 17세기에는 안용복 사건을 계기로 조선
정부가 울릉도와 독도에 대한 영토 인식을 더 강화하고 수토사를 울릉
도에 파견하여 독도까지도 영토로서 관리하려고 했다. 이에 비해 일본
의 경우는 17세기 울릉도와 독도가 일본 영역과 무관함을 공식적으로
밝혔다. 또한 19세기에는 근대 국민국가로 성장한 메이지 정부 또한
태정관문서를 통해 공식적으로 울릉도와 독도가 일본 영토가 아님을
명확히 했다. 20세기에 들어와서 한국의 경우는 일본이 동해의 섬 울
릉도에 영토적 야욕을 들어내고 있을 시점인 1900년 10월 고종황제가
칙령40호를 발령하여 울도군을 설치하고 독도를 행정관할구역에 포함
시켜 실효적으로 관할했다. 게다가 1906년 2월 심흥택 울도군수로부

上、1906年2月、日本島根県の役人が鬱陵島にやって来て「本郡所属独島」は、1905年に取った「竹島」の領土編入措置によって日本の新領土になったと告げたため、沈弘澤鬱陵島郡守はすぐにソウル駐在の日本統監府に独島侵奪を強く抗議した。これこそまさに、サンゴ礁から成る独島の領土管理法に該当する。一方の日本は、一漁師が1903年から独島を韓国領土として認めながらも、違法でアシカ漁を欲しいままにし、1905年には内務省が独島は韓国の領土と認められるという立場を取ったにもかかわらず、外務省は、日露戦争という混乱状態を悪用して、一漁師に領土編入願いを提出するよう言い、露骨に独島侵奪を試みた。一漁師から始まった日本人のアシカ操業は続き、36年間の植民地支配の間も収奪したため、独島のアシカが絶滅した。このように、独島のアシカを絶滅させた行為は、他国領土の資源収奪に当たり、日本の独島編入措置は、他国の領土に対する侵略行為に当たる。このような事実に照らし合わせてみると「独島、法廷に立つ」という映像は、日本の操作された論理を何の批判もなしにそのまま受け入れた結果であって、韓国の固有の領土である独島の本質とは相当に掛け離れている。従ってこの映像は、必ず批判的な視角から見ることをお勧めする。

터 일본 시마네 현 관리가 울릉도를 방문하여 '본군 소속 독도'에 대해 1905년에 취한 '죽도' 영토 편입 조치에 의해 일본의 신영토가 되었다고 하는 사실을 전해듣고 바로 서울 주재의 일본통감부에 독도 침탈을 강력히 항의했다. 이것이야말로 진정 암초로 구성된 독도의 영토관리법에 해당한다. 반면 일본의 경우는 한 어부가 1903년부터 독도를 한국 영토로 인정하면서도 불법적으로 강치 잡이를 자행했고, 1905년에는 내무성이 독도가 한국 영토로 인정된다는 입장을 취하였음에도 불구하고 외무성은 러일전쟁이라는 혼란한 시국 상황을 악용하여 한 어부로 하여금 영토 편입원을 제출하도록 하여 노골적으로 독도 침탈을 시도했다. 한 어부로부터 시작된 일본인의 강치 조업은 계속되어 36년간의 식민지 지배를 통해 수탈함으로써 독도 강치를 멸절시켰다. 이처럼 독도 강치를 멸절시킨 행위는 타국 영토에 대한 자원수탈에 해당되고, 일본의 독도 편입 조치는 타국의 영토에 대한 침략 행위에 해당된다. 이런 사실로 비추어 볼 때 '독도, 법정에 서다' 다큐멘터리는 일본의 조작된 논리를 아무런 비판없이 그대로 받아들인 결과로서, 한국의 고유 영토인 독도의 본질과는 매우 거리가 멀다. 따라서 이 영상물은 반드시 비판적인 시각으로 볼 것을 권고한다.

日本政府の
防衛白書、独島挑発、
「太政官文書」で強く対応せよ
：日本政府は1877年「太政官文書」で
自ら「独島、日本の地にあらず」と発表

　日本政府が8月5日に発表した防衛白書には、独島を日本の防空識別区域ADIZと排他的経済水域EEZ内に含む地図を表記し、「我が国固有の領土である北方領土や竹島の領土問題が、依然として未解決の状態で存在する」という内容が記された。EEZの境界線は、日本が独島の領有権を主張することで合意できずにいる。2012年日本の民主党政権が初めて「防衛白書」に日本のEEZの境界線内に独島を含めるという挑発をしたが、今回は新たに、独島を日本の領空内に表記した「防空識別区域」にも追加された。日本国憲法に基づいて、専守防衛に徹している日本自衛隊の防衛線を独島にまで拡大したのである。このように日本の独島挑発は日増しに進化しており、日本政府には、独島を北方領土と同等の紛争地域として扱っていこうという下心がある。だが独島は、ロシアとの紛争地域である北方領土とは、

일본 정부의
방위백서 독도 도발,
"태정관문서"로 강력히 대응하라
: 일본 정부는 1877년 "태정관문서"로
스스로 "독도 일본 땅 아니다" 라고 발표했다

일본 정부가 8월 5일 발표한 방위백서에는 독도를 일본의 방공식별 구역ADIZ 및 배타적 경제수역EEZ 내에 포함시킨 지도를 표기하고, "우리나라 고유의 영토인 북방 영토나 다케시마竹島:독도의 영토 문제가 여전히 미해결인 상태로 존재한다."라고 기술했다. EEZ경계선은 일본이 독도의 영유권을 주장함으로써 합의하지 못하고 있다. 그런데 2012년 일본 민주당 정권이 처음으로 '방위백서'에 일본의 EEZ경계선 내에 독도를 포함시키는 도발을 했다. 이번에는 새롭게 독도를 일본 영공으로 표기한 '방공식별구역'에도 추가했다. 일본의 독도 도발은 날로 진화하고 있다. 사실 독도는 러시아와의 분쟁 지역인 북방 영토와는 분쟁의 성격이 전혀 다르다. 북방 영토는 러일 양국이 합의한 분쟁 지역이지만, 독도는 한국의 고유 영토에 대한 일본의 일방적 도발에 의한 것이다. 일본 정부는 독도를 북방 영토와 동등한 분쟁 지역으로 몰고 가려

紛争の性格が全然違う。北方領土は日露両国が合意した紛争地域だが、独島は韓国固有の領土であり、日本の一方的な挑発で問題化させているだけだ。今後、韓国の曖昧な反応に日本のこのような論理が正当化されれば、独島を巡る韓日間の武力衝突は一触即発の状態になる。

　日本の防衛白書は1970年第1回、1976年第2回と発行されてから、その後毎年発行されており、独島問題には2005年から言及している。これは、それ以前には、日本政府が独島を日本領土として認識していなかったことを意味する。こういった歴史的事実に無知な、右傾化した自民党政府が、2005年から操作した論理を基に発足した竹島問題研究会の扇動で独島挑発を本格化した。日本が独島領有権を放棄しない限り、今後も毎年定期的に防衛白書で独島挑発を強行する。ならば、韓国政府は固有の領土を守るために、日本の挑発にどう対応すべきだろうか？毎年定期的な挑発を黙認すれば、善良な日本国民でさえ本当に「韓国が不法に日本の領土を武力で占領しているんだ！」と信じるようになるだろう。これに、どのような方法が最善なのだろうか？今回も外交部は、道上尚史在韓日本大使館総括公使を呼んで抗議した。だがこれは、韓国の立場を伝達する手段にしかならない。むしろ独島が紛争地域であることを、国際社会に刻ませる過程にもなり得る。韓国政府の対応は、日本の挑発を防ぐ根本的な解決策でなければならない。解決策はただ一つだけである。非暴力的な方法だ。つまり、大統領は1877年に日本政府が発表

는 속셈을 가지고 있다. 또한 일본국헌법에 의거하여 전수방위를 채택하고 있는 일본 자위대의 방어선을 독도까지 확대한 것이다. 향후 한국의 애매한 대응으로 일본의 이런 논리가 정당화 된다면 독도를 둘러싼 한일 간의 무력 충돌은 일촉즉발의 상태가 된다.

일본의 방위백서는 1970년 제1회, 1976년 제2회가 발행된 이후 매년 발행되고 있다. 방위백서는 독도 문제를 2005년부터 포함시키고 있다. 그것은 2005년 이전에는 일본 정부가 독도를 일본 영토로 인식하지 않았다는 것을 의미한다. 이러한 역사적 사실에 무지한 우경화된 자민당정부는 2005년 그해 조작된 논리를 바탕으로 발족한 죽도문제연구회의 선동으로 독도 도발을 본격화했다. 향후 일본이 독도 영유권을 포기하지 않는 한 매년 정기적으로 방위백서로 독도 도발을 자행한다. 한국 정부는 고유 영토를 수호하기 위해 일본의 도발에 어떻게 대응할 것인가? 매년 정기적 도발을 묵인한다면 선량한 일본 국민들조차도 정말로 한국이 불법적으로 일본 영토를 무력 점령하고 있구나! 하고 믿게 될 것임이 분명하다. 그렇다면 어떤 방법이 최선일까? 이번에도 외교부는 미치가미 히사시道上尙史 주한 일본대사관 총괄공사를 불러 항의했다. 이것은 한국의 견해를 전달하는 역할밖에 되지 못한다. 오히려 독도가 분쟁 지역임을 국제사회에 각인시키는 과정이 될 수도 있다. 한국 정부의 대응은 일본의 도발을 막는 근본적인 해결책이 되어야 한다. 해결책은 단 한가지뿐이다. 폭력이 아닌 비폭적인 방법으로 강력히 대응해야 한다. 즉, 대통령은 1877년에 일본 정부가 발표한 '태정관문서'를 가지고 독도에 방문하여 세계의 언론 앞에 "일본 정부

した「太政官文書」を持って独島を訪れ、世界のメディアの前で「日本政府自らが独島は日本の領土ではない」と言った、あの「太政官文書」を公布するのである。

日本政府は、韓国大統領の竹島訪問に強く抗議するだろうが、大韓民国の大統領が自国の領土としての最強の証拠で公布すれば、世界のメディアの前に日本の抗議はじきにうんざりされるだろう。「太政官文書」は、近代国民国家に成長した日本政府が国際法に基づいて、自ら「独島は日本の領土ではない」と領有権を否定した文書である。

毎年日本政府が防衛白書を発刊する度に韓国の大統領が同じ行動を繰り返せば、善良な日本国民は勿論のこと世界の世論も注目し、独島が韓国領土という事実は大きな波紋のように広がっていくだろう。

現在パク・クネ大統領は、両国間の懸案が思うように解決できないと言って首脳会談を避けている。だがこれは望ましくない。端的に言って差別主義団体である「在特会」の嫌韓デモで、日本に居住する私たち国民の被害がどれ程なのかを確認願いたい。朴大統領は強力なリーダーシップを発揮し、右手に太政官文書を持って堂々と首脳会談に臨んで欲しい。大韓民国の国益のために主導権を握り、韓日関係を正常な軌道に乗せなければならない。首脳会談が、決して安倍政権延長の道具になってはならない。

스스로가 독도는 일본 영토가 아니다."라고 했던 태정관문서를 공포하는 것이다.

일본 정부는 한국 대통령의 독도 방문에 대해 강력하게 항의하겠지만, 대한민국 대통령이 자국 영토로서의 가장 강력한 증거를 가지고 자국 영토에 방문했기 때문에 세계의 언론 앞에서 일본의 항의는 금방 식상해지고 말 것이다. '태정관문서'는 근대국민국가로 성장한 일본 정부가 국제법에 의거하여 스스로 "독도는 일본 영토가 아니다."라고 영유권을 부인한 문건이다.

매년 일본 정부가 방위백서를 발간할 때마다 한국 대통령이 같은 방법을 되풀이함으로써 선량한 일본 국민은 물론이고 세계 여론이 주목하게 되어 독도가 한국 영토라는 사실이 엄청난 파장으로 확산될 것임에 분명하다.

현재 박근혜 대통령은 양국 간의 현안이 원하는 대로 풀리지 않는다고 해서 정상회담을 피하고 있다. 이는 바람직하지 않다. 단적으로 차별주의 단체인 "재특회"의 혐한 시위로 일본에 거주하고 있는 우리 국민들의 피해가 얼마인지 확인해보길 바란다. 박대통령은 강력한 리더십을 발휘하여 오른손에 태정관문서를 들고 당당히 정상회담에 임하길 바란다. 대한민국의 국익을 위해 주도권을 잡고 한일 관계를 정상궤도에 올려 놓아야 한다. 절대로 정상회담이 아베 총리의 정권 연장에 도구가 되어서는 안 된다.

日本政府の
独島領有権主張の
ジレンマ

　古文献によると元来独島は、澄んだ青空の日にだけ鬱陵島から眺めることができ、人の住めないサンゴ礁のような島だった。しかし、現在では鬱陵島から87.4km、フェリーで2時間余りの距離で、事実上人の住む島となった。独島は1945年に日本から解放された時、鬱陵島民が穏やかに操業する島だった。ところが、日本の漁師と巡視船が朝鮮戦争で混乱した隙を突いて1953年独島に上陸し、日本の領土であるという標木を立てたことから、独島問題が発生した。鬱陵島の若者らは、生活の基盤である独島が日本に侵奪される危機に瀕すると、怒りの声を上げ自ら義兵守備隊を組織して日本の巡視船に対抗し、独島守護に乗り出した。韓国戦争後、韓国政府が独島の実効的管理ということで、1954年に韓国領土の石碑や無人灯台を設置した。1955年に新しい灯台に変えた後、1998年に有人灯台

일본 정부의
독도 영유권 주장의
딜레마

　원래 독도는 고문헌에 의하면 울릉도에서 날씨가 아주 청명한 날에만 바라볼 수 있고 사람이 살 수 없는 암초와 같은 섬이었다. 그러나 지금은 울릉도에서 여객선으로 2시간 남짓 걸리는 87.4km 지점으로 사실상 사람이 거주하는 섬이 되었다. 독도는 1945년 일본에서 해방되었을 때, 울릉도민이 평온하게 조업하는 섬이었다. 그런데 일본 어부와 순시선이 한국전쟁의 혼란한 틈을 타고 1953년 독도에 상륙하여 일본 영토라는 푯말을 세우면서 독도 문제가 발생하였다. 울릉도의 젊은 청년들은 삶의 터전인 독도가 일본에게 침탈 당할 위기에 놓이자, 격분하여 스스로 독도의용수비대를 조직하고 일본 순시선에 직접적으로 대항하며 독도수호에 나섰다. 한국전쟁 이후의 독도는 한국 정부가 실효적 관리 차원에서 1954년 한국 영토의 표지석과 무인등대를 설치했다. 1955년에 새로운 등대로 교체한 후 1998년에 유인등대로 승격시켰다.

に昇格した。1956年義勇守備隊に代わって正式に鬱陵警察が駐留することになって兵舎を建設し、1981年にヘリポートを建設し、そして送信塔も建設された。加えて、独島を守って犠牲になった人々への慰霊碑も建てられた。 1965年、崔鍾德チェ·ジョンドク氏が独島に暮らしながら漁労活動を始め、彼の亡き後には1991年から金成道キム·ソンド氏夫妻が住み、1997年には新たに漁師宿も建立された。また、1997年に接岸施設が建設された後には、毎日のように何千人もの観光客が出入りしており、独島に本籍を移す人も毎年増え、現在日本人の88人に比べ、韓国人は2千700人にも上る。また、韓国警察が40人も常駐しており、海軍と空軍が12海里領海と向こうに見える排他的経済水域を厳しく警戒している。なので、事実上日本の漁民や巡視船が独島に接近する道は、完全に断たれた。

　このように独島は過去もそうだったが、今日の韓国の精神的、物質的な文化が息づく韓国領土である。実質的に独島には、日本と関連する施設などの文化的要素が全くない。その上、日本領土としての歴史的権原が、あるわけもない。それでも今日の日本が領有権を主張する根拠は、1905年に日本帝国が大韓帝国侵奪の過程で、日露戦争の混乱期を悪用し無人島であった独島を「所有者のない島」として密かに領土の措置を取り、これを国際法的に合法であった、新領土を取得した、ということである。しかし、これは韓国領土を侵略した、国権蹂躙行為に過ぎない。独島は、第2次大戦で連合国政策としてポツダム宣言により日本帝国主義が侵略した領土に該当し、戦

1956년 독도의용수비대를 대신해 정식적으로 울릉경찰이 주둔하여 막사를 건설했으며, 1981년에 헬기장을 건설했고, 그 후에 송신탑도 건설했다. 이외에도 독도를 지키다 희생된 분들의 위령비도 설치되었다. 1965년 최종덕이 독도에서 거주하면서 어로 활동을 시작했고, 그가 사망한 후에는 1991년 김성도 내외분이 거주했고, 1997년에는 새롭게 어민 숙소도 건립되었다. 또한 1997년 접안 시설이 건설된 이후 매일처럼 수천 명의 관광객들이 드나들고 있고, 독도에 본적을 옮긴 사람도 매년 늘어나 현재 일본인이 88명인데 비해 한국인은 2천 700명이나 된다. 또한 한국 경찰도 40여 명이 상주하고 있으며, 해군과 공군이 12해리 영해와 그 너머의 배타적 경제수역을 철통같이 경계하고 있다. 그래서 사실상 일본 어민이나 순시선이 독도에 접근할 수 있는 길은 완전히 차단되었다.

이처럼 독도는 과거도 그랬지만, 오늘날 한국의 정신적 물질적 문화가 살아 숨 쉬는 분명한 한국 영토이다. 실질적으로 독도에는 일본과 관련되는 시설물 등 문화적 요소가 전혀 없다. 그렇다고 일본 영토로서의 역사적 권원이 있는 것도 아니다. 그런데 오늘날 일본이 영유권을 주장하는 근거는 1905년 일본제국이 대한제국을 침탈하는 과정에서 러일전쟁의 혼란기를 악용하여 무인도였던 독도를 주인 없는 섬이라며 은밀히 영토 조치를 취했는데, 이를 국제법적으로 합법적으로 신영토를 취득했다고 주장한다. 하지만 이는 한국 영토를 침략한 국권유린 행위에 불과하다. 독도는 제2차 대전에서 연합국 정책으로서 포츠담선언에 의거해 일본제국주의가 침략한 영토에 해당되어 전후 영

後の領土処理過程で日本領土から除外され、韓国の領土として確立したのである。

　それにもかかわらず、終戦直後の冷戦状況で自由陣営に編入するために日本の立場を支持した米国を利用して、日本は対日平和条約で独島を日本領土に変更しようとしたが、英連邦諸国の反発で失敗に終わった。このような米国の政治的な計算のために、独島が韓国領土として明文化されていなかった。それ以来、日本は曖昧に処理された平和条約領土条項を悪用し、しつこく新生独立国だった韓国を脅迫して独島の日本領土化を試みた。しかし、李承晩政府の平和線宣言と韓日協定での朴正熙政府の強硬な領土守護の意志によって、日本は自ら独島挑発を放棄すべき状況に直面することになった。韓日協定で独島領有権を貫くことができず、殆ど諦めるように日本政府は静かな独島外交を志向した。とは言え、国益を追求する日本政府の立場から、独島の領土放棄を宣言することは到底できなかった。これはジレンマであった。もし韓国が独島に構造物を設置し、領土としての措置を強化する時、何の反応も見せずにいたら野党は勿論、国民世論から相当な非難を浴びて政権維持すら困難になる。政府官僚の立場でも、毎年受け継がれる独島領有権政策を放棄することはできなかった。結局、独島問題は、今後も今のように平行した対立状況が続くしかない。帝国主義的理念を全面的に否定できない天皇制教育を受けてきた日本国民の中で、天皇制という文化的な壁を越えて独島領有権を放棄することのできる、傑出した偉人

토 처리 과정에 일본 영토에서 제외되어 한국 영토로서 확립되었던 것이다.

그럼에도 불구하고 일본은 종전 직후 미소대립의 냉전 상황에서 자유진영에 편입하기 위해 일본의 입장을 지지하던 미국을 이용하여 대일평화조약에서 독도를 일본 영토로 변경하려고 시도했지만 영연방국가들의 반발로 무산되었다. 이러한 미국의 정치적인 계산 때문에 독도가 한국 영토로 명문화되지 못했다. 그 이후 일본은 애매하게 처리된 평화조약의 영토 조항을 악용하여 끈질기게 신생 독립국이었던 한국을 협박하여 독도의 일본 영토화를 시도했다. 그러나 이승만 정부의 평화선 선언과 한일협정에서의 박정희 정부의 강경한 영토 수호 의지에 의해 일본은 스스로 독도 도발을 포기해야할 상황에 직면하게 되었다. 한일협정에서 독도 영유권을 관철하지 못하고 거의 포기하다시피한 일본 정부는 조용한 독도 외교를 지향했다. 그렇다고 해서 국익을 책임지고 있는 일본 정부 입장에서 독도에 대한 영토 포기를 선언할 수는 없는 일이었다. 이는 딜레마였다. 만일 한국이 독도에 구조물을 설치하여 영토조치를 강화한다고 할 때 그냥 무대응으로 있다면 야당은 물론이고 국민 여론의 엄청난 비난에 직면하여 정권유지조차 어렵게 된다. 정부 관료 입장에서도 매년 계승되어 내려오는 독도 영유권 정책을 포기할 수 없었다. 결국 독도 문제는 향후에도 지금처럼 대립 상황이 평행 선상에서 지속될 수밖에 없다. 제국주의적 이념을 전적으로 부정하지 못하는 천황제 교육을 받아 온 일본 국민들 중에서 천황제라는 문화적인 벽을 넘어 독도 영유권을 포기할 수 있는 걸출한 위

が現れることは殆ど不可能である。

　李明博大統領が独島を訪問した際も、日本政府が国益のために国民を意識して傍観ならなかった。かといって、武力で独島を占領するほどの領有権意識は事実上ない。そのため、日本政府のできる対応策は極めて限定的であって、国際司法裁判所に提訴するという実効性のない脅しをかけることしかなかったのである。

인이 등장하기는 거의 불가능하다.

이명박 대통령이 독도를 방문했을 때도 일본 정부가 국익을 위해 국민들을 의식해서라도 방관할 수 없는 일이었다. 그렇다고 해서 무력으로 독도를 점령할 만큼 영유권 의식은 사실상 없다. 그 때문에 일본 정부가 할 수 있는 대응방안은 지극히 한정적이어서 국제사법재판소에 제소한다고 하는 실효성 없는 으름장을 놓는 것뿐이었다고 하겠다.

日本が
独島領土主権を
放棄できない
本当の理由

　過去に日本政府は、独島に対する領有権主張を殆ど取り下げるような形で、韓国領土であると認める傾向があった。1981年に日本政府が制定した千島列島の領有権を主張する「北方領土の日 2月7日」はあっても、独島の領有権を主張する「竹島の日」のないことが、その理由だ。ところが、最近二世代、つまり、解放以後60余年という歳月を遥かに越え、右傾化した学校教育と偏向マスコミの影響で、日本の「竹島領有権」が歪曲された。この潮流に便乗して、島根県が「竹島の日」を制定する事態が発生した。

　解放直後、連合国側がSCAPIN677号を発令し、歴史的権原に基づいて、独島が韓国領土であることを明らかにした。ところが、1951年9月の対日平和条約の締結に加え、李承晩政府が1952年の平和線を宣言し、独島の領土主権を対外的にはっきり示した際、日本が異

일본이
독도 영토주권을
포기하지 못하는
진짜 이유

사실 과거의 일본 정부는 이미 독도에 대한 영유권 주장을 대부분 내려 놓고 한국 영토임을 인정하는 경향이 있었다. 그것은 1981년 일본 정부가 제정한 쿠릴 열도의 영유권을 주장하는 '북방 영토의 날2월 7일'은 있어도 독도의 영유권을 주장하는 '죽도의 날'이 없는 이유이다. 그런데 최근 두 세대, 즉 해방 이후 60여 년이라는 세월을 훨씬 넘기면서 우경화된 학교 교육과 편향된 매스컴의 영향으로 일본의 '죽도 영유권'이 왜곡되었다. 이러한 조류에 편승되어 시마네 현이 '죽도의 날'을 제정하는 사태가 발생했다.

해방 직후, 연합국 측이 SCAPIN677호를 발령하여 역사적 권원에 의거하여 독도가 한국 영토임을 분명히 했다. 그런데 1951년 9월 대일평화조약 체결과 더불어 이승만 정부가 1952년 평화선을 선언하여 독도의 영토주권을 대외에 천명하였을 때, 일본이 이의를 제기하여 독도

議を唱え、独島問題が発生した。この独島論争は、1965年韓日協定で大きな分水嶺になった。両国政府は「交渉」という平和的外交手段を介して最終的な合意を導き出している。即ち、韓国政府側は「独島は紛争地などになり得ない、歴然たる韓国の領土」という立場を堅持すると、日本政府側はこれに対し、「竹島」の領有権は放棄できないが、現実的に韓国の実効的支配を認めた。その後、日本が独島問題を再提起したきっかけは、まさに1999年、金大中政府が韓国の金融危機状況を打開するために、日本が要求した「新韓日漁業協定」を受け入れて、独島を両国が共同で管理する中間水域に含めるという過ちを犯したことだった。日本は早速にこの漁業協定を悪用し、領有権の主張を始めた。

過去もそうだったように、今の日本政府も、実質的に独島の領土主権に関与する余地が殆んどないことを概ね認めていながらも、放棄していない本当の理由は、別な所にあった。

独島は歴史的権原に基づいて、過去も今も韓国領土であることは明らかだった。過去日本は、1905年に韓国支配を目的にロシアを侵略して戦争を起こし、韓国領土は戦場となった。日本は、この混乱した隙にこっそり島根弦高時40号により、独島を日本領土として編入した。これは明らかに韓国併合直前の、また違う形での領土侵略行為であった。日本はその後、満州事変、満州侵略、日中戦争を経て、1945年の敗戦直前までアジア全域の広大な地域を侵略した。当時日本の侵略行為は、大日本帝国憲法によって国家元首であり、主

문제가 발생되었다. 이 독도 논쟁은 1965년 한일협정에서 최고의 분수령에 도달했다. 양국 정부는 '협상'이라는 평화적 외교 수단을 통해 최종적인 합의를 도출해 냈다. 즉 한국 정부측이 '독도는 분쟁의 여지가 없는 명백한 한국 영토'라는 입장을 견지했고, 일본 정부 측은 이에 대해 '죽도' 영유권은 포기할 수 없지만, 현실적으로 한국의 실효적 지배를 인정했던 것이다. 그 후 일본이 독도 문제를 다시 제기한 계기는 바로 1999년 김대중 정부가 한국의 금융 위기 상황을 타개하기 위해 일본이 요구한 '신한일어업협정'을 받아들여, 독도를 양국이 공동으로 관리하는 중간수역에 포함시키는 오류를 범했다. 일본은 즉각적으로 이 어업협정을 악용하여 영유권 주장을 시작했던 것이다.

사실 과거도 그랬듯이 지금의 일본 정부도 실질적으로 독도의 영토주권에 대해 관여할 여지가 그다지 많지 않음을 대체로 인정하면서도 이를 포기하지 못하는 진짜 이유는 따로 있었다.

독도는 역사적 권원에 의거하여 과거나 지금이나 한국 영토임이 분명했다. 과거 일본은 1905년 한국 지배를 목적으로 러시아를 침략하여 전쟁을 일으켰고 한국 영토는 전장터가 되었다. 일본은 이런 혼란한 틈을 타 몰래 시마네 현 고시40호로 독도를 일본 영토로서 편입했다. 이는 명백히 한국합병 직전의 또 다른 형태의 영토 침략 행위였다. 일본은 그 이후 만주사변, 만주국 침략, 중일전쟁을 거쳐 1945년 패전 직전까지 아시아 전역의 광대한 지역을 침략했다. 당시 일본의 침략 행위는 대일본제국헌법에 의해 국가 원수이자 주권자였던 천황의 국가, 천황의 영토를 확장하기 위한 것이었다. 일본의 영토 침략 행위는 천

権者であった天皇の国家、天皇の領土を拡大するためのものだった。日本の領土侵略行為は、天皇と切り離して考えることはできない。天皇は戦争処理の過程で、他の戦犯者らと一緒に戦犯を追求されるべきだったが、連合国司令官マッカーサーにより今後の円満な日本統治のため、政治的妥協に免責特権を受けた。元帥格から格下げされ、象徴天皇制となったが、天皇は現存するに至った。

　連合国側はポツダム宣言に基づき、対日平和条約を通じて、日本に侵略された自分らの領土を取り戻したが、新生独立国家の領土までは正当に保証してくれなかった。日本はこのような状況を悪用して、対日平和条約に規定されていない独島については、国際法的に合法的な日本の領土だと主張した。独島は天皇の名の下に侵略した、韓国の領土である。現行の憲法上の天皇は、国家と国民統合の象徴的な存在として、日本国民に精神的に神聖視され、権威として畏敬を受け、崇められている。もし日本政府が独島を韓国領土として認めるならば、神聖な天皇の権威を毀損する行為になる。文化的に見ると、日本の天皇は古代から現在、そして未来までも継承される万世一系の絶対的存在である。こういった理由から、日本は今後も、独島領有権を絶対に放棄しないだろう。

황과 분리해서 생각할 수 없다. 천황은 전쟁 처리 과정에서 다른 전범들과 함께 전범자가 되어야 마땅했으나, 연합국 사령관 맥아더에 의해 전후 원만한 일본 통치를 위해 정치적 타협으로 면책특권을 받았다. 현재 천황은 원수격 천황에서 격하되어 상징천황제를 인정받았지만, 현존하는 천황이 되었다.

연합국 측은 포츠담선언에 의거하여 대일평화조약을 통해 일본에 침략당한 자신들의 영토를 회복했지만, 신생 독립국가들의 영토까지는 전적으로 보장해 주지 않았다. 일본은 이러한 상황을 악용하여 대일평화조약에 규정되지 않은 독도에 대해서는 국제법적으로 합법한 일본 영토라고 주장했다. 독도는 천황의 이름 아래 침략한 한국 영토이다. 현행 헌법상 천황은 국가와 국민 통합의 상징적인 존재로서 일본 국민에게 정신적으로 신성시되고 권위자로서 경외와 추앙받고 있다. 그런데 만일 일본 정부가 독도를 한국 영토로서 인정한다면 신성한 천황의 권위를 훼손하는 행위가 된다. 문화적으로 보면 일본 천황은 고대부터 지금 그리고 미래까지도 계승될 만세일계의 절대적 존재이다. 이러한 이유에서 일본은 미래에도 독도 영유권을 절대로 포기하지 않을 것이다.

日本の独島挑発
日増しに激化する訳、
韓国政府と慶尚北道
独島守護活動の方向を
間違ったせい…

　日本内閣府が8月1日付で、6月に日本人3000人を対象に実施した独島関連の世論調査で「独島を知っている」が94.5％、「独島を韓国が不法占拠している」が63％、「国際法に日本の固有の領土」が61％という結果を発表した。

　少なくとも1998年に新韓日漁業協定を結ぶ以前は、大部分の日本国民が「よく知らない」と答えていたことに比べ、「日本の領土＝竹島」の認識が瞬く間にかなり広まったことが分かる。なぜこのような変化が生じたのだろうか？1965年の韓日協定で日本政府は「竹島」を拒否され、事実上実効的に管理できる韓国の「独島」を黙認して露骨な領有権主張はしなかった。ところが、2005年に島根県が「竹島の日」条例を制定し、2006年に日本政府が国際水路機関に韓国独島の海底地形名登録を防ぐため、測量船を独島近海に派遣したことから、

일본의 독도 도발
날로 격심해지는 이유,
한국 정부와 경상북도
독도 수호 활동 방향
잘못 짚은 탓...

일본 내각부가 8월 1일자로 지난 6월에 일본인 3000명을 대상으로 실시한 독도 관련 여론조사에서 '독도를 알고 있다' 94.5%, '독도를 한국이 불법 점거하고 있다' 63%, '국제법상으로 일본의 고유 영토' 61%라는 내용을 발표했다.

적어도 1998년 신한일어업협정 체결 이전에 대부분의 일본 국민들은 "잘 모른다"라고 했던 것에 비해 '일본 영토=다케시마'의 인식이 순식간에 확산되었음을 알 수 있다. 왜 이런 변화가 생겼을까? 1965년 한일협정에서 일본 정부는 '다케시마'를 거부당하고 사실상 실효적으로 관리 있는 한국의 '독도'를 묵인하여 노골적인 영유권 주장은 하지 않았다. 그런데 2005년 시마네 현이 '다케시마의 날'의 조례를 제정했고, 2006년 일본 정부가 국제수로기구에 한국의 독도 해저지명 등재를 막기 위해 측량선을 독도 근해에 파견함으로써 양국이 일촉즉발로 물리

両国が対峙して一触即発の状態になった。また、日本政府は、2008年から小・中・高生に「竹島」教育の義務化を推進し、同時にマスコミでも着実に「竹島」論を扇ってきた。このように、日本の独島挑発がますます激しくなっているにもかかわらず、独島専門家気取りで李明博大統領が国家元首の名の下に独島を訪問したことについて、大きな過ちだと指摘する人もいた。

　独島の領有権は、歴史的、国際法的権原に基づいて決定されるのであって、決して世論調査によって決定されるものではない。更に、独島の領有権問題が存在するとするなら、これを公論化させ、領有権の本質に従って解決されるべき問題であって、内密にこっそり修正される問題でもない。このような観点では、日本国民の99％が「独島問題を知る」ということは当然のことである。しかし、日本国民の60％以上が「独島が国際法的に日本の領土にもかかわらず、韓国が不法に占領している」と答えたという事実については、深い憂慮を禁じえない。外務省のホームページにこのような内容が載っているのを見ると、この世論調査の結果は、基本的に、日本政府が主導する「操作された論理」による、歪曲された学校教育の賜物である。

　日本国内で正統な歴史学者として認められている独島研究者らは皆「独島が韓国の領土」という成果を発表した。ところが、「竹島は日本の領土」という外務省の論理は、御用学者らによって権原が操作されたものである。

적 대치를 하기도 했다. 또한 일본 정부는 2008년부터 초·중·고등학
생에게 '다케시마' 교육의 의무화를 추진했고, 동시에 매스컴에서도 꾸
준히 '다케시마'론을 부추겨 왔다. 이처럼 일본의 독도 도발이 날로 격
심해지고 있음에도 불구하고 독도 전문가를 자처하여 이명박 대통령
이 국가 원수의 자격으로 독도를 방문한 것에 대해 큰 잘못이라고 지
적하는 사람도 있었다.

독도의 영유권은 역사적, 국제법적 권원에 따라 결정되는 것이지,
절대로 여론조사에 의해 결정되는 것이 아니다. 또한 독도의 영유권
문제가 존재한다면 이를 공론화시켜 영유권의 본질에 따라 해결되어
야 할 사안이지, 쉬쉬해서 몰래 해결되는 문제도 아니다. 이런 측면에
서 일본 국민의 99%가 '독도 문제를 안다'고 하는 것은 어쩌면 당연한
일이다. 그런데 일본국민 중에 60% 이상이 '독도가 국제법적으로 일본
영토임에도 불구하고 한국이 불법적으로 점령하고 있다'고 응답했다는
사실에 대해서는 심히 우려를 금하지 않을 수 없다. 외무성의 홈페이
지에 이같은 내용을 게재하고 있는 것을 보면, 결국 이런 여론조사의
결과는 근본적으로 일본 정부가 주도하는 '조작된 논리'에 의한 왜곡된
학교 교육에 기인한 것이다.

사실 일본 국내에서는 정통적인 역사학자로 인정받는 독도연구가들
은 모두 '독도가 한국 영토'라는 성과를 발표했다. 그런데 사실 '다케시
마가 일본 영토'라는 외무성의 논리는 어용학자들에 의해 권원이 조작
된 것이다.

법의 정의를 외치며 세계의 눈이 주목하는 국제 정치 상황에서 한국

　法の定義を訴えて世界が注目する国際政治状況で、韓国が今日、何ら領土的権原もなしに独島を実効的に管理することはできない。独島は古代の時代以降、これまでの歴史的権原に基づいて、第2次世界大戦での連合国の措置と今後の韓日間の外交措置に基づき、韓国が実効的に管理している、国際法的に妥当な固有の領土であることに違いはない。

　今日の日本政府の独島挑発は、2005年から新たに火が付いた。その原因は、1998年に締結された新韓日漁業協定で、独島を共同管理水域に含めてしまった韓国の漁業政策の失敗と、日本がこれを領土問題に拡大解釈して政治的に悪用したこと、加えて2005年に島根県が「竹島問題研究会」を組織し、過去の御用学者らが操作したロジックを悪意的に扇動したことである。それを日本国民が「竹島＝日本の領土」の真相も知らずに、そのまま受け入れているのである。

　このような日本の挑発に対して韓国政府の対応はどうだったのだろう？独島が韓国領土という事実を韓国国民には知らせようとしたが、日本国民には知らせなかった。独島問題解決の唯一の方法は、日本国民が「竹島」の領有権を放棄することである。だが現在、韓国の独島守護政策には余りにも問題が多い。独島の防波堤、総合海洋科学基地、粒度支援センターの建設なども早急かつ重要な課題であるが、数千億ウォンの予算をかけて推進している安龍福の記念碑、独島義勇守備隊記念館、鬱陵空港の建設はまだその時ではない。日本は実利的に接近し、「竹島」政策に韓国の100分の1の費用も使って

이 오늘날 아무런 영토적 권원 없이 독도를 실효적으로 관리할 수 없다. 독도는 고대 시대 이후부터 지금까지의 역사적 권원에 의거하여 제2차 세계대전에서의 연합국 조치와 전후 한일 간의 외교 조치에 의거하여 한국이 실효적으로 관리하고 있는 국제법적으로 합당한 고유 영토임에 분명하다.

오늘날 일본 정부의 독도 도발은 2005년부터 새롭게 다시 점화되었다. 그 원인은 1998년 체결된 신 한일어업협정에서 독도를 공동관리수역에 포함시키는 한국의 어업 정책 실패와 일본이 이를 과장하여 영토 문제로 확대 해석했고 정치적으로 악용했기 때문이다. 또한 2005년 시마네 현이 '다케시마문제연구회'를 조직하여 과거 어용학자들이 만든 조작된 논리를 악의적으로 선동함으로써, 일본국민들이 '다케시마=일본 영토' 논리가 조작된 것임을 알지 못하고 그대로 받아들이고 있기 때문이다.

이런 일본의 도발에 대해 한국 정부의 대응은 어떠했는가? 독도가 한국 영토라는 사실을 한국 국민들에게는 알리려고 했지만, 일본 국민들에게 알리지 않았다. 독도 문제 해결의 유일무이한 방법은 일본 국민들이 '다케시마' 영유권을 포기하도록 하는 것이다. 그런데 현재 한국의 독도 수호 정책에는 문제가 너무 많다. 독도의 방파제, 종합해양과학기지, 입도지원센터 건설 등도 아주 시급하고 중요한 과제이지만 수천억 원의 예산을 들여서 추진하고 있는 안용복기념관, 독도의용수비대기념관, 울릉공항 건설은 아직 때가 아니다. 일본은 실리적으로 접근하여 '다케시마' 정책에 한국의 100분의 1의 비용도 사용하지

いない。

　早急なる韓国の対策は、日本国民が独島問題の本質である「独島が韓国の地」という証拠に気軽に接しられるようにすることである。日本国民は、歪曲された「竹島」教育で、日本政府に翻弄されている。大韓民国政府、管轄行政庁の慶尚北道は、日本語で「独島=韓国領土」のパンフレットを発刊し、日本の関係機関に配布したことがあるのか？あるのなら、どのくらいの数になるのか？このような活動は誰がすべきなのか？独島研究家らがすべきなのか？国民一人一人がすべきなのか？これは明らかに国民の税金を使っている中央政府と地方政府が行うべきことである。既存の守護活動費の1000分の1でも十分である。

않는다.

당장 시급한 한국의 대책은 일본 국민들에게 독도 문제의 본질인 '독도가 한국 땅'이라는 증거를 손쉽게 접할 수 있도록 하는 일이다. 일본 국민들은 왜곡된 '다케시마' 교육으로 일본 정부로부터 농락당하고 있다. 대한민국 정부, 관할 행정청인 경상북도는 일본어로 된 '독도=한국 영토' 책자를 발간하여 일본의 유관기관에 비치한 적이 있는가? 있다면 얼마나 있는가? 이런 활동은 누가해야 하나? 독도연구가들이 해야 하나? 국민 개개인이 해야 하나? 이는 분명히 국민 세금을 사용하는 중앙정부와 지방정부가 해야 할 일이다. 기존의 수호활동비의 1000분의 1로도 충분하다.

独島に対する
日本の国際司法裁判所提訴発言の
真意と
その対応策は

　外交通商部が、2012年の独島予算案に国際裁判手続費用の数十億を組み込み、社会的論議が起きている。独島は歴史的権原に依拠し、現在韓国が実効的に管理している明白な韓国固有の領土である。日本の独島領有権主張は、日本帝国主義が侵略した歴史を反省するどころか、帝国主義が侵奪した領土を自国の領土とする内容だ。

　国際司法裁判所には、独島のような明白な領土に関しては一切関与しないという規定がある。紛争当事者間の歴史的権原と実効的管理の主体がそれぞれ異なる場合は、当事者が紛争の解決を望む場合にのみ、関与する。独島は、当事者間の合意自体ができない、明白な韓国の領土である。

　日本政府は、時折独島問題を司法裁判所で解決しようと主張するが、

독도에 대한
일본의 국제사법재판소 제소 발언의
진의와
그 대응방안은

외교통상부가 2012년도 독도 예산안으로 국제재판 소송절차 비용에 수십 억을 편성한 것이 사회적 논란으로 일고 있다. 독도는 역사적 권원에 의거하여 현재 한국이 실효적으로 관리하고 있는 명백한 한국의 고유 영토이다. 일본의 독도 영유권 주장은 일본제국주의가 침략한 역사를 반성하지 않고 오히려 제국주의가 침탈했던 영토를 자국 영토라는 것이다.

국제사법재판소에는 독도와 같은 명백한 영토에 대해서 관여하지 않는다는 규정이 있다. 분쟁 당사자 간에 역사적 권원과 실효적 관리의 주체가 각각 다를 경우, 당사자가 분쟁 해결을 원할 때만 국제사법재판소가 관여한다. 독도는 당사자 간의 합의 자체가 있을 수 없는 명백한 한국 영토이다.

일본 정부는 독도 문제를 간간히 사법재판소에서 해결하자고 주장

常に主張する訳ではない。その理由は、自分らの主張がでたらめなことをよく知っているからだ。

日本政府は過去2度に亘り、独島問題を国際司法機関で解決しようと提案したことがある。その際の共通点は、韓国の実効的管理が強化され、自分らの立場や主張が四面楚歌に陥って効用が切れた時である。日本はその度に、大袈裟に国際司法裁判所に起訴すると言う。1952年に韓国政府が平和線を宣言し、日本の独島侵入を防ぎ、実効的に管理できるようになった時もそうだったし、韓日交渉で韓国が独島問題が存在しないという立場を貫いた時もそうだった。韓日交渉で日本政府が国際司法裁判所を持ち出すのは、独島を放棄したことに対する日本国民の反発を抑えるために過ぎなかった。

このように日本の国際司法裁判所云々というのは、韓国の実効的管理の強化に因る危機意識と不安の表れだと思えば間違いない。

最近、韓国政府は独島の海洋総合科学基地、水中公園、発電所の建設などの開発提案を相次いで発表した。日本は不安感と焦燥感にかられ、また国際司法裁判所に提訴案と出てきた。これは世論を扇って「韓国は不利だから拒否する」というイメージを与え、紛争地域化を誘導するためのものである。

実際、1965年韓日協定で独島の実効的管理を認める代わりに、これ以上日本国民を刺激しないようにと、日本の要求に応じて韓国は静かな外交を選んだ。こうして30年以上続いてきた静かな外交は、1999年に日本が挑発した新韓日漁業協定強要によって幕を閉じた。

하지만 상시적으로 주장하지는 않는다. 그 이유는 자신들의 주장이 터무니없는 것임을 잘 알고 있기 때문이다.

일본 정부가 과거 2번에 걸쳐 독도 문제를 국제사법기관에서 해결하자고 제안한 적이 있다. 이럴 때마다 공통점은 한국의 실효적 관리가 강화되고 자신들의 입장과 주장이 사면초가에 달하여 효용성이 동이 났을 때이다. 일본은 그때마다 국제사법재판소에 기소한다고 호들갑을 떨었다. 1952년 한국 정부가 평화선을 선언하여 일본의 독도 침입을 막고 실효적으로 관리하게 되었을 때도 그랬고, 한일협상에서 한국이 독도 문제가 존재하지 않는다는 입장을 관철시켰을 때도 그랬다. 사실 한일협상에서 일본 정부가 국제사법재판소를 들고 나온 것은 독도를 포기한 것에 대한 일본 국민의 반발 무마용에 지나지 않았다.

이처럼 일본의 국제사법재판소 운운은 한국의 실효적 관리 강화에 인한 위기의식과 불안감의 발로라고 보면 정확하다.

최근 한국 정부는 독도에 해양종합과학기지, 수중공원, 발전소 건설 등 개발계획안을 연달아 발표했다. 일본의 불안감과 초조감이 재발되어 또다시 국제사법재판소 제소안을 들과 나왔다. 이는 여론을 선동하여 "한국이 불리하니까 거부한다"라는 이미지를 주어 분쟁 지역화를 유도하기 위한 것이다.

사실 1965년 한일협정에서 독도의 실효적 관리를 인정하는 대신에 더 이상 일본 국민들을 자극하지 말라는 일본의 요청에 따라 한국은 조용한 외교를 선택했다. 이렇게 30년 이상 지속되어 온 조용한 외교는 1999년 일본이 도발한 신한일어업협정 강요에 의해 막을 내렸다.

韓国の独島政策は再び実効的管理を強化する方向に変わった。これに反応して日本の右翼性向の学者らは独島挑発を扇動し、その結果、島根県議会は2011年8月8日、全会一致で独島問題を国際司法裁判所に提訴するという条例制定を強行した。

　このように韓国政府は、紛争地域化を狙うとんでもない日本の論理に巻き込まれてはならない。過去の保守右翼の自民党政府がなぜ独島領有権を積極的に主張しなかったのか？それは日本側の領土的権原が不十分であることを自認したからという事実を、見落としてはならない。

제4부 ▌독도 문제의 본질과 과제는 무엇인가? 271

한국의 독도 정책은 다시 실효적 관리를 강화하는 방향으로 선회했다. 이에 대응하여 일본의 우익 성향 학자들은 독도 도발을 선동했고, 그 결과 시마네 현의회는 2011년 8월 8일 만장일치로 독도 문제를 국제 사법재판소에 제소한다고 조례 제정을 강행했다.

이처럼 한국 정부는 분쟁 지역화를 노리는 터무니없는 일본 논리에 휘말려서는 안 된다. 과거 보수 우익 자민당정부가 왜 독도 영유권을 적극적으로 주장하지 않았는가? 그것은 일본 측에 영토적 권원이 충분하지 않다는 것을 자인한 것이라는 사실을 간과해서는 안 된다.

李明博大統領の
独島訪問、
独島守護のため
時代的絶体絶命の課題だった

　李明博大統領が10日、独島を訪れた。今回の大統領の独島訪問は、法の正義を実現しようとする国際社会の潮流、韓国社会の経済的、文化的、国際的地位、韓国領土としての独島の領土的権原確保、そして独島への侵略行為に対する多くの良心的な日本国民の反省などの時代状況に、大統領のリーダーシップが加勢した。真偽如何は2の次として、就任初期の駐日大使館独島ホームページ削除、北海道独島教科書記述問題の保留などの発言が問題になったので、恐らく大統領在任期間中に独島訪問の機会を逸したら、独島の領土守護への信念が弱い大統領として歴史に残るところだった。

　過去の歴代大統領は独島を訪問しなかった。その理由は、大統領の政治的リーダーシップ不在が指摘できるが、国際社会が冷戦に因って今だ帝国主義が拡げた領土を否定していない部分もあったし、

이명박 대통령의
독도 방문,
독도 수호를 위한
시대적 절체절명의 과제였다

이명박 대통령이 지난 10일 독도를 방문했다. 이번 대통령의 독도 방문은 법의 정의를 실현하려는 국제사회의 조류, 한국사회의 경제적 문화적 국제적 위상, 한국 영토로서의 독도의 영토적 권원 대거 확보, 독도에 대한 침략 행위에 대한 많은 양심적인 일본 국민들의 반성 등의 시대 상황에 대통령의 리더십이 가세했던 것이다. 진위 여부를 떠나 취임 초기 주일대사관 독도 홈페이지 삭제, 홋카이도 독도교과서 기술문제 보류 등의 발언이 문제가 되었기 때문에 아마 대통령 재임기간에 독도 방문 기회를 놓쳤더라면 독도 영토 수호의 의지가 약한 대통령으로 역사에 남을 뻔했다.

과거 역대 대통령들은 독도를 방문하지 않았다. 그 이유는 대통령 각자의 정치적 리더십 부재를 지적할 수 있지만, 냉전으로 인해 국제사회에서 여전히 제국주의가 확장한 영토를 부정하지 않는 부분도 있

加えて、日本のナショナリズムが全盛期だったため時代的状況が熟していない部分もあった。しかし、それなりに独島守護にリーダーシップを発揮した政権もあった。李承晩政権は、連合国が第2次大戦終戦直後、対日平和条約の領土的権原を持つ新生独立国韓国の立場を無視した場合、主権宣言として国際社会に平和線を宣言、自由陣営への編入を目的として、政治的に米国の後援を受けている日本の独島侵奪を遮った。朴正熙政権は、国交の正常な韓日協定で、政治的手腕を発揮して日本と交渉し、独島領土を守り抜いた。その過程で、62年9月、日本側井関外務省局長は、独島問題が原因で延期されていた韓日国交正常化を早期解決するために「無価値な島、独島を爆発しよう」とも主張した。その後、全斗煥、盧泰愚政権が安定して独島を管理している状態で、日本政府と独島問題でこれ以上ジレンマを引き起こしたくないと、韓国政府の「静かな独島外交」はそれなりに効果をもたらせた。ところが、右翼が勢力を伸ばした日本政府は、この状況と外換危機状況という隣国の不幸に付け入って、金大中政権で新韓日漁業協定を強要されるという外交的失策を犯した。盧武鉉政権で独島に測量船を派遣する日本の露骨な挑発行為は頂点に達し、既存の鬱陵島起点排他的経済水域を「独島基点」に転換した。

今回、李明博大統領の独島訪問により、以前の「自分の国土に自国の大統領が行かないのは、自分の領土としての確信がないからではないか」という対内外的な非難が避けられた。また、韓国領土とし

었고, 더불어 일본의 내셔널리즘이 극에 달했기 때문에 시대적 상황이 성숙되지 않았던 것이다. 하지만 나름대로 독도 수호에 리더십을 발휘한 정권도 있었다. 이승만 정권은 연합국이 제2차대전 종전 직후 대일평화조약에서 영토적 권원을 갖고 있는 신생 독립국 한국의 입장을 외면했을 때, 국제사회를 향해 주권 선언으로 평화선을 선포하여 자유진영에 편입할 목적으로 미국의 정치적인 후원을 받았던 일본의 독도 침탈을 차단했다. 박정희 정권은 국교를 정상한 한일협정에서 정치적 수완을 발휘하여 일본과 담판하여 독도 영토를 지켜내었다. 그 과정에 1962년 9월 일본 측 이세키 외무성 아주국장은 먼저 독도 문제 때문에 지연되고 있던 한일수교를 앞당기기 위해 '무가치한 섬 독도를 폭발하자'고 주장하기도 했다. 그 이후 전두환, 노태우 정권은 안정적으로 한국이 독도를 관리하고 있는 상황에서 일본 정부가 독도 문제로 한일 간에 더 이상 갈등을 일으키는 것을 꺼렸기 때문에 한국 정부의 '조용한 독도 외교'가 실효를 거두었다. 그런데 우익이 득세한 일본 정부는 이러한 틈을 타서 외한위기 상황이라는 이웃의 불행을 악용하여 김대중 정권에서 신한일어업협정을 강요당하는 외교적 실책을 했다. 노무현 정권에서 측량선을 독도에 파견하는 일본의 노골적인 독도 도발 행위는 극에 달하여 기존의 울릉도 기점의 배타적 경제수역을 '독도 기점'으로 정책을 전환했다.

이번 이명박 대통령이 독도를 방문함에 따라 과거 '자기 나라 땅에 자국의 대통령이 못 들어간다는 것은 자신의 영토로서 확신이 없는 것이 아닌가?'라는 대내외적인 비난을 피하게 되었다. 또한 한국 영토로

て実効的に独島を管理しながらも、大統領が独島に行けない不完全な管理を、完全な管理に切り替えたのだ。

　今回のことで玄葉光一郎日本外相は、国際司法裁判所に提訴すると強く抗議した。このような主張は初めてではない。54年に韓国が灯台を設置し、韓国の実効的管理が確固たるものになった時も、62年の韓日会談で韓国の独島領土主権を貫いた時もそうだった。つまり、日本は自分らの不当な主張を偽装するための手段として悪用してきた。もうこれは、古い手法である。国際司法裁判所は、独島のように韓国の領土であることが明らかな領土については関与しない。

　日本は今回の李明博大統領の独島訪問に抗議しているが、国際的に名分が立たない。終戦直後、米国、英国、豪州などの国が直接独島問題に関与して、独島が韓国領土という事実をよく知っているからである。国内でも多くの良識ある日本国民は無関心である。過去もそうだったように、日本のむやみな抗議は、一部の良識のない右翼性向の一時的な感情に起因している。

서 실효적으로 독도를 관리하면서도 대통령이 독도에 갈 수 없는 불완전한 관리를 완전한 관리로 전환했던 것이다.

이번 일로 겐바 고이치로 일본 외상은 국제사법재판소에 제소하겠다고 강력히 항의했다. 이런 주장은 처음이 아니다. 1954년 한국이 등대를 설치하여 한국의 실효적 관리가 확고히 되었을 때도 1962년 한일회담에서 한국의 독도 영토주권을 관철할 때도 그러했다. 즉 일본은 자신들의 부당한 주장을 위장하기 위한 수단으로 악용해왔다. 이미 이는 낡은 수법이다. 국제사법재판소는 독도처럼 한국 영토임에 분명한 영토에 대해서는 관여하지 않는다.

일본은 이번 이명박 대통령의 독도 방문에 항의하고 있지만, 국제적으로 명분이 없다. 종전직후 미국, 영국, 호주 등 연합국들이 직접 독도 문제에 관여하여 독도가 한국 영토라는 사실을 잘 알고 있기 때문이다. 국내적으로도 많은 양식 있는 일본 국민들은 무관심하다. 과거에도 그러했듯이 일본의 무분별한 항의는 일부 양식 없는 우익 성향의 일시적인 감정에 기인한 것이다.

歴史的教訓、
韓国の政治的・経済的混乱に乗じ、
日本は独島の領土主権侵害を狙う

　独島は新羅于山国時代以降、これまでの歴史的権原に則って韓国が実効的に占有している固有の領土である。ところが、日本は韓国が政治的にも経済的にも混乱する度に、独島の領土主権を侵奪しようと試みた。

　最初の試みは、朝鮮が専制君主体制に安住していた19世紀末だった。日本は帝国主義の道を進んで朝鮮侵略を開始した。日本はロシアを排除するために日露戦争を起こし、戦争中の混乱に乗じて大韓帝国の領土である独島を、国際法の「無主地先占」を悪用して隠密に盗取しようとした。だが、その1年後にこの事実を知った大韓帝国は、これを容認しなかった。

　二度目の試みは、韓国が新興独立国として解放した時であった。第2次大戦で日本は過剰な侵略行為から広島・長崎に原子爆弾という

역사적 교훈,
한국의 정치적 경제적 혼란 틈타,
일본은 독도 영토주권 침해를 노린다

독도는 신라 우산국 시대 이후 지금까지의 역사적 권원에 의거하여 한국이 실효적으로 점유하고 있는 고유 영토이다. 그런데 일본은 지금까지 한국이 정치적으로나 경제적으로 혼란할 때마다 독도의 영토주권을 침탈하려고 시도했다.

첫 번째 시도는 조선이 전제군주체제에 안주하고 있던 19세기 말이었다. 일본은 제국주의의 길을 선택하고 조선 침략을 시작했다. 일본은 이를 방해하려던 러시아를 제거하기 위해 러일전쟁을 일으켰고, 전쟁 중의 대내외적 혼란한 틈타 대한제국 영토인 독도에 대해 무주지 선점이라는 국제법을 악용하여 은밀히 독도를 도취하려 했다. 그러나 그 1년 후 이 사실을 알게 된 대한제국은 이를 용인하지 않았다.

두 번째 시도는 한국이 신생 독립국으로서 해방되던 시기였다. 제2차 대전에서 일본은 과도한 침략 행위로 히로시마, 나가사끼 원자폭탄

洗礼を受け、連合国に制圧された。降伏した日本は連合国の命令によって、日本帝国主義が侵略したすべての領土を完全に放棄すると約束した。ところが、新生独立国だった韓国は独立を達成したにもかかわらず、依然として政治的・経済的混乱の中に陥っていた。日本は、隙も置かずに連合国の命令に逆らって、日本帝国主義がさらった独島を国際法上合法的な「新領土」とし、「竹島」の領有権を主張した。1946年、連合国の命令SCAPIN677号により、独島が韓国領土として明確に分類されたにもかかわらず、日本は戦後冷戦体制の中で日本を自由陣営に編入しようとする親日政策を取っていた米国に近寄ったことで、対日平和条約では韓国の領土という独島の地位が曖昧に処理されてしまった。これは、今日の韓日関係を混乱に追い込む、独島問題発生の端緒となった。

　三度目の試みは、1965年朴正熙政府が締結した韓日協定の時期だった。1952年、李承晩政府が日米間の政治的な妥協案として、対日平和条約で不利に規定された独島の領土権を確保するために、平和線を宣言した。ところが、日本はこれを李承晩の不法行為と断定し、韓国が日本の固有の領土「竹島」を武力で不法占領したと宣伝し始めた。このような状況で米国は、冷戦体制にあってソ連を中心とした共産陣営に対抗するため、自由陣営に属していた韓日間の国交正常化を強要した。その時、日本は独島領有権を侵奪して「竹島」領土の確保を主要な課題とした。日本は韓国に対して経済協力と引き換えに、独島問題を含む諸懸案を解決し、韓日協定を締結しようと

의 세례를 받으면서 연합국에 제압당했다. 항복한 일본은 연합국의 명령에 의해 일본제국주의가 침략한 모든 영토를 전적으로 포기하기로 약속했다. 그런데 신생 독립국이었던 한국은 독립을 달성했음에도 불구하고 여전히 정치적 경제적 혼란 속에 빠져 있었다. 일본은 이러한 틈을 놓지 않고 연합국의 명령을 거슬러 일본제국주의가 도취했던 독도에 대해 국제법상 합법한 '신영토'라고 하여 '다케시마'의 영유권을 주장했다. 1946년 연합국의 명령 SCAPIN677호에 의해 독도가 한국 영토로 명확히 분류되었음에도 불구하고, 일본이 전후 냉전체제 속에서 일본을 자유진영에 편입하려고 친일 정책을 폈던 미국에 접근함으로써 대일평화조약에서는 한국 영토라는 독도의 지위가 애매하게 처리되고 말았다. 이는 오늘날 한일 관계를 혼란 속으로 몰아넣는 독도 문제 발생의 단서가 되었다.

세 번째 시도는 1965년 박정희 정부가 체결했던 한일협정 시기였다. 1952년 이승만 정부가 미일간의 정치적 타협으로 대일평화조약에 불리하게 규정된 독도의 영토권을 확보하기 위해 평화선을 선언했다. 그런데 일본은 이를 이승만의 불법 행위라고 단정하여 한국이 일본의 고유 영토 '다케시마'를 무력으로 불법 점령했다고 선전하기 시작했다. 이러한 상황에서 미국은 냉전체제 속에서 소련을 중심으로 한 공산진영에 대응하기 위해 자유진영에 속했던 한국과 일본 사이의 국교정상화를 강요했다. 그때 일본은 독도 영유권을 침탈하여 '다케시마' 영토 확보를 주요 과제로 삼았다. 일본은 한국에 대해 경제협력을 대가로 독도 문제를 포함한 여러 현안을 해결하여 한일협정을 체결하려고 했

した。しかし、韓国が「独島が韓国の領土として何の問題もない」という立場を固守したため、結局「韓日両国間の懸案は外交的に解決し、それが不可能な場合は、第3国の調整で解決する」という内容で協定を締結した。日本はここで独島を紛争地域として韓国に認めさせようとしたが、失敗したのである。ところが日本は、これをあたかも独島問題を外交的に解決すると、韓国が同意したものと宣伝した。事実上、韓国は韓日協定以降、独島周辺12海里領海を排他的として管理しており、日本は概ねこれに同意する立場だった。

　四回目の試みは、1997年の金大中政府で外為不足のため経済危機を迎えた時期である。日本は、ドルに余裕のある隣国の支援がどうしても必要だという韓国の苦境を悪用し、漁業協定の破棄を一方的に宣言して、両国が共同管理している中間水域に独島を含める新たな漁業協定を強要した。その結果日本は、漁業協定を領土協定のように拡大誇張解釈して、まるで両国が独島を共同管理するように、韓国はそう認めたと、独島に対する挑発行為が一層露骨になった。日本の某大学の右翼性向の御用学者は、島根県を動かして「竹島問題研究会」を組織し、この組織の要求に応じた県議会は「竹島の日」を条例で制定しており、また、島根県とこれらの御用団体の執拗な要求に、票を意識した国会議員が同調した。これら国会議員は政府を動かし、毎年外交青書、防衛白書で、韓国が日本の領土「竹島」を不法に占領しているように表記しており、これは更に小・中・高校の学習指導要領と改訂教科書で「竹島」教育を義務化することにより、

다. 그러나 한국이 '독도가 한국 영토로서 아무런 문제가 없다'는 입장을 고수하여 결국 '한일 양국 간의 현안은 외교적으로 해결하고 이것이 불가능할 때는 제3국의 조정으로 해결한다'는 내용으로 협정을 체결했다. 사실 여기서 일본은 독도를 분쟁 지역으로서 한국에게 인정받으려고 했지만 실패했던 것이다. 그런데 일본은 이를 마치 독도 문제를 외교적으로 해결하겠다고 한국이 동의한 것으로 선전했다. 사실상 한국은 한일협정 이후 독도 주변 12해리 영해를 배타적으로 관리했고, 일본은 대체로 여기에 동의하는 입장이었던 것이다.

네 번째 시도는 1997년 김대중 정부에 외환 부족으로 경제 위기를 맞이했던 시기이다. 일본은 달러를 여유롭게 가지고 있던 이웃나라 일본의 도움이 절실히 필요하다는 점을 악용하여 어업 협정을 일방적으로 파기 선언하고, 한국은 양국이 공동으로 관리하는 중간수역에 독도를 포함시키는 새로운 어업협정을 강요당했다. 그 결과 일본은 어업협정을 영토 협정처럼 확대 과장해석을 하여 마치 양국이 독도를 공동으로 관리하도록 한국이 인정한 것으로 독도에 대한 도발행위는 더욱 노골화되었다. 일본 모 대학의 한 우익 성향의 어용학자는 시마네 현을 움직여 '죽도문제연구회'를 조직했고, 이들 조직의 요구를 수용한 현의회는 '다케시마의 날'을 조례로 제정했으며, 또한 시마네 현과 이들 어용단체의 집요한 요구에 표를 의식한 국회의원들이 동조했다. 이들 국회의원들은 정부를 움직여서 매년 외교청서, 방위백서에서는 한국이 일본 영토 '다케시마'를 불법으로 점령하고 있다는 식으로 표기했고, 이는 다시 초·중·고교 학습지도요령과 개정 교과서에서 '다케시

両国間に大きな外交的混乱を招いている。

　このように、今、北朝鮮の核戦争の脅威に南北が政治的混乱を招いている状況で、過去に日本が韓国の政治的、経済的危機に乗じて独島の領土主権を侵奪しようとしていた事実を教訓にしなければならない。韓国は現在の政治的危機を一刻も早く乗り越え、経済の安定を持続的に発展させながら、独島の領土侵奪を狙う日本を常に注視すべきである。

마' 교육을 의무화함으로써 양국 사이에 엄청난 외교적 혼란을 초래하고 있다.

이처럼 지금 북한의 핵전쟁 위협으로 남북이 정치적 혼란을 초래하고 있는 상황에서 과거 일본이 한국의 정치적 경제적 위기를 틈타 독도의 영토주권을 침탈하려고 했던 사실을 교훈으로 삼아야 한다. 한국은 현재의 정치적 위기를 신속히 극복하고 경제적 안정을 지속적으로 발전시키면서 독도의 영토 침탈을 노리는 일본을 항시 주시해야할 것이다.

独島問題の解決はいつか？
：日本が帝国主義式教育を清算し、
生まれ変わるしかない

　今年の8月10日、李明博大統領が独島を電撃訪問した。これは、独島が韓国領土であることを内外に知らしめるためだ。大統領としては初めてだった。私たちの領土である独島に大統領が訪問するのは至極当然のことであり。独島は韓国が実効的に管理している私たち固有の領土である。ところが、日本は韓国大統領の独島訪問について、日本の領土を侵犯した行為であるとして国際司法裁判所に提訴すると問題視した。これは、日本の立場から見れば、韓国が独島を不法に占領しており、元々は日本の領土だという主張だ。日本は実効的に管理していないが日本の領土としての権原を持っているので、少なくとも紛争地域であるという認識を持っているようだ。現在、このような日本の独島認識は政界を超えて、国民大衆に広がっている。日本の独島領土認識はどのように生じたのだろうか？それは他でもない、学校教育だ。

독도 문제의
해결 시점은 언제인가?
: 일본이 제국주의식 교육을 청산하고
새롭게 태어날 때만이 가능하다

올해 8월 10일 이명박 대통령이 독도를 전격적으로 방문했다. 이는 독도가 한국 영토임을 대내외적에 각인시키기 위한 것이다. 대통령으로서 처음 있는 일이다. 우리 영토인 독도에 대통령이 방문하는 것은 당연하다. 한국은 독도는 한국이 실효적으로 관리하고 있는 우리의 고유 영토이다. 그런데 일본은 한국 대통령의 독도 방문에 대해 일본 영토를 침범한 행위라고 하여 국제사법재판소에 제소하겠다고 문제를 삼았다. 일본 측 주장은 실제로 한국이 독도를 불법적으로 점령하고는 있지만 원래 일본 영토라는 주장이다. 일본은 실효적으로 관리하고 있지는 않지만 일본 영토로서의 권원을 갖고 있기 때문에 적어도 분쟁 지역이라는 인식을 갖고 있는 듯하다. 현재 이러한 일본의 독도 인식은 정치권을 넘어 일반 국민 대중에게 확산되고 있다. 일본의 독도 영토 인식은 어떻게 생겨났을까? 그것은 다름 아닌 학교 교육이었다.

　事実上、現在もそうだが、独島が歴史的権原から見ても、昔から韓国領土であることは明らかだった。それを日本帝国は海外領土を拡張しながら、1905年の日露戦争中に独島を隠密な方法で日本の領土に不法編入した。その時代、両国がそれぞれ独島は自分の領土だと思っていた。1945年、第2次大戦で日本が敗れ、ポツダム宣言によって独島も日本の侵略した領土と看做され、韓国が自国の領土として実効的に管理することになった。ところが日本は、1951年の対日平和条約で米国を説得し、独島を日本の領土に規定しようとした。だが、米国を含む連合国は歴史的権原に基づいて、韓国が現実的に実効的管理をしている状況だったので、独島が韓国領土であることを否定することはできなかった。しかしながら米国は、戦後の日本と友好的な関係を築くために、平和条約で独島を韓国の領土として明確に規定することを回避した。日本は対日講和条約の後、連合国の最終的な決定を無視し、米国の立場を一部拡大解釈して、独島領有権を主張し続けてきた。しかし、1965年の韓日協定を前後して、日本政府も独島が韓国領土であることを認める米国の見解を把握し、独島に対する領有権の主張を積極的に行わなかった。ただ、日本政府の立場では、政権維持のレベルでも独島が日本の領土ではないと表明することはなかった。

　こういった理由から、日本政府は韓日協定の後、学校教育で独島問題を積極的に取り上げなかった。このような現象は、保守性向の自民党政権が崩壊して、進歩性向の民主党政権に移譲され、より鮮明になった。ところが最近、自民党は再執権を狙って独島問題を民

사실상 독도는 현재도 그러하지만 역사적 권원으로 보더라도 과거에도 한국 영토임에 분명했다. 그런데 일본제국은 해외 영토를 확장하면서 1905년 러일전쟁 중에 은밀한 방법으로 독도를 일본 영토에 불법 편입했다. 그 시절의 독도는 양국이 제각기 자신의 영토라고 생각했던 것이다. 1945년 제2차 대전에서 일본이 패함으로써 포츠담선언에 의해 독도도 일본의 침략한 영토에 포함되어 한국 영토로서 실효적으로 관리하게 되었다. 그런데 일본은 1951년 대일평화조약에서 미국을 설득하여 독도를 일본 영토로 규정하려고 했다. 그러나 미국을 포함한 연합국은 역사적 권원에 입각하여 한국이 현실적으로 실효적 관리를 하고 있는 상황이었기에 독도가 한국 영토임을 부정할 수 없었다. 그런데 미국은 전후 일본과 우호적인 관계를 유지하기 위해 평화조약에 독도를 한국 영토로서 명확히 규정하는 것을 회피했다. 일본은 대일강화조약 이후 연합국의 최종적 결정을 무시하고 일부 미국의 입장을 과장·확대 해석하여 독도 영유권을 지속적으로 주장해 왔다. 그러나 1965년 한일협정을 전후하여 일본 정부도 독도가 한국 영토임을 인정하는 미국의 견해를 제대로 파악하고, 독도에 대한 영유권 주장을 적극적으로 하지 않았다. 다만 일본 정부 입장에서는 정권을 유지 차원에서라도 독도가 일본 영토가 아니라고 표명할 수는 없었던 것이다.

이러한 이유로, 일본 정부는 한일협정 이후 학교 교육에서 독도 문제를 적극적으로 적용하지 않았다. 이러한 현상은 보수 성향의 자민당 정권이 붕괴되고 진보 성향의 민주당 정권으로 이양되면서 더욱 선명했다. 그런데 최근 자민당은 재집권을 노리고 독도 문제를 민주당 공

主党攻撃の材料とした。自民党は独島に対する領土主権を強く主張しており、保守性向の官僚らも、この時力を合わせて独島領有権教育を強化した。最近、日本政府が小・中・高の教育に独島領有権教育を義務化したのも、防衛白書や外交青書で独島領有権を主張するのもすべてこのような脈絡で、右傾化した日本の官僚主義が恣行する政治的行為である。更に、帝国主義式教育の復活による独島領有権の歪曲行為である。

　果たして、日本が主張するように独島が日本の固有の領土、或いは領土紛争地域なのだろうか？紛争地域は、双方が問題があると認めなければ成立しない。独島が日本の領土として全く問題ないのに、韓国が武力で不法占領したのなら、過去の対日平和条約に関与した連合国所属国は、なぜ独島が日本の領土であることを明確にしないのだろうか？また、このような状況に日本という国は、果たして国際司法裁判所に提訴すると脅しだけかけてじっとしている国なのだろうか？第2次大戦で連合国に敗戦し、日本が侵略した多くの領土はやむなく奪われてしまったが、日本は他国の領土を侵略した帝国主義国家ではなかったのか。日本は未だに他国を侵略したことに罪悪感を持たない国ではないのか？戦争をも辞さないとしても、独島を占領するだけで十分ではないのか？

　日本は1954年に韓国が独島に灯台を設置した時、1962年に韓国と国交回復のための交渉の時、2012年の李明博大統領が独島を訪問した時、その度に3回、韓国政府に独島領土を国際司法裁判所で解決しようと提案した。しかし、一度も成功したことがない。これは、

격의 적격의 소재로 삼았다. 그래서 자민당은 독도에 대한 영토주권을 강하게 주장하고 있고, 보수 성향의 관료들도 여기에 합세하여 독도 영유권 교육을 강화했다. 최근 일본 정부가 초·중·고 교육에 독도 영유권 교육을 의무화한 것, 방위백서나 외교청서에서 독도 영유권을 주장하는 것도 모두 이러한 맥락에서 우경화된 일본 관료주의가 자행하는 정치적 행위이다. 게다가 제국주의식 교육의 부활로 인한 독도 영유권에 대한 왜곡행위이다.

과연 일본이 주장하는 것처럼 독도가 일본의 고유 영토, 혹은 영토 분쟁 지역인가? 분쟁 지역은 양측이 문제가 있다고 인정해야만 성립된다. 정말 독도가 일본 영토로서 전혀 손색이 없는데 한국이 무력으로 불법 점령했다면 과거 대일평화조약에 가담했던 연합국 소속국가들은 왜 독도가 일본 영토임을 명확히 하지 않을까? 또한 이런 상황에 일본이라는 나라가 과연 국제사법재판소에 제소하겠다고 으름장만 놓고 가만히 있을 나라인가? 제2차 대전에서 연합국에 패전하여 일본이 침략한 많은 영토들이 부득이 박탈당하고 말았지만, 일본은 타국영토를 침략한 제국주의국가가 아니었던가. 일본은 아직도 타국을 침략한 것에 대해 죄의식을 갖지 않는 나라가 아닌가? 전쟁을 불사하더라도 독도를 점령하고도 남을 나라가 아닌가?

일본은 1954년 한국이 독도에 등대를 설치했을 때, 1962년 한국과 국교 회복을 위한 협상 때, 2012년 이명박 대통령이 독도를 방문했을 때, 역사상 3번에 걸쳐 한국 정부에 대해 독도 영토를 국제사법재판소에서 해결하자고 제의했다. 그러나 단 한 번 성사된 적이 없다. 그것은

独島が両国の認める紛争地域ではないからである。よって事実上、国際法上、実効性はなく、日本が国際政治を悪用して、韓国が自ら独島主権の一部を譲歩せよという脅迫に過ぎない。日本政府のこのような行為は、帝国主義を否定しない、右傾化教育を受けた官僚らの偏狭な考え方によるものである。国際社会がこれを認めるはずがない。今日の国際社会は、被支配的な立場から見れば、過去の悪辣な帝国主義的行為を清算し、法の定義に基づいて国際社会の新たな飛躍を試みている。そのため、独島問題を国際司法裁判所に提訴すれば、むしろ日本が国際社会から非難されるだろう。

これからは日本も変わらなければならない。日本国民の中でも、国際社会の時代的潮流をしっかりと認識して、既に独島が日本の領土ではないと明らかにしているではないか。世界は今、帝国主義を超え自由主義を経て、新自由主義の時代へと変わりつつある。ところが、日本はまだ帝国主義的な姿から完全に抜け出せずにいる。日本の今後の課題は、帝国主義を克服し、自由主義、新自由主義の時代に向かって早足で進まねばならないだろう。日本が今日、独島を日本領土と主張するのは、まさに帝国主義を反省していない教育のせいである。日本が変わろうとするなら教育を先ず変え、独島教育も見直さなければならない。日本は特有の文化として天皇制が存在する。天皇は日本文化の一断面として、帝国主義とは切り離せねばならない。つまり、天皇制と独島問題、歴史問題は別である。そうでなければ、天皇制を歴史問題と独島問題に重ねてしまうと、独島問題は永遠に紛争地域として残ることになるだろう。

독도가 양국이 인정하는 분쟁 지역이 아니기 때문이다. 이는 사실상 국제법상 실효성 없는 것으로 국제 정치를 악용하여 한국이 스스로 독도 주권의 일부를 양보하라는 협박에 불과하다. 일본 정부의 이러한 행위는, 제국주의를 부정하지 않는 우경화 교육을 받은 관료들의 편협한 사고에 의한 것이다. 오늘날 국제사회는 피지배자적 입장에서 본다면 과거 악랄했던 제국주의적 행위를 청산하고 법의 정의에 입각하여 국제사회의 새로운 도약을 시도하고 있다. 그 때문에 독도 문제를 국제사법재판소에 제소한다면 오히려 일본이 국제사회로부터 비난 받을 것임에 분명하다.

이제는 일본도 변해야 한다. 일본 국민 중에서도 국제사회의 시대적 조류를 제대로 인식하여 이미 독도가 일본 영토가 아니라고 분명히 하고 있지 않는가? 세계는 지금 제국주의를 넘어 자유주의를 거쳐 신자유주의 시대로 변모하고 있다. 그런데 일본은 여전히 제국주의적인 모습을 완전히 벗어나지 못하고 있다. 일본의 향후 과제는 제국주의를 극복하여 자유주의, 신자유주의 시대를 향해 빠른 발걸음을 재촉해야 할 것이다. 일본이 오늘날 독도를 일본 영토라고 주장하는 것은 바로 제국주의를 반성하지 않는 교육의 탓이다. 일본이 변하려면 교육이 먼저 변하여 독도 교육도 재검토해야 할 것이다. 일본은 문화코드로서 천황제가 존재한다. 천황은 일본문화의 한 단면으로서 제국주의와 단절시켜야 한다. 따라서 천황제와 독도 문제, 역사 문제는 별개이다. 그렇지 않고는 천황제를 역사 문제, 독도 문제와 결부시킨다면 독도 문제는 영원히 분쟁 지역으로 남게 될 것이다.

独島問題解決法は、
近視眼的対応ではなく
「遠視眼的対応」のみ…

　独島問題は、韓国が実効的支配を強化すれば日本がこれに抗議して、日本が挑発すれば韓国が反応して起こる、外交問題である。もし日本が挑発しても韓国が無反応を貫いた場合、国際社会は独島を日本の領土だと誤認することになる。独島領土の本質は、歴史的権原に基づき、国際法的に韓国領土である。にもかかわらず、日本の領有権主張によって紛争地域として映り易い。今後、独島問題の解決は、やはり韓国が実効的管理を強化すると同時に、日本の挑発に断固として対応するのみである。領土主権は譲歩と妥協の対象ではないからである。

　ここで日本の挑発に韓国がどう対応するかは、独島の領土主権を守る上で非常に重要である。

　日本が毎年定期的に外交青書、防衛白書を発刊し、時折教科書を

독도 문제의 해법은
근시안적 대응이 아닌
원시안적 대응뿐...

독도 문제는 한국이 실효적 지배를 강화하면 일본이 이에 항의하고, 일본이 도발을 하면 한국이 대응하여 발생하는 외교 문제이다. 만일 일본이 도발할 때 한국이 무대응으로 일관한다면 국제사회는 독도를 일본 영토로 오인하게 된다. 독도 영토의 본질은 역사적 권원에 의거하여 국제법적으로 한국 영토임에 분명함에도 불구하고 일본의 영유권 주장에 의해 분쟁 지역으로 비추어지기 쉽다. 향후 독도 문제의 해결은 역시 한국이 실효적 관리를 강화하고 동시에 일본의 도발에 단호하게 대응하는 방법뿐이다. 영토주권은 양보와 타협의 대상이 아니기 때문이다.

여기서 일본의 도발에 대해 한국이 어떻게 대응하느냐는 독도의 영토주권을 수호하는데 매우 중요하다.

일본이 매년 정기적으로 외교청서, 방위백서를 발간하고, 간간이 교

検定するために過去毎年のように、独島問題が発生しており、今後も継続的に発生するだろう。日本の挑発への対応方法を巡って、以前韓国国内で両論が対立したことがある。近視眼的対応と遠目的対応である。近視眼的対応は、独島問題が顕在化したら、むしろ独島が紛争地域化すると同時に、韓日関係が悪化するということが問題の中核で、両国間の紛争を避けるためにも可能な限り消極的に対応すべきという立場だ。逆に遠視眼的対応は、領土主権守護の問題を中核に置き、独島は本質的に韓国の領土であるから韓日関係が悪化しても領土主権を明確にする必要があり、積極的に対応すべきという立場である。

独島問題の解決策は、日本が過去の侵略歴史問題を直視せず、国際社会においても公論化されていないため、近視眼的な対応では外交による平和的解決は不可能である。であれば、遠視眼的な対応だけが、独島問題の解決策である。独島問題の本質を公論化し、世界普遍的価値判断を基準にして領有権問題が解決されなければならない。これが公論化されていなければ両国の主張だけが広がって、問題の本質が歪曲され、まるで紛争地域のように顕在化することは明らかである。逆にそれが公論化すればするほど、独島の領土的権原が韓国にあるので、独島が韓国の領土としてより明確になる。

歴代韓国政府の日本の独島挑発への対応姿勢を見れば、政権によって近視眼的対応もあり、遠視眼的な対応もあった。李承晩政府は平和線を宣言して対内外的に独島の領土主権を明確にし、朴正熙

과서를 검정하기 때문에 매년 독도 문제가 발생했고, 향후에도 지속적으로 발생할 것이다. 일본의 도발에 대한 대응 방법을 두고 과거 한국 내에서는 양론이 대립되었다. 그것이 바로 근시안적 대응과 원시안적 대응이었다. 근시안적 대응은 독도 문제가 표면화되면 오히려 독도가 분쟁 지역화되고 동시에 한일 관계가 악화된다는 것을 문제의 핵심으로 삼아 양국 간의 분쟁을 피하기 위해서라도 최대한 소극적으로 대응해야 한다는 것이다. 반대로 원시안적 대응은 영토주권 수호를 문제의 핵심으로 보고 독도가 본질적으로 한국 영토이기 때문에 한일 관계가 악화되더라도 영토주권을 명확히 해야 하므로 적극적으로 대응해야 한다는 입장이다.

독도 문제의 해결 방안은 일본이 과거 침략의 역사 문제를 직시하지 않는 상황에서 국제사회에 공론화되지 않는 근시안적 대응으로는 외교에 의한 평화적 해결은 불가능하다. 그렇다면 원시안적 대응만이 독도 문제의 해결 방안이다. 독도 문제의 본질을 공론화하여 세계 보편적 가치 판단 기준으로 영유권 문제가 해결되어야 한다. 그것이 공론화되지 않는다면 양국의 주장만이 팽배하여 문제의 본질이 왜곡되면서 마치 분쟁 지역처럼 표면화될 것임에 분명하다. 반대로 그것이 공론화 되면 될수록 독도의 영토적 권원이 한국에 있기 때문에 독도가 한국 영토로서 더욱 명백해진다.

역대 한국 정부의 일본의 독도 도발에 대한 대응자세를 보면, 정권에 따라 근시안적 대응도 있었고 원시안적 대응도 있었다. 즉 이승만 정부는 평화선을 선언하여 대내외적으로 독도의 영토주권을 명확히

政府は韓日協定で独島が韓国領土であることを貫き、金泳三政府は独島の船着場を建設して実効的管理を強化し、盧武鉉政府は日本の測量船が独島上陸を試みた時、従来の排他的経済水域の鬱陵島起点を放棄し、独島基点を宣言した。李明博政府は対外的に独島が韓国領土であることを明確にするために、歴代大統領として初めて独島を訪問し、実効的管理を強化した。

　一方、全斗煥政府と盧泰愚政府は「静かな外交」が最善策として、独島入島及び施設の拡充を制限し、金大中政府は独島の管理を強化するどころか、独島周辺海域で日本が要求する共同漁労区域の設定に同意し、漁業主権に対する日本の立場を押し広げて独島挑発の名分を提供する結果をもたらした。

　今後、独島問題の解決に最も大きな影響を与える要因は、現在の韓国が歴史的権原を基に、独島を領土として実効的に管理を強化していることだ。既に独島は韓国が実効的に管理を強化してきたので、韓国文化の内在する島となった。しかし、もし過去の歴代政府が皆、独島の実効的管理を強化せずに近視眼的な対応で一貫してきたなら、今の独島は自然のままの無人岩礁状態である。そのような状況で、韓日両国が実効的支配に対する状況的証拠なしに、専ら自分だけに有利な歴史的権原を掲げて領有権を主張するなら、第3者的な側面から、紛争地域に誤認されるしかない。結局独島問題は、国際社会の世論に押されて、国際司法裁判所に直行するしかなくなっていただろう。

했고, 박정희 정부는 한일협정에서 독도가 한국 영토임을 관철했고, 김영삼 정부는 독도에 선착장을 건설하여 실효적 관리를 강화했으며, 노무현 정부는 일본의 측량선이 독도 상륙을 시도했을 때 종래 배타적 경제수역의 울릉도 기점을 포기하고 독도 기점을 선언했다. 이명박 정부는 대외적으로 독도가 한국 영토임을 명확히 하기 위해 역대 대통령으로서 처음으로 독도를 방문하여 실효적 관리를 강화해왔던 것이다.

반면 전두환 정부와 노태우 정부는 조용한 외교가 최선책이라고 하여 독도에 대한 입도 및 시설물 확충을 제한했고, 김대중 정부는 독도의 관리강화는커녕 오히려 독도 주변 해역에 일본이 요구하는 공동어로구역 설정에 동의하여 어업 주권에 대한 일본의 입지를 넓혀 주어 독도 도발의 명분을 제공하는 결과를 초래했다.

향후 독도 문제 해결에 가장 큰 영향을 미치는 요인은 바로 현재 한국이 역사적 권원을 바탕으로 독도를 영토로서 실효적으로 관리를 강화하고 있는 것이다. 이미 독도는 한국이 실효적으로 줄곧 관리를 강화해 왔기에 한국 문화가 내재된 섬이 되었다. 그런데 만일 과거 역대 정부들이 모두 독도에 있어 실효적 관리를 강화하지 않고 근시안적 대응으로 일관해왔다면 지금의 독도는 자연 그대로의 무인 암초 상태로 있을 것이다. 그런 상황에서 한일 양국이 실효적 지배에 대한 상황적 증거 없이 오직 자신에 유리한 역사적 권원만을 내세워 영유권을 주장한다면 제3자적 측면에서 볼 때 분쟁 지역으로 오인될 수밖에 없다. 결국 독도 문제는 국제사회의 여론에 떠밀려 국제사법재판소로 직행하지 않을 수 없게 되었을 것이다.

独島管理、尖閣紛争を教訓に
「有人島としての主権表示」積極的に大急ぎで

現在の尖閣諸島_{中国名：釣魚島}は、日本が実効的に支配している無人島である。この島は、中国と台湾が領有権を主張している紛争地域だ。ところが、去る2月2日、中国の海洋警察船団が尖閣諸島12海里の海域に進入し、14時間に亘り航海して日中両国の海洋船団が対立した。今回8月7日には、4隻の中国海洋警察船が尖閣12海里の海域に進入して、24時間留まり、この海域に入ってくる日本の巡視船を追い出すという事態が発生した。日本の立場から見れば、自分らの領土が一時的ではあるが、中国に乗っ取られたかたちだ。

元々、尖閣諸島は日本が日清戦争中に密かに領土として編入措置を取ったが、それ以前には中国が歴史的権原を持つ地域であった。第2次世界大戦終戦後、米国が沖縄を信託統治し、この島を管轄としていたが、1972年に米国が沖縄を返還する際、日本の要請を受け入れて管轄権を日本に渡した。それで、今日の日本が実効的に占有

독도 관리,
센카쿠 분쟁 교훈으로
'유인도로서의 주권 표시'
적극적으로 서둘러야

현재 센카쿠 제도尖閣諸島, 중국명: 다오위다오(釣魚島)는 일본이 실효적으로 지배하고 있는 무인도이다. 이 섬은 중국과 대만이 영유권을 주장하고 있는 분쟁 지역이다. 그런데 지난 2월 2일 중국 해양경찰선단이 센카쿠 제도 12해리 해역에 진입, 14시간 동안 항해하여 중일 양국 해양선단이 대립했다. 이번 8월 7일에는 4척의 중국 해양경찰선이 센카쿠 12해리 해역에 진입하여 24시간 동안 머물면서 이 해역에 들어오는 일본 순시선을 쫓아내는 일이 발생했다. 일본 입장에서 보면 자신들의 영토가 일시적이긴 하지만 중국에 탈취당한 것이었다.

원래 센카쿠 제도는 일본이 청일전쟁 중에 은밀히 영토로서 편입 조치를 취했지만, 그 이전에는 중국의 역사적 권원을 갖고 있는 지역이었다. 제2차 대전 종전 후 미국이 오키나와를 신탁 통치하면서 이 섬을 관할하고 있었는데, 1972년 미국이 오키나와 반환하면서 일본의 요청을 받아들여 관할권을 일본에 넘겨주었다. 그래서 오늘날 일본이 실

している島となった。ところが、尖閣諸島の領土紛争は、1968年に国連の東シナ海調査報告を通じて、尖閣諸島周辺に大量の石油資源が埋蔵されているという事実が報道されるや、中国と台湾が領有権を主張し始め、領土紛争に発展した。1972年の日中共同宣言と1978年の日中平和条約を締結する際には、中国側の「領土問題は存在するが、将来平和的に解決されるだろうから、留保にしよう」という要求に、日本が暗黙的に同意したという経緯がある。

　だが、日本は現在、自分らが占有している島をなぜこのような状況にまでしてしまったのだろうか？勿論根本的な理由は、近代日本帝国が弱体の中国を狙って他国の領土を侵略したことだが、中国が島の主権を放棄することなく強力に領有権を主張するため、日本政府が実際に島を占有していながらも、中国との紛争を懸念して日本国民の上陸と施設設置を禁止し、島に対する実効的な措置を怠って無人島として放置したのである。なので、尖閣諸島は実際に合法的な建築物の存在しない無人島である。もし尖閣諸島が独島のように何かしら施設が存在し、日本国民の存在する島であったなら、中国海洋船団が12海里に進入し、戦争を覚悟した島奪還事件のようなことは起らなかっただろう。この事件は、尖閣諸島が無人島であったために生じたことで、両国の国民が互いに最初に島を占領して主権行使をするというものだった。

　今、中国の干渉が激しい状況なので、日本は尖閣諸島に日本国民の居住や施設を建てることとは不可能である。かといって過去の侵略戦争を認めていない日本は、尖閣諸島の領土主権を決して放棄し

효적으로 점유하는 섬이 되었다. 그런데 센카쿠 제도의 영토 분쟁은 1968년 유엔의 동중국해 조사 보고를 통해 센카쿠 제도 주변에 대량의 석유자원이 매장되어있다는 사실이 보도됨에 따라 중국과 대만이 영유권을 주장하면서 영토 분쟁이 시작되었던 것이다. 1972년의 일중공동선언과 1978년의 일중평화조약을 체결할 때에는 중국 측이 '영토 문제는 존재하지만 후세에 현명하게 해결될 것이므로 유보하자'는 요구에 일본이 암묵적으로 동의한 경위를 갖고 있다.

그런데 일본은 현재 자신들이 점유하고 있는 섬을 왜 이런 상황까지 만들고 말았을까? 물론 근본적인 이유는 근대 일본제국이 약체의 중국을 노려서 타국의 영토를 침략했던 것이지만, 중국이 섬의 주권을 포기하지 않고 강력하게 영유권을 주장함으로써 일본 정부가 실제로 섬을 점유하고 있으면서도 중국과의 분쟁을 우려하여 일본 국민의 상륙과 시설물 설치를 금지했다. 결국 섬에 대한 실효적 조치를 게을리 해 무인도로 방치했기 때문이다. 그래서 센카쿠 제도는 실제로 합법적인 건축물이 존재하지 않는 무인도이다. 만일 센카쿠 제도가 독도처럼 일본의 시설물이 존재하고 일본 국민이 상주하는 섬이었더라면, 최근 중국 해양선단이 12해리에 진입하여 전쟁을 각오하는 섬 탈환 사건 같은 일은 벌어지지 않았을 것이다. 이 사건은 센카쿠 제도가 무인도였기 때문에 생긴 일로 양국 국민이 서로 먼저 섬을 점령하여 주권 행사를 하겠다는 것이었다.

이제 중국의 간섭이 극에 달해 있는 상황까지 와 있기 때문에 일본은 센카쿠 제도에 일본 국민의 거주나 시설물 건축이 불가능하다. 그렇다고 과거 침략 전쟁을 인정하지 않는 일본이 센카쿠 제도의 영토주

ないだろう。この島は現在、日中両国が相互に認める最も危険な紛争の島になったのだ。

　尖閣諸島の領土紛争の解決方法は、島と周辺海域を共同で管理する以外に方法はない。そうでなければ、小さな島を巡る問題で両国関係が極度に対立し、互いの国益を損なうことは明らかである。なぜなら、日本側が現在、実効的に占有している状況で、領土問題が存在しない日本の領土であるという認識が強すぎるため島を放棄しないだろうし、中国側は社会主義国家として、国際司法裁判に慣れていない部分もあるが、領土を放棄してしまうと、中国国内に抱える少数民族の分離独立を煽る要因となる可能性があるので、島を放棄することはないだろう。であれば、両国が譲歩的なリーダーシップを発揮しない限り、領土問題のために対峙する状況は続くことになる。

　独島問題に中日間の尖閣諸島紛争を教訓にするなら、先ず、日本が独島を軍事的に占領しないように一日も早く推進中の総合科学基地建設、接岸施設拡大のための防波堤設置、大規模な入島支援センターの建設などを行い、韓国人の居住する韓国文化の島を作ることだ。また、大韓民国の国民誰もが自由に出入りする島として認識させるために、過去にタブー視されていた大統領の独島訪問を定例化すべきである。同時に、独島の領土的権原が韓国側にあるという事実を日本国民に積極的に広報し、自ら領土主権を放棄するようにさせるべきだ。ここから私たちは、「島を無人島として管理することは、国力が傾けば島の所有者も変わる」という教訓が得られる。

권을 포기하지 않을 것이다. 이 섬은 이제 중일 양국이 상호 인정하는 가장 위태한 분쟁의 섬이 된 것이다.

센카쿠 제도의 영토 분쟁 해결법은 섬과 주변 해역을 공동으로 관리하는 것 이외는 방법이 없다. 그렇지 않는다면 작은 섬 문제로 양국 관계가 극도로 대치하여 서로의 국익을 해칠 것임에 분명하다. 왜냐하면, 일본 측은 현재 실효적으로 점유하고 있는 상황이기 때문에 영토 문제가 없는 자국의 영토라는 인식이 너무 강하여 섬을 포기하지 않을 것이고, 중국 측은 사회주의 국가로서 국제사법재판에 익숙하지 않은 부분도 있지만, 영토를 포기한다는 것은 중국 내에 안고 있는 소수민족들의 분리 독립을 부추기는 요인으로 작용할 가능성이 있기 때문에 섬을 포기하는 일은 없을 것이다. 그렇다면 양국이 양보적인 리더십을 발휘하지 않는 한 영토 문제 때문에 극도로 대치하는 상황이 지속될 것이다.

독도 문제에 대해, 중일 간의 센카쿠 제도 분쟁을 교훈으로 삼는다면, 우선 일본이 독도를 군사적으로 점령을 하지 못하도록 하루라도 빨리 현재 독도에 추진 중인 종합과학기지 건설, 접안시설 확대를 위한 방파제 설치, 대규모의 입도지원센터 건립 등을 서둘러서 한국 사람이 거주하는 한국 문화의 섬을 만들어야 한다. 또한 대한민국 국민 누구나가 자유롭게 드나드는 섬으로 인식시키기 위해 과거에 터부시 되었던 대통령의 독도 방문을 정례화해야 할 것이다. 동시에 독도의 영토적 권원이 한국 측에 있다는 사실을 일본 국민들에게 적극적으로 홍보하여 스스로 영토주권을 포기하게 해야 한다. 여기서 우리는 '섬을 무인도로 관리하는 것은 국력이 기울면 섬의 주인도 바뀐다'는 교훈을 얻게 된다.

尖閣諸島の教訓から
独島守護方法を
知ろう

　日本の極右団体「がんばれ日本」は5月26日午前、漁船4隻に30人が乗って、日本の海上保安庁所属の艦艇10隻の監督と保護を受けながら尖閣水域で釣りを決行した。「がんばれ日本」が中国海監が尖閣海域に進入することに抗議して、今回が今年に入って四回目のデモだ。中国の海監26号、46号、66号が編隊を成して尖閣12海里の海域に進入したが、日本の海上保安庁と対峙した後、退いた。このように、現在の尖閣諸島は日中両国の右翼団体が島の進入を試み、その背後で両国の公船が睨み合って随時衝突する島となった。

　尖閣諸島は、現在日本が管轄権を持っているが、日本の人々は住んでおらず、何の施設もないため日本領土としての形跡が全くない。それは1972年に米国が沖縄を日本に返還し、尖閣諸島の管轄権を沖縄の一部として日本に引渡したが、1968年に国連が東シナ海に

센카쿠 제도의 교훈에서
독도 수호 방법을
바로 알자

일본 극우 단체 '간바레 닛폰'힘내라 일본은 5월 26일 오전에 30여 명이 탄 어선 4척이 일본 해상보안청 소속 함정 10여 척의 감독과 보호를 받으면서 센카쿠 수역에서 낚시질을 했다. '간바레 닛폰'은 중국 해감선이 센카쿠 해역에 진입하는 것에 항의하여 금년 들어 네 번째로 센카쿠 제도 해상에서 시위를 벌였다. 중국 해감선 26호, 46호, 66호가 편대를 형성하여 센카쿠 12해리 해역에 진입하였다가 일본 해상보안청과 대치한 후 물러났다. 이처럼 현재의 센카쿠 제도는 일중 양국의 우익 단체들이 섬의 진입을 시도하고 그 배후에는 양국의 공선이 따라붙어 수시로 충돌하는 섬이 되었다.

센카쿠 제도는 현재 일본이 관할권을 갖고 있지만 일본 사람이 살지 않고 아무런 시설물도 없어서 일본 영토로서의 흔적이 전혀 없다. 그것은 1972년 미국이 오키나와를 일본에 반환하면서 센카쿠 제도의 관

は石油資源が埋蔵されていると発表して以来、中国が領有権を主張し始め、既に紛争地域となっていたので、無人島として放置するしかなかったのである。かといって、中国の領土として何か文化がある訳でもない。どちらか一方でも最初に上陸すれば主人になれるような島だから、今日両国の極右団体が身を捨てて、かわるがわる着陸を試みている。

尖閣諸島は現在、両国が対峙する島になったので、もしそこに上陸して施設を建設した場合、軍事的対立は火を見るよりも明らかだ。

実際、尖閣諸島は、歴史的には中国の領土としての権原があったが、1895年に日本が清を侵略した時、中国の知らぬ間に無主地先占の法理で領土措置を取った。米国は沖縄を日本に返還し、共産陣営だった中国の肩は持たず、その管轄権も日本に返還し、事実上領有権問題については、紛争地域であることを認めた。

ここで私たちは、尖閣諸島を通して独島の領土守護のための、貴重な教訓を得ることができる。

独島は1945年、韓国の解放と共に連合国が歴史的権原に基づき、SCAPIN第677号などで韓国領土であることが認められたので、1948年8月15日に鬱陵郡南面道洞1号として行政措置が下された。1948年に米軍独島爆撃事件が起きた時には、慶尚北道知事が出席し、1951年に「独島遭難漁民慰霊碑」を建立し、1953年には独島義勇守備隊が常駐、「韓国領土」という石碑を立て、1956年から国家警察が警備任務を引き受け、現在鬱陵警察署所属の独島警備隊40人が勤務している。更に、1954年に灯台を設置し、1980年には崔鍾徳氏が独島居住を開始し、彼が死亡した後は、1991年から金成道氏夫婦が居住して

할권을 오키나와의 일부로서 일본에 넘겨주었으나, 1968년 유엔이 동중국해에 석유자원이 매장되어 있다고 발표한 이후 중국이 영유권을 주장하여 이미 분쟁 지역이 되어있었기 때문에 무인도로 방치할 수밖에 없었다. 그렇다고 중국 영토로서의 아무런 문화도 없다. 외견상으로 어느 한쪽이라도 먼저 상륙하면 주인이 되는 듯한 섬이 되어 오늘날 양국의 극우 단체들이 번갈아 과감히 몸을 던져 상륙을 시도하고 있다.

센카쿠 제도는 이제 양국이 극도로 대치하는 섬이 되었기에 만일 그곳에 상륙하여 시설물을 건축한다면 군사적 대치가 불 보듯 뻔하다.

사실 센카쿠 제도는 역사적으로는 중국 영토로서의 권원이 있었는데, 1895년 일본이 청나라를 침략했을 때 중국 몰래 은밀히 무주지 선점 이론으로 영토 조치를 취했다. 미국은 오키나와를 일본에 반환하면서 공산진영이었던 중국의 편을 들지 않고 그 관할권을 일본에게 반환하면서 사실상 영유권 문제에 대해서는 분쟁 지역임을 인정했다.

여기서 우리는 센카쿠 제도를 통해 독도 영토 수호를 위한 값진 교훈을 얻을 수 있다.

독도는 1945년 한국 해방과 더불어 연합국이 역사적 권원에 의거하여 SCAPIN677호 등으로 한국 영토임을 인정하였기에 1948년 8월 15일 울릉군 남면 도동 1번지로서 행정 조치가 내려졌다. 1948년 미군 독도 폭격 사건이 일어났을 때는 경상북도지사가 참석하여 1951년 '독도조난어민위령비'를 건립했고 1953년에는 독도의용수비대가 상주하면서 '한국 영토韓國領土'의 표지석을 세웠으며 1956년부터 국립 경찰이 경비 임무를 인수하여 현재 울릉경찰서 소속 독도경비대 40여 명이 근무하고 있다. 또한 1954년 등대를 설치했고 1980년 최종덕의 독도 거

おり、何百人もの観光客が毎日のように独島を訪れる。このように、独島は韓国が排他的に管理する、自由の島となった。ところが日本は、以前からこのあらゆる措置が違法であると激しく抗議した。しかしこれは、当時の連合国を始めとする国際社会も認めない、ナショナリズムによる一方的な主張であった。もし、今日の独島も尖閣諸島のように人も住まない、灯台、兵舎などの建物もない島になっていたら、日本の右翼らが日本の巡視船の護衛の下に、虎視眈々と独島占領を敢行しようとしただろうし、日本政府も露骨に独島侵略を試みただろう。日本が領有権を主張する北方領土も、ロシアが連合国と合意したヤルタ会談に依拠して島を占領後、住んでいた日本人らを追放してロシア人を住まわせ、ロシア文化の息づく島を作ったので、日本の右翼らは、敢えてここを侵犯しようとはしない。

今日の「竹島は日本の領土」という日本の無理強いに決して対応せず、韓日間の外交関係が悪化するという一部の誤った主張にごまかされ独島の実効的管理を疎かにすれば、尖閣諸島のような状況になり、そのつけは後日、メガトン級で返ってくるという事実を忘れないことを願う。

美しい私たちの領土を全身全霊をかけて戦い、知恵を持って守ってきた先祖に改めて頭を下げ、感謝したい。実効的管理だけが、日本の右翼を寄せ付けなくさせる唯一の選択肢という教訓をしっかり噛みしめねばならない。日本の右翼は国益のためなら隣人の不幸も幸せにする俗物だ。彼らの後ろには、常に、日本政府の挑発が隠れ潜んでいる。

주를 비롯 그가 사망한 후 1991년부터 김성도 부부가 거주하고 있고, 게다가 매일같이 수백 명의 관광객들이 독도를 방문한다. 이처럼 독도는 한국이 배타적으로 관리하는 자유로운 섬이 되었다. 그런데 일본은 과거부터 이 모든 조치가 불법이라고 꾸준히 항의했다. 그러나 당시 연합국을 비롯한 국제사회도 용인하지 않은 내셔널리즘에 의한 일방적 주장이었다. 만일 오늘날 독도도 센카쿠 제도처럼 사람도 거주하지 않고 등대, 막사 등의 구조물도 없는 섬이 되었다면 일본 우익들이 일본 순시선의 호위를 받으면서 호시탐탐 독도 점령을 감행하려고 했을 것이고, 일본 정부도 노골적으로 독도 침략을 시도했을 것이다. 일본이 영유권을 주장하는 북방 영토도 러시아가 연합국과 합의한 얄타회담에 의거하여 섬을 점령한 후 거주하던 일본인들을 추방하고 러시아인들을 살게 하여 러시아 문화가 숨 쉬는 섬을 만들었기에 일본 우익들이 감히 이곳을 침범하려 하지 못하고 있다.

오늘날 '다케시마가 일본 땅'이라는 일본의 억지에 단호히 대응하지 않고 한일 간의 외교관계가 악화된다는 일각의 잘못된 주장에 호도되어 독도의 실효적 관리를 소홀히 한다면 센카쿠 제도와 같은 상황이 되어 그 재앙은 훗날에 메가톤 급으로 닥쳐온다는 사실을 망각하지 않기를 바란다.

아름다운 우리의 강토를 온몸으로 적과 싸우면서 슬기롭게 지켜 온 선조들에게 다시 한 번 고개 숙여 감사를 드리며, 실효적 관리만이 일본 우익들을 얼씬하지 못하게 하는, 유일한 대안이라는 교훈을 잘 되새겨야 할 것이다. 일본 우익들은 국익을 위해서라면 이웃의 불행도 행복해하는 속물들이다. 그들의 뒤편에는 늘 일본 정부의 도발이 숨어 있다.

国家指導者の
強力なリーダーシップだけが
日本の独島挑発
止めさせられる

　歴史的に見ると、近代に入って大韓帝国は勅令41号を以って鬱島郡の行政区域に入れ、独島が韓国領土であることを内外に宣言した。一方、日本政府は日清戦争のどさくさに乗じて、国際社会が分からないよう隠密な方法で島根県告示40号の「竹島」編入措置を取った。

　日本の侵略主義は、1945年に米国を始めとする連合国の反撃に阻止され、降伏した。連合国は、1946年SCAPIN677号で暫定的な措置として、独島を韓国領土に含めた。また、マッカーサーも、韓日両国の漁業境界のためマッカーサーラインを宣言し、独島を韓国側の境界内に含めていた。1952年、連合国は日本を相手に第2次世界大戦を終結するため、対日平和条約を締結し、日本領土の範囲を最終的に決定しないとならなかったが、独島の地位については、何の結

국가 지도자의
강력한 리더십만이
일본의 독도 도발
멈출 수 있다

　역사적으로 보면 근대에 들어와서 대한제국은 칙령41호를 가지고 울도군의 행정구역에 포함시켜 독도가 한국 영토임을 대내외에 선언했다. 한편 일본 정부는 혼란한 청일전쟁을 틈타 국제사회가 알지 못하도록 은밀한 방법으로 시마네 현 고시40호로 '다케시마' 편입 조치를 취했다.

　일본의 침략주의는 1945년 미국을 비롯한 연합국의 반격으로 저지당하여 항복했다. 연합국은 1946년 SCAPIN677호의 잠정적인 조치로 독도를 한국 영토에 포함시켰다. 또한 맥아더는 한일 양국의 어업 경계선을 위해 맥아더라인을 선언하여 독도를 한국 측 경계선 내에 포함시켰다. 1952년 연합국은 일본을 상대로 제2차 세계대전을 종결하기 위해 대일평화조약을 체결하여 일본의 영토 범위를 최종적으로 결정해야 했는데, 독도의 지위에 대해서는 아무런 결론을 내리지 않았다.

論も下さなかった。1965年、韓日両国は、国交回復のための韓日会談で、互いに独島が自分の固有の領土だと主張した。しかし、最終的には韓日協定で、独島に対する領土主権意識の強い、韓国の固有領土論を日本は特に否定しなかった。1974年の韓日両国が大陸棚協定を結んだ時、日本は独島を韓国の境界線内に含むことに同意した。しかし1998年、日本は1965年の韓日協定時に締結した漁業協定を一方的に破棄して韓国に新たな漁業協定を要求し、独島を共同管理水域とした。このように、独島に対して韓国、日本、米国を始めとする連合国は、それぞれ数回に亘って独島に関連する漁業水域の設定、大陸棚境界の設定、領土措置などを行った。

特に、日本の政治的措置には共通した特徴がある。日露戦争中、韓国政府の混乱した国内外の事情を悪用して、「竹島」を日本領土に編入する措置を取り、また、韓国が国際通貨基金から金融支援を受けている状況の下で、新韓日漁業協定を強制した。このように、日本は韓国が政治的、経済的危機に瀕している時に、独島に関連する問題で挑発的な措置を取ってきたのだ。

これらの措置は、法の定義が基になったものではなかった。独島に関連する諸懸案は外交問題であるため、法的手段で解決することができない。必ず政治的な妥協という外交的な方法で解決される。独島は古代新羅時代以降ずっと、韓国が実効的に管理してきた固有の領土である。そのため、独島の領土主権を求める日本の挑発に応じるはずがなかった。独島問題は、最終的には政治的な方法で解決

1965년 한일 양국은 국교 회복을 위해 한일회담을 하면서 서로 독도가 자신의 고유 영토라고 주장했다. 그러나 결국 한일협정에서 일본은 독도에 대한 영토주권 의식이 강했던 한국의 고유 영토론을 부정하지 못했다. 1974년 한일 양국이 대륙붕협정을 체결할 때 일본은 독도를 한국의 경계선 내에 포함시키는 것에 동의했다. 1998년 일본은 1965년의 한일협정 때에 체결한 어업 협정을 일방적으로 파기하고 한국에 대해 새로운 어업 협정을 요구하여 독도를 공동관리수역에 포함시켰다. 이처럼 독도에 대해 한국, 일본, 미국을 비롯한 연합국은 제각기 여러 번에 걸쳐 독도와 관련되는 어업 수역 설정, 대륙붕 경계 설정, 영토 조치 등을 취했다.

특히 일본의 정치적 조치에는 공통된 특징을 갖고 있다. 러일전쟁 중 한국 정부의 혼란한 국내외 사정을 악용하여 '다케시마'를 일본 영토에 편입하는 조치를 취했고, 또한 한국이 국제통화기금의 금융 지원을 받아야 하는 금융 위기 상황에서 신한일어업협정을 강요했던 것이다. 이와 같이, 일본은 한국이 정치적, 경제적 위기에 처해 있을 때 독도와 관련되는 도발적 조치를 취해 왔던 것이다.

이러한 조치들은 반드시 법의 정의가 바탕이 된 조치는 아니었다. 독도와 관련되는 제 현안은 외교 문제이기 때문에 법적 수단으로 해결될 수 없다. 반드시 정치적 타협이라는 외교적인 방법으로 해결된다. 독도는 고대 신라 시대 이후 한국이 독도를 줄곧 실효적으로 관리해온 고유 영토이다. 그 때문에 독도의 영토주권을 요구하는 일본의 도발에 응할 리 없었다. 독도 문제는 국제사법재판소와 같은 법의 정의에 의

されることになる。

　日本は1954年の平和線宣言、1962年の韓日会談、2013年の李明博大統領の独島訪問など、その時毎に3回に亘って局在司法裁判所で独島問題を解決しようと提案してきた。独島は歴史的権原に則って法的な定義に立脚し、韓国が固有の領土として実効的に管理している。領土主権を侵奪しようとする日本の侵略行為に、韓国は応じる訳もないが、決して応じてはならない。このように日本の国際司法裁判所云々という行為は、法の定義を装った高度な政治的行為である。

　これまで韓国が独島に対して何度も強力な実効的措置が取れたのは、1946年の連合国のSCAPIN677号の精神に基づき、解放と共に独島を実効的に管理していたからである。特に、国家指導者の強力なリーダーシップが存在した場合にのみ、それが可能だった。李承晩大統領の平和線設置、警察駐屯、灯台設置、朴正熙大統領の韓日協定での独島領土主権の確立、金泳三大統領の独島の船着場建設、盧武鉉大統領の独島入島許可と排他的経済水域の独島基点宣言、李明博大統領の独島訪問などが、それである。これらの措置は、領土主権守護というよりも、日本の抗議によって韓日関係の悪化を先ず懸念していたなら、不可能なことだっただろう。

　現在も未来も日本の挑発は続く。国内的には毎年、学校教育の義務化、防衛白書、外交青書などを通じて日本国民に向かって「竹島」が日本領土だという教育をしている。対外的には国際社会に向けて

한 해결이 불가능하기 때문에 최종적으로는 정치적인 방법으로 해결될 것임에 분명하다.

일본은 1954년의 평화선 선언, 1962년의 한일회담, 2013년 이명박 대통령의 독도 방문 등 지금까지 3번에 걸쳐 독도 문제를 국재사법재판소에서 해결하자고 제안했다. 독도는 역사적 권원에 의거한 법적 정의를 바탕으로 한국이 고유 영토로서 실효적으로 관리해 오고 있다. 영토주권을 침탈하려는 일본의 침략 행위에 한국은 응할 리도 없지만, 응해서도 안 된다. 이처럼 일본의 국제사법재판소 운운하는 행위는 법의 정의를 가장한 고도의 정치적 행위이다.

지금까지 한국이 독도에 대해 여러 번 강력한 실효적 조치를 취할 수 있었던 것은 1946년의 연합국의 SCAPIN677호 정신에 따라 해방과 더불어 독도를 실효적으로 관리하고 있었기 때문이다. 게다가 국가 지도자의 강한 리더십이 존재했을 때만이 그것이 가능했다. 이승만 대통령의 평화선 설치, 경찰 주둔, 등대 설치, 박정희 대통령의 한일협정에서의 독도 영토주권 확립, 김영삼 대통령의 독도 선착장 건립, 노무현 대통령의 독도 입도 허가와 배타적 경제수역의 독도 기점 선언, 이명박 대통령의 독도 방문 등이 있다. 이러한 조치는 영토주권 수호보다 일본의 항의에 의한 한일 관계의 악화를 우선적으로 우려했다면 불가능한 일이었을 것이다.

현재도 미래에도 일본의 도발은 계속된다. 국내적으로는 매년 학교교육의 의무화, 방위백서, 외교청서 등을 통해 일본 국민을 향해 '다케시마'가 일본 영토라는 교육을 시키고 있다. 대외적으로는 국제사회를

日本の領土である「竹島」を韓国が武力で不法占拠していると強弁しながら、救援を要請している。日本政府は、測量船を独島近海に派遣するなど、様々な脅迫的な方法で圧力を掛けたが、韓国がそれに屈服しなかったため、国際社会に向けて虚偽の宣伝を始めたのだ。国際社会が独島領有権の本質を知るはずがない。日本は善良な国際社会を、偽りの扇動に追従するよう仕向ける。これは、国際社会を欺く行為であり、隣国の領土主権への挑発行為である。

　先に論証したように、現在の朴槿恵大統領の独島政策の方向性は、領土主権を守護するために、日本の顔色を見ることもないし見てもならない。韓日関係の梗塞を懸念して、実効的な独島管理を疎かにしてはならない。日本の独島挑発がある時には、堂々と独島を訪問しよう。強力なリーダーシップだけが、領土の裾子独島を子々孫々伝えることができる。

향해 일본의 영토인 '다케시마'를 한국이 무력으로 불법 점거하고 있다고 강변하면서 구원을 요청하고 있다. 일본 정부는 측량선을 독도 근해에 파견하는 등 다양한 협박적인 방법으로 압박했으나 한국이 거기에 굴복당하지 않자, 국제사회를 향해 거짓 선전을 시작했던 것이다. 국제사회가 독도 영유권의 본질을 알 리가 없다. 일본은 선량한 국제사회를 거짓 선동에 추종하라고 요구한다. 이는 국제사회를 조롱하는 행위이며, 이웃나라 영토주권에 대해 도발 행위이다.

앞에서 논증한 바와 같이 현 박근혜 대통령의 독도 정책 방향은 영토주권을 수호하는데 일본의 눈치를 볼 이유도 없고 봐서도 안 된다. 한일 관계의 경색을 우려하여 실효적인 독도 관리를 소홀해서도 안 된다. 일본의 독도 도발이 있을 때는 당당히 독도를 방문하자. 강력한 리더십만이 영토의 막내 독도를 후손에게 물려줄 수 있다.

「創造的独島政策」だけが
日本の「偽」に勝つ

　日本は毎年定期的、不定期的に独島挑発行為を強化している。最近になって、日本は「韓国が日本の領土である「竹島」を不法占領をしていながらも、国際司法裁判所でこの問題を解決しようとする日本の提案を回避する」と宣伝している。外務省のホームページには、2008年に「竹島問題を理解するための10のポイント」というタイトルで竹島が日本の領土であるという虚偽のロジックを作り、世界の主要な10の言語で広報している。また、去る10月16日「竹島に関する動画」というタイトルで、YouTubeに投稿し、たった20日間で50万再生数を超え、英語版「法と対話して解決策を見つけに行こう」も載せ、5日間で再生数8万件を記録した。このように、日本は非常に創造的な独島挑発政策で国際社会の世論を動かす、相当な破壊力を持っている。韓国側の慶北警察庁がこれを真似て、10月24日「私

'창조적 독도 정책'만이
일본의 '거짓'을 이긴다

일본은 매년 정기적, 부정기적으로 독도 도발 행위를 강화하고 있다. 최근에 들어와서 일본은 "한국이 일본 영토인 '다케시마'를 불법 점령하고 있으면서도 국제사법재판소에서 이 문제를 해결하자는 일본의 제의를 기피한다."라고 선전하고 있다. 외무성의 홈페이지에는 2008년 '다케시마 문제를 이해하기 위한 10포인트'라는 제목으로 죽도가 일본 영토라는 거짓 논리를 만들어 세계에 영향력 있는 10개국의 언어로 홍보하고 있다. 또한 10월 16일 '다케시마에 관한 동영상'이란 제목으로 유튜브에 올려 20일 만에 50만의 조회 건수를 넘었고, 영문판 '법과 대화로 해법을 찾아 가자'를 올려 5일 만에 8만 건수를 기록했다. 이처럼 일본은 아주 창조적인 독도 도발 정책으로 국제사회의 여론을 움직이는 상당한 파괴력을 갖고 있다. 한국 측의 경북경찰청이 이를 모방하여 10월 24일 '우리는 대한민국 독도경비대원입니다'라는 제목으로 독

たちは大韓民国独島警備隊員です」というタイトルで、独島警備隊員らの生活の様子をYouTubeに投稿したが、2週間で再生数9000件にとどまった。これは創造的な政策は破壊力を持ち、模倣的な政策は薄っぺらく見えるということを物語っている。

　このように最近、独島に対する偽りの論理で、日本は国際社会の世論を煽りながら、独島領土主権に挑戦している。ところが、これを相手に対応すべく韓国政府の独島政策はどうなのだろうか?

　率直に言って、韓国政府の独島政策はあまり目に付かない。韓国は独島政策に多大な予算を投入し、展示用に近い学術シンポジウム、鬱陵島現地に関連展示館の建設などに熱を上げている。これは、あまり日本の独島挑発への対応策にはならない。韓国は日本が挑発する度に一対応方法に腐心し、日本のような方法で対応するのに汲々としている。韓国は、日本国民や国際社会に独島の本質を伝えるための創造的な対外政策は、ほぼ消滅した状態である。敢えて言及するなら、戸籍の移動、公示の策定、独島の住所と岩礁の名付け、領有権を主張する10ポイントの作成、独島教育の今など、日本に振り回されながら日本の政策を真似たものはあっても、創造的な独島政策はなかった。

　それでも、今日韓国が私たちの領土、独島を実効的に管轄できるようになったのは、歴代政府の創造独島政策のお蔭だ。1952年の平和線宣言、1953年の義勇守備隊の独島常駐、1954年の灯台設置、1956年の警察駐屯、1965年の韓日協定で、日本から12海里の領海と

도경비대원들의 생활 모습을 유튜브에 올렸는데, 2주일간에 조회 수가 9000건에 머물렀다. 그것은 창조적인 정책은 파괴력을 갖지만, 모방적인 정책은 시들시들하다는 것을 말해 준다.

이처럼 최근 일본이 독도에 대한 거짓 논리로 국제사회의 여론을 선동하면서 독도 영토주권에 도전하고 있다. 그런데 이를 상대해서 대응해야 하는 한국 정부의 독도 정책은 어떠한가?

솔직히 한국 정부의 독도 정책은 그다지 눈에 띄지 않는다. 한국은 독도 정책에 엄청난 예산을 투입하여 전시용에 가까운 학술 심포지움, 울릉도 현지에 관련 전시관 기념관 건립 등에 열을 올리고 있다. 이는 그다지 일본의 독도 도발에 큰 대응책이 되지 못한다. 한국은 일본이 도발할 때마다 대응 방법을 부심하다가 일본을 따라 같은 방법으로 대응하는데 급급하다. 한국은 일본 국민이나 국제사회에 독도의 본질을 알리는 창조적인 대외정책은 거의 소멸된 상태이다. 굳이 언급한다면, 호적 옮기기, 공시가 책정하기, 독도의 주소 및 암초 이름 명명하기, 영유권을 주장하는 10포인트 만들기, 독도 교육 따라 하기 등 일본에 끌려 다니면서 일본 정책을 모방한 것은 있어도 창조적 독도 정책은 없었다.

그나마 오늘날 한국이 우리의 영토 독도를 실효적으로 관할하게 된 것은 과거 역대 정부들의 창조적 독도 정책의 덕분이다. 1952년의 평화선 선언, 1953년의 의용수비대의 독도 상주, 1954년의 등대 설치, 1956년의 경찰 주둔으로 1965년 한일협정에서 일본으로부터 12해리 영해와 더불어 독도의 실효적 관리를 암묵적으로 인정을 받아 내었다.

共に独島の実効的管理に暗黙の了解を得た。そして、1981年の崔鍾徳チェ・ジョンドク氏、1991年金成道キム・ソンド氏夫婦が住民として独島常駐、1997年の船着場建設、2005年に観光客への独島訪問開放、2008年の韓昇洙ハン・スンス国務総理と、2012年、李明博大統領の独島訪問などを受け、国際社会を欺くために国際司法裁判所に提訴云々などという日本の独島挑発に、堂々と対応できるようになったのだ。これらの措置の共通点は、すべて韓国文化を創り出す、私たちの施設と私たちの領土主権行為として領有権を強固にする実効的な管理措置である。一方、日本は独島を実際に管轄できない立場にあるので、このような措置を取ることはできない。賢明な先祖の創造的な独島政策のお蔭で、実効的管轄をしている韓国だからこそできることである。日本は間接的な方法ではあるが領有権を強化するための防衛白書、外交青書、学校教育と、マスコミを通して独島挑発を試み、対外的には外務省ホームページの「竹島10ポイント」、YouTubeで「竹島領有権」を推進するなどで独島挑発を敢行している。だがこういった日本の動きは、すべて創造的で奇抜な政策と言え、国際社会を欺くための、かなりの破壊力を持っている。

　国際社会は、独島が本質的に韓国領土であることをよく知らない。独島が日本の領土であるという日本の嘘が、国際社会に蔓延しているということが大きな問題である。韓国政府の当面の緊急課題は、これを防ぐことである。

　韓国が独島を実効的に管理するようになった過去の経験から、対

그리고 1981년의 최종덕과 1991년 김성도 부부의 주민으로서의 독도 거주, 1997년의 선착장 건설, 2005년의 관광객의 독도 방문 허용, 2008년의 한승수 국무총리와 2012년 이명박 대통령의 독도 방문 등으로 국제사회를 속이기 위해 국제사법재판소 제소 운운하는 일본의 독도 도발에 당당히 대응할 수 있게 된 것이다. 이들 조치의 공통점은 모두 한국 문화를 창출하는 우리의 시설과 우리의 영토주권 행위로서 영유권을 견고히 하는 실효적 관리 조치이다. 반면 일본은 독도를 실제로 관할할 수 없는 입장에 있기 때문에 이런 조치를 취할 수가 없다. 현명한 선조들의 창조적인 독도 정책 덕분에 우리 영토로서 실효적 관할을 하고 있는 한국만이 가능한 일이다. 그래서 일본은 간접적인 방법으로 영유권을 강화하기 위해 방위백서, 외교청서, 학교 교육과 매스컴을 통해 독도 도발을 시도하고, 대외적으로는 외무성 홈페이지의 '죽도 10포인트' 게시와 유튜브로 '죽도영유권'을 홍보하는 등으로 독도 도발을 감행하고 있다. 그럼에도 불구하고 이러한 조치들은 모두 창조적이며 기발한 정책으로 국제사회를 눈속임하는데 상당한 파괴력을 갖고 있다.

국제사회는 독도가 본질적으로 한국 영토임을 잘 알지 못한다. 독도가 일본 영토라는 일본의 거짓말이 국제사회에서 먹히고 있다는 것이 큰 문제이다. 한국 정부의 시급한 과제는 이를 차단하는 것이다.

한국이 독도를 실효적으로 관리하게 된 과거의 경험으로 본다면, 현 시점에서 대내적으로는 독도에 실효적 조치를 강화하고, 대외적으로는 독도가 한국의 영토라는 일본어판 책자를 배포하여 독도의 본질을

内的には独島の実効的措置を一層強化し、対外的には日本語版で、独島が本質的に韓国の領土だというパンフレットを配布して、独島を相手国の国民にきちんと知らせ、また、国際社会に向けては、日本の行為が虚偽であることを証明する、創造的な独島政策が急務である。

　もうこれ以上、嘘で自国民を騙し、国際社会も欺いて他国の領土を貪る日本の野蛮な行為は、居場所がなくなるように阻止すべきである。

상대국의 국민에게 제대로 알려야 한다. 또한 국제사회를 향해서 일본의 행위가 거짓임을 알리는 창조적 독도 정책이 시급이다.

거짓으로 자국민과 국제사회를 속여서 타국의 영토를 탐내는 일본의 야만적인 행위들이 더 이상 설 자리가 없도록 차단해야 할 것이다.

独島主権放置が
実用外交ではない

　李明博大統領のリーダーシップを疑う世論が急速に広がっている。狂牛病騒ぎに続き、独島の領土主権に対する確固たる意志までも疑い始めた。5日、大統領府ホームページの自由掲示板に、「MB李明博が独島を日本の領土だと言った」という内容が載せられ、ポータルサイト検索語1位に浮上した。確固とした独島の領土主権に対する意志が、揺らいでいる。

　過去の「無反応が上策」という韓国政府の消極性によって、2006年に日本が測量船を派遣し、韓国の独島領土主権に挑戦するという事件が起こった。国際水路機関に韓国独島の海底地形名登録ができないよう阻止することが、日本の狙いだった。一触即発の状況になり、韓国政府が衝突を回避しようという苦肉の策を講じ、海底地形名登録を取り下げる独島外交の脆弱性を露呈させた一件を、忘れる

독도 주권 방치가
실용 외교 아니다

이명박 대통령의 리더십을 의심하는 국민 여론이 급속도로 확산되고 있다. 광우병 파동에 이어 독도 영토주권에 대한 확고한 의지도 의심하기 시작했다. 5일 청와대 홈페이지의 자유게시판에 "MB가 독도를 일본땅이라고 했다"라는 내용이 게재되면서 포털 검색어 1위로 부상했다. 확고했던 독도 영토주권에 대한 의지가 동요하고 있다.

과거 무대응이 상책이라는 한국 정부의 오류로 말미암아 마침내 2006년에는 일본이 측량선을 파견하여 한국의 독도 영토주권에 도전하는 사건이 발생하기도 했다. 일본이 국제수로기구에 한국의 독도 해저지명 등재를 저지하기 위한 것이었다. 결국 일촉즉발 상황에서 한국 정부가 충돌을 피하려는 고육책으로 해저지명 등재를 취하하는 독도 외교의 취약점을 드러냈던 기억을 잊을 수 없다.

당시 노무현 대통령이 이를 주권에 대한 도전으로 간주해 대일성명

ことができない。

　当時の盧武鉉大統領がこれを主権に対する挑戦と看做し、対日声明を通じて、すべての外交システムを停止することがあっても強く対応するという意思を持って日本を非難した。その後、日本政府は直接独島問題の言及を回避するなど、日本政府の挑戦行為が多少鎮静化する雰囲気にあった。

　しかし、実用的な外交を標榜した李明博政府との韓日首脳会談が決まって間もなく、日本外務省は「韓‐日新時代」を表明しながらも、一方では、外務省のホームページに日本語・韓国語・英語で新たに10項目を追加し、促すパンフレットも作り、19日、日本の文部科学省が社会科中学校教科書に独島を固有の領土と明記する方針を決定するなど、むしろ独島に対する領土政策を露骨に強化した。

　「古い課題でありながら懸案である独島・教科書問題は、多少日本側で挑発していることがあっても、心にしまって、あからさまにするのはやめよう」とした李大統領の発言後、駐日大使館のホームページから独島・東海表記・歴史教科書の項目が削除された点を考え合わせると、李明博政府は前政府の積極的で堂々とした独島外交を踏襲せず、消極的な外交で回っていたようだ。

　領土主権と実用的な外交は全く別の問題だ。領土主権を口実に、どんなに大きな実益を得たところで何の意味があるだろうか？駐日大使館のホームページで、なぜ独島問題を削除したのかが理解できない。過去の経験を生かすなら、日本は何十年も挑発の機会を待っ

을 통해 모든 외교시스템을 중지하는 한이 있어도 강력히 대응하겠다는 의지로 일본을 비난했다. 그 뒤 일본 정부는 직접적인 독도 문제의 언급을 회피하는 등 일본 정부의 도전 행위가 다소 진정되는 분위기에 있었다.

그런데 실용 외교를 표방한 이명박 정부와의 한-일 정상회담이 예정되자마자, 일 외무성은 '한-일 신시대'를 표명하면서도 다른 한편으로는 외무성 홈페이지에 일어·한국어·영어로 새로이 10항목을 추가하고 홍보 팸플릿을 제작했고, 지난 19일 일본 문부과학성이 사회과 중학교 교과서에 독도를 고유 영토로 명기할 방침을 결정하는 등 오히려 독도에 대한 영토 정책을 노골적으로 강화하고 있다.

"낡은 과제이면서도 현안인 독도·교과서 문제는 다소 일본 쪽에서 도발하는 경우가 있어도 호주머니에 넣어 두고 드러내지 말자"라는 이 대통령의 발언 이후 주일대사관 홈페이지에 독도·동해 표기, 역사교과서 항목이 삭제되었다는 점을 고려해 볼 때, 이 정부는 외견상으로는 전 정부의 적극적이고 당당한 독도외교를 철회하고, 소극적인 외교로 선회하고 있는 듯하다.

영토주권과 실용 외교는 전혀 별개 문제다. 영토주권을 빌미로 아무리 큰 실익을 얻은들 무슨 의미가 있겠는가? 주일대사관의 홈페이지에서 왜 독도 문제를 삭제했는지 이해가 되지 않는다. 과거 경험을 되살리면 수십 년이라도 도발의 기회를 기다렸다가 도전적으로 국익을 챙기는 것이 변함 없는 일본 외교의 특징이다. 일본은 이명박 정부의 소극적인 독도 정책을 반전의 기회로 삼고 있다. 이 대통령이 사후 약방

て挑戦的に国益を持って行くことが、変わりない日本外交の特徴である。日本は李明博政府の消極的な独島政策を、逆転のチャンスと考えている。李大統領がその後、起死回生の策で「独島、強く対応せよ」と命じたと言うが、日本は韓国の大統領を絶対に恐れはしないだろう。

戦後60余年、日本の独島に対する態度を見てもよく分かる。「無反応が上策」という韓国の独島政策の失敗と日本の挑発的な態度を、この目でとくと確認した。領土主権は堂々と明らかにすることが、最善の方策である。

独島は第2次大戦での日本の敗戦で、連合国が歴史的権原権利の源泉の上に韓国領土として処理し、現在実効的に支配している紛れもない韓国固有の領土だ。それでも1999年、漁業協定で独島を中間水域に含む独島外交で失敗を経験した。

独島は明白な韓国の領土として国際法上、独島基点の200海里排他的経済水域が確保できるようになっている。しかし、むしろ日本が韓国の実効的支配を妨害しようと、ずっと独島基点の「排他的経済水域EEZ」の確定を求めている。前盧武鉉大統領がこれに強く対応して、従来の誤った鬱陵島基点の主張を修正し、独島基点200海里「排他的経済水域」の状態にある。このような見地は、李政府でも決して変わらない主権行為である。

문식으로 '독도, 강력히 대응하라'고 주문했다고 하지만, 일본은 한국 대통령을 절대로 무서워하지 않을 것이다.

전후 60여 년 일본의 독도에 대한 태도를 보더라도 잘 알 수 있다. 무대응이 상책이라는 한국의 독도 정책의 실패와 일본의 도발적인 태도를 두 눈으로 확인했다. 영토주권은 당당하고 분명하게 하는 것이 최선의 방책이다.

독도는 2차대전에서 일본의 패전으로 연합국이 역사적인 권원 위에서 한국 영토로 우선 처리해 현재 실효적으로 지배하고 있는 당당한 한국의 고유 영토다. 그럼에도 99년 어업협정에서 독도를 중간수역에 포함하는 독도 외교의 실패를 경험했다.

독도는 명명백백한 한국 영토로서 국제법상 독도 기점의 200해리 배타적 경제수역을 확보하도록 되어 있다. 그런데 오히려 일본이 한국의 실효적 지배를 방해하려고 줄곧 독도 기점의 '배타적 경제수역'EEZ 확정을 요구하고 있다. 전 노무현 대통령이 이에 강력히 대응해 종전의 잘못된 울릉도 기점 주장을 수정해 독도 기점 200해리 '배타적 경제수역'을 주장한 상태에 있다. 이러한 견지는 이 정부에서도 결코 변할 수 없는 당당한 주권 행위다.

朴槿恵政府 「独島入島サポートセンター」中止、 誤った判断

　朴槿恵政府が独島の東島に推進していた590㎡の2階建て、避難施設の入島支援センター建設計画を中止した。去る1日、首相主宰の行政自治部、外交部、海洋水産部などの関係長官会議で、天然記念物である独島の環境を害する恐れがあるという理由で、来年度予算に反映しないことにしたというのだ。入島サポートセンターの設置は、2008年、李明博政府が日本の歴史歪曲行動に対抗して領有権を強化するために、23件のプロジェクトのうちの一つとして計画された。多くの国民が入島サポートセンターの建設を楽しみにしていた。朴槿恵政府も2013年に関連する予算30億ウォンを確保し、今年10月末までに建設業者の入札を終えて11月中に工事を開始、2017年に完成する予定だった。なのに朴槿恵政府はなぜ、急に入島サポートセンターの建設断念を宣言したのだろうか？日本がこの上なく喜

박근혜 정부의
"독도입도지원센터" 포기는
오판이다

박근혜 정부가 독도의 동도에 추진 중이던 590㎡의 2층 규모, 피난 시설인 입도지원센터 건설 계획을 취소했다. 지난 1일 총리 주재의 행자부, 외교부, 해양수산부 등의 관계장관회의에서 천연 기념물인 독도의 환경을 해칠 수 있다는 이유에서 내년도 예산에 반영하지 않기로 했다는 것이다. 입도지원센터 설치는 2008년 이명박 정부가 일본의 역사 왜곡 행태에 맞서 영유권을 강화하기 위해 23개 프로젝트 중의 하나로 계획되었다. 많은 국민들이 입도지원센터의 건립을 고대하고 있었다. 박근혜 정부에서도 2013년 관련 예산 30억원을 확보하여 금년 10월 말까지 건설업체 입찰을 마무리하고 11월 중 공사를 시작하여 2017년에 완공한다는 계획을 세우고 있었다. 그런데 박근혜 정부는 왜 난데없이 입도지원센터 건립 포기를 선언했을까? 일본은 아주 반가워했는데, 아베 정권은 이미 외교적 성과라고 자찬했다. 이명박 정부가

んでいる。安倍政権は既に、外交的成果と自賛している。李明博政府が任期初期に「独島問題を心にしまっておく」と言ったが、国民から多大な非難を受けた時と何が違うのだろうか？到底納得のいかない措置である。日本は韓国政府の今回の措置をどのように受け止めたのだろうか？「朴槿恵大統領が首脳会談を誘うためのパフォーマンスだ！韓国に独島が自国の領土である自信がないからだ！やっぱり日本が怖いんだ！これから日本が一段と強硬に領有権を主張してこそ、韓国から譲歩を得ることができるだろう！」などと幸せに浸ってるのではないだろうか？安倍政府の右傾化政策に、力を貸す結果になってしまった。

　過去の政府でも、軟弱な独島政策で日本に独島挑発の口実を提供してしまったことがあった。「独島は我が土地」の歌を歌えなくしたこと、独島を千年記念碑として指定し、独島入島を制限したこと、新韓日漁業協定で独島周辺の海を共同管理水域としたこと、鬱陵島基点宣言で海洋主権を縮小したこと、日本測量船の領海進入で国際水路機関への韓国海底形名称登録を諦めたことなど、日本の挑発に助力してしまった。その時は、経済の依存関係のため、やむを得ずそうするしかなかった部分もなくはなかった。ところが、今回の場合は、韓国政府が自ら入島サポートセンターの建設を取り消した。領土守護の次元で、独島歴史上とてつもない失策として刻印されることだろう。

　朴槿恵政府は入島サポートセンターの建設中止を表面的に「安全管理、環境、文化財、景観などと関連し、更なる検討が必要で」と言う。苦しい言い訳にしか聞こえない。領土守護の意志がない、弱腰

임기 초기에 "독도 문제를 호주머니 속에 넣어두겠다."라고 했다가 국민들에게 엄청난 비난을 받은 것과 무엇이 다를까? 도저히 납득이 가지 않는 조치이다. 일본은 한국 정부의 이번 조치를 어떻게 받아들일까? "박근혜 대통령이 정상회담을 유인하기 위한 제스처이다! 한국은 독도가 자국 영토라는 자신감이 없어서다! 역시 일본이 무서워서다! 앞으로 일본이 더욱 강경하게 영유권을 주장해야 한국에게서 양보를 받아낼 수 있겠구나!" 등등으로 행복해하지 않을까? 아베의 우경화 정책에 힘을 실어주는 결과가 되고 말았다.

과거 정부에서도 나약한 독도 정책으로 일본에 독도 도발의 빌미를 제공한 적이 있었다. "독도는 우리땅" 노래를 못 부르게 한 것, 독도를 천년기념물로 지정하여 독도에 입도를 제한한 것, 신한일어업협정으로 독도 주변바다를 공동관리수역으로 한 것, 울릉도 기점 선언으로 해양주권을 축소한 것, 일본 측량선의 영해 진입으로 국제수로기구에 한국식 해산 명칭 등재를 포기한 것 등 일본의 도발에 힘을 실어 주었다. 그때는 경제의 의존적 관계 때문에 부득이했던 부분도 없지 않았다. 그런데 이번의 경우는 한국 정부가 스스로 입도지원센터 건립을 취소했다. 영토 수호 차원에서 독도 역사상 엄청난 실책으로 각인될 것이다.

박근혜 정부는 입도지원센터 건립 취소의 이유를 표면적로 '안전관리, 환경, 문화재, 경관 등과 관련해 추가로 검토가 필요해서'라고 한다. 구차한 변명으로 밖에 들리지 않는다. 영토 수호의 의지가 없는 저자세 굴욕 외교라고 귓가에 윙윙거린다. 독도가 일본의 도발이 없는

の屈辱外交だと耳に何度も響く。独島が、日本の挑発のない穏やかな島であれば分かる。しかし、今は日本が虎視眈々と紛争化を狙う島である。それでも解放以後、その過酷な状況の中でも、歴代政権が日本の挑発に屈することなく、警察駐屯、「韓国領」石碑、通信施設、有人灯台、漁民宿泊施設、船舶接岸施設などを建設することにより、誰が見ても韓国文化の息づく、明々白々たる韓国領土にした。

　今、入島サポートセンターは、不可欠な施設である。独島が完全な韓国の島に認識されるには、365日私たち国民が常に滞在できる島にならねばならない。ある漁師が居住しているからと、任せっきりにしてはいけない。

　今回の措置は、国内政治を超えて外交政治に及ぼす影響の方が多大である。日本はこういった出来事を計算し、今後、より強硬に挑発を敢行することは明らかである。それでなくとも日本は毎年防衛白書、外交青書、教科書改訂などで定期的に挑発を敢行している。韓国政府は、どのような理由であっても絶対に主権問題、独島政策に消極的な姿を見せてはならない。日本が日本側の解釈で誤解するためである。

　今回も工事の日程上、外交的条件などを考慮して延期が避けられなかっただけなのなら、そのように公然と中止を宣言することはなかった。いつものように、近いうちに日本の独島挑発に駐日大使を召還する日が必ず来る。静かに施行時期を待ってから、その対応措置として工事を施行すればよかった。独島の入島支援センター建設は、絶対に放棄してはならない。「日本政府の努力による外交的成果」云々という誤解だけは、払拭させねばならない。

평온한 섬이라면 말이 된다. 그러나 지금은 일본이 호시탐탐 분쟁화를 노리는 섬이다. 그나마 해방 이후 그 열악한 상황 속에서도 역대 정권들이 일본의 도발에 굴하지 않고 경찰병력 주둔, "한국령" 표지석, 통신시설, 유인등대, 어민숙소, 선박접안시설 등을 건설함으로써 누가 보더라도 한국 문화가 살아 숨 쉬는 명명백백한 한국의 영토로 만들어놓았다.

현재 입도지원센터는 꼭 필요한 시설이다. 독도가 완벽한 한국의 섬으로 인식되려면 365일 우리 국민이 늘 머물 수 있는 섬이 되어야한다. 한 어부가 거주하는 생색내기 식으로 비추어져서는 안 된다.

이번 조치는 국내 정치를 넘어 외교 정치에 미치는 영향이 더 엄청나다. 일본은 이런 것들을 축척하여 앞으로 더 강경하게 도발을 감행할 것임에 분명하다. 그렇지 않아도 일본은 매년 방위백서, 외교청서, 교과서 개정 등으로 정기적 도발을 감행하고 있다. 한국 정부는 무슨 이유에서든지 절대로 주권 문제인 독도 정책에 소극적인 모습을 보여서는 안 된다. 일본이 일본식으로 오해를 하기 때문이다.

이번 일도 공사일정 상 외교적 여건 등을 고려하여 연기가 불가피했다면 그렇게 공공연하게 취소를 선언할 일은 아니었다. 늘 그랬듯이 조만간에 일본의 독도 도발로 주일대사를 소환하는 일이 반드시 생긴다. 조용히 시행시기를 기다렸다가 그 대응조치로서 공사를 시행하는 것이 옳았다. 독도의 입도지원센터 건립은 절대로 완전 포기해서는 안 된다. '일본 정부의 노력에 의한 외교적 성과' 운운하는 오해만은 불식시켜 줘야한다.

安倍政権と 朴槿恵政権間の 韓日関係、 このまま放っておくのか？

　現在、韓日間で、独島、東海の名称、慰安婦、歴史教科書歪曲問題で大きなジレンマを経験している。「独島」問題は、新羅時代以来、独島が韓国の固有の領土であるにもかかわらず、日本が日露戦争中に大陸侵略の一環として国際法を悪用し、独島を無主地という名目で先取りし、編入措置を取るかたちで生じた。なので、日本が韓国領土として認めれは、問題は円満に解決される。「東海」と「日本海」の問題は、歴史的に見ると、1531年に「新東国輿地勝覧」などで「東海」という名称が使用されたが、18〜19世紀の西洋の影響でナショナリズムが高揚していた時期に、韓国では「朝鮮海韓国海」日本では「日本海」という呼称が登場し始めた。19世紀末、日本は大陸侵略期に全面的に「日本海」と表記した。特に、現在の呼称問題となる海は、韓国領土の独島に対して日本が領有権を主張しているため、

아베 정권과
박근혜 정권 사이의
한일 관계
이대로 둘 것인가?

현재 한일 간에는 독도, 동해 명칭, 위안부, 역사교과서 왜곡 문제로 큰 갈등을 겪고 있다. '독도' 문제는 신라 시대 이래 독도가 한국의 고유 영토임에도 불구하고, 일본이 러일전쟁 중에 대륙 침략의 일환으로 국제법을 악용하여 독도를 무주지라는 명목으로 선점하여 편입 조치를 취하는 형태로 한국 영토를 침략하여 생긴 것이다. 그러기에 일본이 한국 영토로 인정하면 문제가 해결된다.

'동해·일본해' 문제는 역사적으로 보면 1531년 '신증동국여지승람' 등에서 '동해'라는 명칭이 사용되었는데, 18~19세기 서양의 영향으로 내셔널리즘이 고양되던 시기에 한국에서는 '조선해한국해' 일본에서는 '일본해'가 등장하기 시작했다. 19세기 말 일본은 대륙침략기에 전면적으로 '일본해'로 표기했다. 특히 현재 명칭 문제가 되는 바다에는 한국 영토인 독도에 대해 일본이 영유권을 주장하고 있기 때문에 매우 중요

非常に重要な問題である。なぜなら、日本が日本海にある島、即ち独島が日本の領土だとごねるからだ。最も理想的な解決方法は、十分譲歩して、海を2つに分けて、日本側の海は「日本海」、韓国側の海は「東海」または「韓国海」と表記することだ。でなければ現在、米国各州で活発に行われている「東海と日本海」の併記も、現実的な方策である。しかし日本が「日本海」単独表記を求めるため、問題になる。慰安婦問題は、太平洋戦争中に日本政府が計画的に介入し、純真無垢な若い娘を強制連行したことで生じた。日本政府が介入したという明確な証拠がある以上、日本政府がこれを認めて謝罪すれば解決する。しかし、太平洋戦争中に国家の守護神として君臨した天皇の名の下に強行された出来事なので、これを認めれば、神聖なる天皇の権威を毀損することになる。そういった事情であれば、日本政府ではなく天皇が直接出て来て、事実を認めさえすれば解決できる問題である。

　ヨーロッパでのナチス・ドイツの戦争犯罪と、東アジアでの天皇国日本の戦争犯罪は、残虐だというところが同等である。しかし、ドイツは過去の歴史を清算して、今では堂々とした模範国となった。ところが日本政府は、天皇制にのめり込んで神聖視されている天皇を汚してはならないと、過去の歴史清算ができずにいる。ならばこれらの解決策は、日本政府ではなく、天皇が直接出て来て過去の歴史の過ちを認めれば良い。

　日本はこれらの懸案について、1955年の保守政党である自民党と、進歩政党である社会党で構成される両党体制が成立した後、社

한 문제이다. 왜냐하면 일본이 일본해에 있는 섬, 즉 독도가 일본 영토라고 떼를 쓰기 때문이다. 그래서 가장 이상적인 해결방법은 십분 양보하여 바다를 둘로 나누어 일본 측의 바다는 '일본해', 한국 측의 바다는 '동해' 또는 '한국해'로 표기하면 된다. 최소한 방법으로는 현재 미국 각주에서 활발하게 진행되고 있는 '동해와 일본해'의 병기도 현실적인 방안이다. 그런데 일본은 '일본해' 단독 표기를 요구하고 있기에 문제이다.

위안부 문제는 태평양전쟁 중에서 일본 정부가 계획적으로 개입하여 순진무구한 어린 처녀들을 위안부로 강제하여 생긴 문제이다. 일본 정부가 개입했다는 명확한 증거가 있는 이상, 일본 정부가 이를 인정하고 사죄하면 해결된다. 그런데 태평양전쟁 중에 국가수호신으로서 군림했던 천황의 이름 아래 자행되었던 일이기에 이를 인정하면 신성시되는 천황의 권위를 훼손한다는 것이다. 그러한 사정이라면 일본 정부가 아닌, 천황이 직접 나서서 사실을 시인하면 해결되는 문제이다.

유럽에서 나치 독일의 전쟁 범죄와 동아시아에서 천황국가 일본의 전쟁 범죄는 잔악하기로는 대등하다. 그런데 독일은 과거사를 청산하여 지금은 당당한 모범국가가 되었다. 그런데 일본 정부는 천황제에 매몰되어 신성시되는 천황을 욕되게 해서는 안 된다는 이유로 과거사 청산을 못하고 있다. 그렇다면 그 해법은 일본 정부가 아닌, 천황이 직접 나서서 과거사의 잘못을 인정하면 된다.

일본은 이들 현안에 대해, 1955년 보수정당인 자민당과 진보정당인 사회당으로 구성되는 양당 체제가 성립된 이후, 사회당은 뼈저린 침략

会党が痛切な侵略戦争の反省として自民党の軍国主義国家への回帰を防いできた。ところが1993年、腐敗と矛盾に陥った自民党政府の独断を防ぐために8つの野党が連合して、歴史上初めて、新たな野党連立政権を創り出したが、その過程で社会党が政権を掌握するために自民党と結託したため、政権は、再び自民党に移った。革新政党である社会党が少数政党に没落することにより、日本は再び軍国主義への回帰を本格化した。現在第1野党である民主党は、事実上、自民党から分離されて出てきた政党であるため、理念的に自民党と大差のない軍国主義を志向する勢力と言える。

　このような状況で、2012年12月に登場した安倍政権は、軍国主義を基にした戦前の天皇制国家と酷似している。安倍政権は、自民党20年の時の長期不況による経済政策の失敗を非難して政権を創り出した民主党が、逆にマニフィストの守れない失態を突かれて、誕生した。安倍政権は、韓国、北朝鮮、中国などの脅威論を煽り、国民のナショナリズムを刺激して軍国主義に回帰する保守右傾化政策を積極的に推進している。

　過去「55年体制」以降、政権を握った自民党政権が社会党の牽制で、世界の普遍的な価値を追求していた時代もあった。しかし、安倍政権は極右保守として、国際感覚のない国内志向的な価値観を持っている。

　現在、両国間には懸案を解決するための様々な努力がなされているが、日本は自分らは譲らず、韓国側の譲歩だけを要求する。差し

전쟁을 반성하며 자민당의 군국주의국가로의 회귀를 막아 왔다. 그런데 1993년 부패로 모순에 빠진 자민당 정부의 독단을 막기 위해 8개 야당이 연합하여 역사상 처음으로 새로운 야당 연립 정권을 창출했으나, 그 과정에 사회당이 정권을 장악하기 위해 자민당과 야합하는 바람에 정권은 다시 자민당으로 넘어갔다. 혁신정당인 사회당이 소수정당으로 몰락함으로써 일본은 다시 군국주의로의 회기가 본격화되었다. 현재 제1야당인 민주당은 사실상 자민당에서 분리되어 나온 정당이기 때문에 이념적으로 자민당과 별반 차이가 없는 군국주의를 지향하는 세력이다.

이러한 상황에서 2012년 12월에 등장한 아베 정권은 군국주의를 바탕으로 했던 전전의 천황제국가와 흡사하다. 아베 정권은 자민당의 20년 장기불황 경제 정책의 실패를 비난하면서 정권을 창출했던 민주당이 국민과의 화려한 약속을 지키지 못하는 상황을 이용하여 탄생하였다. 아베 정권은 한국, 북한, 중국 등의 위협론을 부추겨 국민들에게 내셔널리즘을 자극하여 군국주의로 회기하는 보수 우경화 정책을 적극적으로 추진하고 있다.

과거 '55년 체제' 이후 집권했던 자민당 정권이 사회당의 견제로 세계 보편적인 가치를 추구하던 시절도 있었다. 그러나 아베 정권은 극우 보수로서 국제적인 감각이 없는 국내 지향적인 가치관을 갖고 있다.

현재 양국 간에는 현안 해결을 위한 다양한 노력이 있지만, 일본은 자신들은 양보하지 않고 한국 측의 양보만 요구할 것이다. 다급한 한국은 늘 '미래지향적인'이라는 수식으로 양보를 자처하여 종속 관계의

迫っている韓国はいつも「未来志向的な」という修飾語に譲歩を決め、従属的な韓日関係を規定している。将来対等な韓日関係のためには、日本の反省を促さない訳にはいかない。

日本は米国を同盟国にするため、屈辱的なほど腰を曲げながら追従する。韓国は日米同盟国の関係を超えた、米国との外交関係を維持しなければならない。また、領土紛争などで日本と対立関係にある中国・ロシアとの外交関係を強化し、共同で対応しなければならない。

その一方で韓国は、対日政策を多元化する必要がある。日本が独島問題において、毎年防衛白書、外交青書、「竹島の日」の行事、教科書改訂などに定期的な挑発を敢行している。その度に外交が断絶されるなら、通常の国家ではない。韓国は外交断絶を防ぐために、従来の管轄部署を「懸案問題担当」、「文化政策担当」、「経済政策担当」のような管轄庁に格上し、懸案問題に起因する紛争が生じたとしても、経済や文化交流に及ぼす影響を最小化し、外交関係を常時化せねばならないだろう。

한일 관계를 규정해왔다. 미래의 대등한 한일 관계를 위해서는 일본의 반성을 촉구하지 않을 수 없다.

일본은 미국을 맹방동맹국으로 만들기 위해 굴욕적일 만큼 허리를 숙이면서 추종한다. 한국은 일미 맹방 관계를 뛰어넘는 미국과 외교 관계를 유지해야 한다. 또한 영토 분쟁 등으로 일본과 대립 관계에 있는 중국, 러시아와의 외교 관계를 강화하여 공동으로 대응해야 한다.

한편 한국은 대일정책을 다원화할 필요가 있다. 사실 일본이 독도 문제에 있어서 매년 방위백서, 외교청서, '죽도의 날' 행사, 교과서 개정 등으로 정기적인 도발을 감행하고 있다. 그럴 때마다 외교가 단절된다면 정상적인 국가가 아니다. 한국은 외교 단절을 막기 위해 종래의 관할부서를 '현안문제 담당', '문화정책 담당', '경제정책 담당' 관할청으로 격상시켜, 현안 문제로 인한 분쟁이 발생하더라도 경제나 문화 교류에 미치는 영향을 최소화하여 외교관계를 상시화해야 할 것이다.

제5부

일본 극우
아베 정권의
독도 도발,
그 대응방안은
무엇인가?

第5部
日本の極右
安倍政権の
独島挑発、
対応策は
何か?

中日両政権の
領土ナショナリズム、
東アジアが
紛争とジレンマの中に追い詰める

　今、東アジア日・中・韓の3国は、領土紛争で疲弊している。日本と中国の間に尖閣諸島中国名・釣魚島、日本とロシアの間には、千島列島の南方4島日本名：北方四島、日本と韓国の間では、独島日本名：竹島を巡って対立している。特に領土紛争の当事国間では外交的に極度に冷え込み、自国と東アジア域内の安定と繁栄のために一緒に努力しようと言っていた首脳会談も、開催されなくなって久しい。しかし、過去にも領土問題は存在したが、これほどまでに対立することはなかった。領土問題の留保で紛争を最小限に抑え、互いに協力する姿を見せてきた。

　最近に入って領土紛争現象が激化しているのは、日中両国の領土ナショナリズムに始まる。中国は過去、経済的に日本に依存していたが、経済成長によって自立の道を歩むまでになった。そこで中国

중일 두 정권의
영토 내셔널리즘,
동아사아를
분쟁과 갈등 속으로 몰아넣다

　　지금 동아시아 한중일 3국 간에는 영토 분쟁으로 몸살을 앓고 있다. 일본과 중국 사이에 센카쿠 제도중국명 다오위다오, 일본과 러시아 사이에는 쿠릴 열도 남방4도일본명 북방4도, 일본과 한국 사이는 독도일본명 다케시마를 둘러싸고 서로 대립하고 있다. 특히 영토 분쟁의 당사국 간에는 외교적으로 극도로 냉각되어 자국과 동아시아 역내의 안정과 번영을 위해 함께 노력하자던 정상회담도 실종된 지 오래되었다. 그러나 과거에도 영토 문제는 존재했지만, 이토록 대립되지는 않았다. 영토 문제의 유보로 분쟁을 최소화하여 서로 협력하는 모습을 보여 왔다.

　　최근에 들어와서 영토 분쟁의 현상이 격화되고 있는 것은 중일 양국의 영토 내셔널리즘에 비롯된다. 중국은 과거 경제적으로 일본에 의존적이었으나 경제성장으로 자립의 길을 걷게 됨으로써, 종래 경제 발전을 우선시했던 '주권은 중국, 자원은 공동 개발'의 슬로건을 변경하여

は、従来の経済発展を優先した「主権は中国、資源は共同開発」のスローガンを変更し、強力に日本の領土挑発に対応するようになった。中国の公船が昨年一年間で60日以上、日本が実効的に管轄している尖閣諸島の12海里の領海内に進入する示威を行った。これに対応して日本政府は、尖閣諸島を国有化する措置を取った。

　これら紛争の状況下で、近年新たに就任した中日両首脳は、領土ナショナリズムを強化した。日本の首相、安倍晋三は、未来の「美しい日本」というスローガンを掲げて右傾化を志した。これに対して中国の国家主席、習近平は「海上権益を保護する能力を向上させ、海洋権益を強硬に守る」と表明した。

　昨年12月に就任した安倍政権は、尖閣諸島の領海を侵犯する中国の公船に対し、力で強く対応すると表明した。独島にも、従来の島根県レベルから政府レベルに格上げし、領有権の活動を強化した。千島列島へも経済交流を口実に、プーチン大統領との首脳会談で領土問題を有利に解決しようと努力した。領土問題があるとしたら、解決せねばならないのは事実だ。しかし、東アジアの領土紛争の根本的な発生要因は、ポツダム宣言に基づき、過去の日本帝国が侵略した領土について、日本が領土主権を放棄しなければならないにもかかわらず、新たに領有権を主張することで生じている。東アジアの安定と繁栄のためには、日本が領有権を放棄するか自粛する道だけが、解決に繋がる道である。それでも安倍首相は領有権を強化しているため、基本的に領土紛争が悪化しているのだ。歴代日本の政

강력하게 일본의 영토 도발에 대응했다. 중국의 공선公船이 지난해 일
년 중 60여 일을 일본이 실효적으로 관할하고 있는 센카쿠 제도의 12
해리 영해 내에 진입하여 시위했다. 이에 대응하여 일본 정부는 센카
쿠 제도를 국유화하는 조치를 취했다.

 이러한 분쟁 상황에서 근래 새로운 취임한 중일 두 정상은 영토 내
셔널리즘을 강화했다. 일본 수상 아베 신조安倍晋三는 미래의 '아름다운
일본'이라는 슬로건을 내걸고 우경화를 다짐했다. 이에 대해 중국의 국
가주석 시진핑习近平은 '해상 권익을 보호할 능력을 향상시켜 해양 권
익을 굳건히 지킨다'고 표명했다.

 지난해 12월 취임한 아베 정권은 센카쿠 제도의 영해를 침범하는 중
국의 공선에 대해 무력으로 강력하게 대응한다고 표명했다. 독도에 대
해서도 종전 시마네 현 차원에서 정부 차원으로 격상시켜 영유권 활동
을 강화했다. 쿠릴 열도에 대해서도 경제 교류를 빌미로 푸틴 대통령
과 정상회담으로 영토 문제를 유리하게 해결하려고 노력했다. 영토 문
제가 있다면 해결해야 하는 것은 맞다. 하지만 동아시아 영토 분쟁의
근본적인 발생 요인은 포츠담선언에 의거하여 과거 일본제국이 침략한
영토에 대해 일본이 영토주권을 포기해야 함에도 불구하고 새롭게 영
유권을 주장함으로써 생긴 문제이다. 동아시아의 안정과 번영을 위해
서는 일본이 영유권을 포기하든가 자숙하는 길만이 올바른 길이다. 그
런데도 아베 수상이 영유권을 강화하고 있기 때문에 근본적으로 영토
분쟁이 악화되고 있는 것이다. 역대 일본 정권들이 영토 분쟁을 부각시
키지 않으려고 노력한 것도 그러한 사실을 잘 알고 있었기 때문이다.

権が領土紛争を浮き彫りにさせないように努力したのも、そのような事実を重々承知していたからである。安倍首相には一言で、「無知が勇気だ」という表現がよく似合う。

　また、今年3月に就任した中国の国家主席、習近平が取った尖閣諸島の領土主権強化措置も、正しい方向とは言えない。尖閣諸島は現在、日本が実効的に管轄しているが、事実上、1972年の日中共同声明、そして1978年の日中国交正常化時、中国は「後世の賢明な判断に任せる」とし、両者が互いに現状維持を認めた。だが中国は、歴史的に領土的権原を持っていながら、戦後ポツダム宣言で当事者としての対日平和条約で十分な合法的領土措置を取らず、領土主権をないがしろにしたという点を認めなければならない。

　東海の独島は、鬱陵島と共に朝鮮半島の政権が樹立されてから今日まで、その正統性を受け継いでいる私たち固有の領土である。解放政局の韓国は、36年の間日本に国土を奪われたが、先祖代々譲り受けた生活の基盤を一つも失うことなく取り戻すという、素晴らしい仕事をやり遂げた。独島は子孫代々継承させるべく私たちの貴重な固有の領土である。朴槿恵政府は、領土主権だけは譲歩してはならない。志さえあれば、領土主権守護は国力とは無関係である。今後中日両国の領土ナショナリズムは独島と繋がって、引いては北朝鮮政権が崩壊すれば、北朝鮮まで津波のように押し寄せていくかもしれない。

아베 총리는 단 한마디로 '무식이 용감하다'라는 표현이 잘 어울린다.

또한 올해 3월 취임한 중국의 국가주석 시진핑이 취한 센카쿠 제도에 대한 영토주권 강화 조치도 올바른 방향은 아니다. 센카쿠 제도는 현재 일본이 실효적으로 관할하고 있지만, 사실상 1972년 중일공동성명과 1978년 중일국교정상화 때, 중국은 '후세의 현명한 판단에 맡기겠다'고 하여 중일 양자가 서로 현상 유지를 인정했다. 게다가 중국은 역사적으로 영토적 권원을 갖고 있어서 종전 후 포츠담선언의 당사자로서 대일평화조약에서 충분히 합법적으로 영토 조치를 취할 수 있었음에도 불구하고 영토주권을 소홀히 했다는 점을 인정해야 한다.

동해상의 독도는 울릉도와 더불어 한반도에 정권이 수립된 이후부터 오늘날까지 그 정통성을 이어오고 있는 우리의 고유 영토이다. 해방 정국의 한국은 36년 동안 일본에게 국토를 빼앗겼지만, 선조 대대로 물려준 삶의 터전을 한 치의 버림도 없이 되찾는 위대한 일을 해냈다. 독도는 후손 대대로 물려줄 우리의 소중한 고유 영토이다. 박근혜 정부는 영토주권 만큼은 양보해서는 안 된다. 의지만 있다면 영토주권 수호는 국력과 무관하다. 향후 중일 양국의 영토 내셔널리즘이 독도와 이어도, 더 나아가 북한 정권이 붕괴하면 북한 영토까지도 쓰나미처럼 닥칠지 모른다.

領土ナショナリズム
強化の安倍政権、
それが
毒と知るべき

　国際社会は、領土問題を解決する傾向にある。一般的に、先進国と呼ばれる西側7カ国G7の中で、領土問題を抱えている国は日本だけだ。日本は周囲のすべての国、即ち、韓国とは竹島問題、中国とは尖閣諸島紛争、ロシアとは千島列島の南方4島紛争を起こしている。日本が周辺諸国と領土紛争や問題を起こしている共通点は、日本帝国主義が侵略した領土について、日本が領有権を主張している点である。第2次世界大戦に敗北した日本は、カイロ、ポツダム宣言に基づいて、日本帝国主義が侵略した領土をすべて完全に放棄すると約束した。それにもかかわらず、国益のために、日本は過去の帝国主義が侵略した他国の領土に執着して領有権を主張するのは、日本の領土ナショナリズムである。日本が領土ナショナリズムを捨てない限り、東アジアの領土紛争やトラブルは続く。

영토 내셔널리즘을
강화하는 아베 정권,
그것이
독(毒)인지 알아야 한다

　국제사회는 영토 문제를 해결하는 추세에 서 있다. 일반적으로 선진국이라 불리는 서방선진 7개국G7 중에 영토 문제를 갖고 있는 나라는 일본뿐이다. 일본은 주변의 모든 국가, 즉 한국과는 독도 문제, 중국과는 센카쿠 제도 분쟁, 러시아와는 쿠릴 열도 남방 4도 분쟁을 일으키고 있다. 일본이 주변 국가들과 영토 분쟁 혹은 문제를 일으키고 있는 공통점은 일본제국주의가 침략한 영토에 대해 일본이 영유권을 주장하고 있다는 점이다. 사실상 제2차 대전에 패망하면서 일본은 카이로, 포츠담선언에 의거하여 일본제국주의가 침략한 영토를 모두 완전히 포기한다고 약속했다. 그럼에도 불구하고 국가의 이익을 위해 일본이 과거 제국주의가 침략한 타국의 영토에 대해 집착하여 영유권을 주장하는 것은 일본의 영토 내셔널리즘이다. 일본이 영토 내셔널리즘을 포기하지 않는 한 동아시아의 영토 분쟁 및 문제는 계속된다.

　日本の領土ナショナリズムは、時代別に分けてみると、4期に区分される。

　最初の1期は、終戦直後から対日平和条約の時期で、この時日本は帝国主義が侵略した領土をそのまま確保するため、連合国にロビー活動を行った。その結果、対日平和条約で琉球の領土だった沖縄、アイヌ民族の領土だった北海道を日本の領土とすることに成功した。更に、千島列島と独島、尖閣諸島を含む奄美群島、沖縄、小笠原の領有権も主張した。このような日本の領土ナショナリズムによって韓国のような第3国、そしてソ連、中国を始めとする共産陣営の国とは国交を回復できずにいた。

　第二期は、終戦後、再編された米ソ中心の自由陣営と共産陣営が対立していた冷戦時代である。米国の要求に従って、韓国と日本は国交正常化を試みた。その過程で、日本は独島を日本の領土と規定するため米国にロビーを行い、韓国は独島が韓国の領土として疑いの余地はないという立場で臨んだ。だがこの時、日本は国際司法裁判所で解決しようと韓国を脅迫しもした。最終的には韓日協定で、独島問題に日本は自分らの立場が貫けないまま協定を締結した。このため、日本は独島問題を正式に提議し、韓国政府に外交的に解決しようと提案したことがなかった。だから、両国は独島問題で両国関係が疎遠になることもなく、通常に友好関係が維持してこれた。

　第三期は、米ソ中心の対立関係が、1960年から徐々に和らぎ始めたが、1969年から1972年の間にデタントの時代のピークを迎えた時

일본의 영토 내셔널리즘은 시대별로 구분해보면, 4시기로 구분된다.

첫 번째, 종전 직후부터 대일평화조약 시기에 일본은 제국주의가 침략한 영토를 그대로 확보하기 위해 연합국에 로비했다. 그 결과 대일평화조약에서 유구琉球의 영토였던 오키나와, 아이누 민족의 영토였던 홋카이도를 일본 영토화 하는데 성공했다. 게다가 쿠릴 열도와 독도, 센카쿠 제도를 포함하는 아마미 군도, 오키나와, 오가사와라에 대해 영유권을 주장했다. 이러한 일본의 영토 내셔널리즘으로 말미암아 한국과 같은 제3국, 그리고 소련, 중국을 비롯한 공산진영의 국가와는 국교를 회복하지 못했다.

두 번째, 종전 후 재편된 미소 중심의 자유진영과 공산진영이 대립되던 냉전시대에는 미국의 요구에 의해 한국과 일본 사이에 국교정상화를 시도했다. 그 과정에서 일본은 독도를 일본 영토로 규정하기 위해 미국에 로비했고, 한국은 독도가 한국 영토로서 한치의 의심의 여지가 없다는 입장으로 대응했다. 이때에 일본은 국제사법재판소에서 해결하자고 한국을 협박하기도 했다. 그러나 결국 한일협정에서 독도문제는 일본은 자신들의 입장을 관찰시키지 못하고 협정을 체결했다. 이로 인해 일본은 독도 문제를 정식으로 제의하여 한국 정부에 외교적으로 해결하자고 제안한 적 없었다. 그래서 양국은 독도 문제 대문에 양국관계가 소원해지는 일 없이 정상적인 우호 관계가 유지되었다.

세 번째, 미소 중심의 대립 관계가 1960년부터 서서히 풀리어 1969년부터 1972년 사이에 절정을 이루는 데탕트détente 시대를 맞이했다. 이때에 미국이 일본을 자유진영에 편입할 목적으로 대일평화조약에서

だ。この時に米国が日本を自由陣営に編入しようと、対日平和条約の暫定主権を約束した奄美群島、小笠原、沖縄について、1954年に奄美群島、1968年に小笠原、1972年に沖縄を日本に返還した。また、1972年9月29日の日中国交正常化交渉で、周恩来当時首相が「釣魚島問題は保留にしよう」と言い、これに対して「国交正常化直後、当時の田中首相から「尖閣問題は留保して正常化しようと決めた」という話をはっきりと聞いた」と野中元長官も生き証人として明らかにした。1978年10月23日、中日平和友好条約の交渉過程では、鄧小平も「私たちの世代は知恵がない。次の世代にはもっと知恵があるのではないか」と、保留方針を明らかにした。また、米中両国が1979年1月1日、対ソ連政策と市場開放という利益が合致して国交を回復した。このように、デタントの時代に両国は領土問題を糸口に関係が回復され、経済的な交流を通じて、国益をもたらした。

第四期は、1990年にソ連と東欧圏の共産国家が崩壊するポスト冷戦時代に入り、日本は米国の干渉から脱して領土問題を強く提起し始めた時だ。尖閣諸島、竹島、千島列島の南方4島に対する領有権を強化し、中国、韓国、ロシアと対立することになった。これにより、日本は対中、対韓、対露関係を悪化させた。ロシアとは領土問題が解決されておらず、まだ平和条約が結べていない。

今日の日本の課題は、国際社会の普遍的な価値観を受け入れ、ルールを遵守する潮流に合流することである。そうできない日本は、天皇制という硬直した社会構造の影響で、対内的には景気の低

잠정 주권을 약속한 아마미 군도, 오가사와라, 오키나와에 대해 1954년 아마미 군도, 1968년 오가사와라, 1972년 오키나와를 일본에 반환했다. 또한 1972년 9월 29일 중일국교정상화 교섭에서 당시 저우언라이周恩來 총리가 '댜오위다오 문제는 보류하자'고 했고, 이에 대해 "국교정상화 직후 당시 다나카 총리로부터 '센카쿠 문제는 유보하고 정상화하자고 결정했다'는 이야기를 명확히 들었다."라고 노나카 전 장관이 산증인으로서 밝혔다. 1978년 10월 23일 "중일평화우호조약" 담판 과정에서는 덩샤오핑鄧小平도 "우리 세대는 지혜가 없다. 다음 세대는 좀 더 지혜가 있지 않을까"라며 보류 방침을 분명히 했다. 또한 미중 양국이 1979년 1월 1일 대소련 정책과 시장 개방이라는 이익이 합치하여 국교를 회복했다. 이처럼 데탕트 시대에 양국은 영토 문제의 실마리를 풀고 관계가 회복되어 경제적 교류를 통해 국익에 도움이 되었다.

네 번째, 1990년 소련과 동구권의 공산국가들이 붕괴되는 탈냉전시대에 접어들면서 일본은 미국의 간섭에서 벗어나 영토 문제를 강하게 제기하기 시작했다. 센카쿠 제도, 독도, 쿠릴 열도 남방4도에 대한 영유권을 강화하여 중국, 한국, 러시아와 대립하게 되었다. 이로 인해 일본은 대중, 대한, 대러 관계를 악화시켰다. 러시아와는 영토 문제가 해결되지 않아 아직도 평화조약을 체결하지 못하고 있다.

오늘날 일본의 과제는 국제사회의 보편적인 가치관을 수용하고 룰을 준수하는 조류에 합류하는 일이다. 그렇지 못한 일본은 천황제라는 경직된 사회구조의 영향으로 대내적으로는 경기의 침체, 대외적으로는 역사 문제, 영토 문제, 종군위안부 문제 등 문화적 갈등을 겪고 있

迷、対外的には歴史問題、領土問題、従軍慰安婦問題など、文化的ジレンマを経験している。安倍政権は、これを適切に診断するリーダーシップが発揮できず、内国志向的な政策に右傾化だけを強化している。これが問題の解決を遠ざける最大の要因である。根本的な要因を排除するために天皇制を変えて、英国のように専制君主国家の枠組みから完全に抜け出すべきである。そうでなければ、日本の極右政治は継続し、日本の領土ナショナリズムは絶対に諦めないだろう。

다. 아베 정권은 이를 제대로 진단하는 리더십을 발휘하지 못하고 내국 지향적인 정책으로 우경화만 강화하고 있다. 이것이 문제 해결을 악화시키는 가장 큰 요인이다. 근본적인 요인을 제거하기 위해서는 천황제를 변용하여 영국과 같이 전제군주국가의 틀에서 완전히 벗어나야한다. 그렇지 않는 한, 일본의 극우정치는 계속될 것이며, 일본의 영토 내셔널리즘은 절대로 포기하지 못할 것이다.

国家主義性向安倍政権の誤判
：独島・尖閣諸島、
領土紛争煽り国際的孤立、自ら招く

　韓国が米国、EUを含む、今回9番目にトルコとの自由貿易協定FTAを締結したことに比べ、日本はメキシコとスイスなど一部の国に限定して締結しただけで、メジャーな国々とのFTA締結を天秤にかけてばかりいる。このように、現在の国際社会は、FTAなどの相互交流を通じて、共通の認識や価値観に対して普遍的ルールを作っている。ところが、日本は天皇制中心の文化的価値観に埋もれてなかなか脱せられず、普遍的認識の欠如から国際社会に順応していない部分がある。

　現安倍首相は靖国神社に敬意を払い、閣僚らに周辺国に屈してはならないと神社訪問を後押しした。その結果、麻生太郎副首相を含む現職閣僚3人、続いて与野党国会委員168人が大挙して参拝した。これに対して日本は、隣国韓・中の抗議は勿論のこと、英国のフィナンシャル・タイムズ、米国のニューヨーク・タイムズなど国際社会

국가주의 성향 아베 정권의 오판
: 독도·센카쿠 제도,
영토 분쟁 부추겨 국제적 고립, 자초한다

한국이 미국, EU를 포함하여 이번에 9번째로 터키와 자유무역협정 FTA을 체결했던 것에 비해 일본은 맥시코와 스위스 등 일부 국가에 한정적으로 체결했을 뿐, 메이저국가들과의 FTA 체결을 저울질만 하고 있다. 이처럼 현재 국제사회는 FTA 등의 상호교류를 통해 공통의 인식과 가치관으로 보편적 룰을 만들어가고 있다. 그런데 일본은 천황제 중심의 문화적 가치관에 매몰되어 좀처럼 빠지나오지 못하고 보편적 인식의 결여로 국제사회에 순응하지 못하는 부분이 있다.

현 아베 총리는 야스쿠니靖國 신사에 공물을 받치고 각료들에게 주변국가에 굴복되어서는 안 된다고 신사 방문을 두둔했다. 그 결과 아소 다로麻生太郎 부총리를 포함한 현직 각료 3명, 이어서 여야 국회의원 168명이 대거 참배했다. 이에 대해 일본은 이웃국가 한·중의 항의는 물론이고 영국의 파이낸셜타임즈와 미국의 뉴욕타임스 등 국제사회로

から非難を浴びている。靖国神社は、日本の立場から見れば、国の
ために犠牲になった人々の霊を慰めるところだが、国際社会から見
れば、カイロ宣言と国際裁判で侵略戦争と規定された第2次世界大
戦を引き起こしたA級戦犯が合祀された、侵略国家を象徴する場所
として、軍国主義への回帰が懸念される。であれば、国際化時代に
生きる日本の正しい選択は、ドイツのように自明である。

　ところが、昨年12月27日、日本の首相に就任した自民党総裁であ
る安倍首相は、就任以来植民地支配と侵略を謝罪した村山談話の放
棄を宣言し、2月22日に開かれた「竹島の日」の行事に島尻安伊子海
洋政策領土問題担当内閣府政務官次官級に出席させ、事実上の準政
府行事に格上げし、現職の国会議員21人が出席した。3月には「竹島
」の領有権を主張する歪曲された教科書を検定に通過させ、また、
米国、中国などの反発を無視して、自国の国益のために円安誘導政
策で韓国の自動車、家電、鉄鋼業界など周辺国の経済に大きな打撃
を与えている。このように、自虐史観に基づいた安倍政権の右傾化
思想によって、予定されている5月の外交青書を発表、8月の防衛白
書でも強硬な独島挑発が予想される。

　今回の安倍首相の行動は、その昔福沢諭吉が唱えた脱亜入欧の延
長線上の論理として、周辺諸国家に対する最低限の礼儀までも忘れ
た、無視である。これは国際的感覚が欠如した無知の露呈として、
偏った民族主義による世界的な普遍主義を放棄したものである。

　安倍政権のこのような誤った判断は、韓日関係においていずれ災
いをもたらすことは火を見るよりも明らかだ。しかし、被害当事国

부터 비난을 받고 있다. 야스쿠니 신사는 일본의 입장에서 본다면 국가를 위해 희생된 자들의 혼령을 위로하는 곳이라 하지만, 국제사회에서 보면 카이로선언과 국제재판에서 침략 전쟁으로 규정된 제2차세계대전을 일으킨 A급 전범들이 합사된 침략 국가를 상징하는 곳으로, 군국주의로의 회기를 우려하고 있다. 그렇다면 국제화시대에 살고 있는 일본의 올바른 선택은 독일처럼 자명하다.

그런데 지난해 12월 27일 일본 수상에 취임한 자민당 총재인 아베 총리는 취임 이후 식민지배와 침략을 사죄한 무라야마 담화의 포기를 선언했고, 2월 22일 열린 '다케시마의 날' 행사에 시마지리 아이코島尻安伊子 해양 정책 영토 문제 담당 내각부 정무관차관급를 참석시켜 사실상 준 정부 행사로 격상시켜 현직국회의원 21명이 참석했고, 3월에 '다케시마'竹島 영유권을 주장하는 왜곡된 교과서를 검정에 통과시켰으며, 또한 미국, 중국 등의 반발을 무시하고 자국의 국익을 위해 엔화 약세 유도정책으로 한국의 자동차, 가전, 철강 업계등 주변국의 경제에 큰 타격을 주고 있다. 이처럼 탈자학사관에 바탕을 둔 아베 정권의 우경화 사상은 예정되어 있는 5월의 외교청서 발표, 8월의 방위백서에서도 강도 높은 독도 도발이 예상된다.

이번 아베 총리의 행동은 과거 후쿠자와 유키치福沢諭吉가 주창한 탈아입구脱亜入欧의 연장선상 논리로서 주변국가에 대한 최소한의 예의까지도 망각한 무시적 행동이다. 이는 국제적 감각이 결여된 무지의 발로로서 편향된 민족주의에 의한 세계적 보편주의를 포기한 것이다.

아베 정권의 이런 잘못된 판단은 한일 관계에 있어서 미래에 재앙을

となる韓国がこれを容認して間違った方向に行き過ぎてしまった
ら、永遠に回復することのできない状況になるという事実も見逃し
てはならない。

　安倍政権は、過去の日本帝国主義が侵略した領土に強いこだわり
が見られる。独島は勿論のこと、「尖閣」諸島にも物理的な境界を強
化するよう指示し、千島列島にも経済協力の見返りとして、領土問
題を解決しようと乗り出した。前政権は、韓国との竹島問題、中国
との「尖閣」諸島の問題、ロシアとの千島列島問題を巡る紛争を最小
限にするため、最小限の礼儀でも守ろうと努める部分があった。し
かし、安倍政権は独島を始めとするこれら領土を疑いもなく日本の
領土と断定し、韓国と中国、ロシアを侵略者に対するように振舞っ
ている。もし韓国が日本の独島挑発に対して強力に対応していなけ
れば、領土主権に対する誤解を惹き起こし、徐々にその挑発の程度
を強めてくるのは明らかである。

　独島は歴史的権原に基づいて実効的に管理している韓国の固有領
土であることに、一寸の疑いの余地もない。領土主権は妥協の対象
ではない。ところが、一部非専門家グループが、まるで領土の専門
家のように「日本の独島挑発に対する強力な対応は、韓日関係に害
を与える」という間違った観点を示し、独島の領土主権を守ろうと
いう大韓民国国民の領土意識を混乱させている。

　独島に対する私たちの確固たる領土意識こそが、偏向的な民族主
義にはまり込んだ安倍政権の誤った領土認識を正し、引いては、国
際的な普遍的価値観に目覚めさせる道なのである。

초래할 것이라는 사실이 불 보듯 뻔하다. 그런데 피해 당사국이 될 한국이 이를 묵과하여 잘못된 방향으로 지나쳐 버린다면 영원히 회복할 수 없는 상황이 된다는 사실도 간과해서는 안 된다.

아베 정권은 과거 일본제국주의가 침략한 영토에 대해 강한 집착을 보인다. 독도는 물론이고 '센카쿠' 제도에 대해서도 물리적 경계 강화를 지시했고, 쿠릴 열도에 대해서도 경제협력의 대가로 영토 문제를 해결하려고 나섰다. 이전 정권들은 한국과의 독도 문제, 중국과의 '센카쿠' 제도 문제, 러시아와의 쿠릴 열도 문제를 둘러싼 분쟁을 최소화하기 위해 최소한의 예의라도 지키려고 노력했던 부분이 있다. 그런데 아베 정권은 독도를 비롯한 이들 영토를 전적으로 일본 영토라고 단정하고 한국과 중국, 러시아에 대해 침략자를 대하듯 하고 있다. 만일 한국이 일본의 독도 도발에 대해 강력히 대응하지 않는다면 영토주권에 대한 오해를 불러일으켜 점차로 그 도발의 수위를 높여올 것임에 분명하다.

독도는 역사적 권원에 의거하여 실효적으로 관리하고 있는 한국의 고유 영토임에 한 치의 의심의 여지도 없다. 영토주권은 타협의 대상이 아니다. 그런데 일각의 비전문가들이 마치 영토전문가인 양 '일본의 독도 도발에 대한 강력한 대응은 한일 관계를 해친다'고 하는 잘못된 관점을 제시하여 독도의 영토주권을 지키려고 하는 대한민국 국민들의 영토 의식을 혼란스럽게 하고 있다.

독도에 대한 우리의 확고한 영토 의식이야말로 편향적인 민족주의에 함몰된 아베 정권의 잘못된 영토 인식을 바로 잡고, 또한 국제적 보편적 가치관에 눈 뜨게 하는 길이다.

過去、現在、未来にも
日本には良心的な日本人がいる。
安倍首相の偏った民族主義では
「独島=韓国の地」に変えられない

　1952年の対日平和条約締結直後、李承晩大統領の平和線宣言によって、独島が韓国領土という事実を対外的に宣言されてからというもの、日本政府は今日までずっと「竹島」が歴史的にも国際法的にも日本の領土なのに、韓国が武力で不法占領したという立場を堅持している。終戦直後、連合国は1946年1月、独島に対する韓国の実効的占有を承認し、その後、1951年に連合国は戦争終結を処理した対日平和条約で、日本が提起した韓国間での独島領土問題について、当事者同士の解決に委任し、独島の所属を明らかにしなかった。それにもかかわらず日本政府は事実を歪曲し、日本国民に「竹島」が日本の領土として最終的に決定したと嘘をついた。それ以降の歴代日本政府は、一度吐いた嘘を収めることができず、日本国民から売国政府という声を避けるためにも、竹島の領有権主張を放棄

과거, 현재 그리고 미래에도 일본에는 양심적인 일본인들이 있다. 아베 총리의 편향된 민족주의로는 "독도=한국땅" 변경할 수 없다

1952년 대일평화조약 체결 직후 이승만 대통령의 평화선 선언에 의해 독도가 한국 영토라는 사실을 대외적으로 선언된 이후, 일본 정부는 오늘날까지 줄곧 '다케시마竹島'는 역사적으로나 국제법적으로 일본의 영토인데, 한국이 무력으로 불법 점령하고 있다고 하는 입장을 견지하고 있다. 사실 종전 직후 연합국은 1946년 1월 독도에 대한 한국의 실효적 점유를 승인했고, 그 후 1951년 연합국은 전쟁 종결을 처리한 대일평화조약에서 일본이 제기한 한국 간의 독도 영토 문제에 대해 당사자 간의 해결에 위임하고 독도의 소속을 분명히 하지 않았다. 그럼에도 불구하고 일본 정부는 사실을 왜곡하여 일본 국민에게 '다케시마'가 일본 영토로서 최종적으로 결정되었다고 거짓말을 했다. 그 이후의 역대 일본 정부는 한번 내뱉은 거짓말을 주워 담을 수 없었고, 오히려 일본 국민들에게서 매국노 정부라는 소리를 피하기 위해서라도 다

することができない立場になってしまった。

　今月21日の新聞に「日本歴史学者「独島は韓国の地」の新しい古地図公開」という記事があった。このように、毎年、日本で製作された古文献、古地図が発見され、江戸時代と朝鮮時代に独島は韓国の領土だったという記事が新聞紙上で何度か確認することができる。一方、これまでの古地図、古文献で「竹島」或いは独島が日本の領土であったという記事を見たことがない。時折島根県の地方新聞に「竹島は日本の領土であるという江戸時代の古地図、古文献が発見された」とする記事があるというので確認してみると、島根県に設立した「竹島問題研究会」が史料の解釈を操作して報道したものであった。

　日本では、多くの歴史学者らが独島問題発生後、両国関係の悪化を懸念しつつ独島問題を研究してきた。彼らは歴史学者であるだけに、独島の本質に基づいて、江戸時代には、日本政府側から独島が日本の領土だと認識されたことがなかったという事実、近代国民国家として建国された明治政府は、むしろ独島は鬱陵島と共に韓国領土だと幾度も正式表明したという事実にも精通していた。更に、第2次大戦直後、連合国側が韓国に独島の実効的管理を認めたという事実、対日平和条約では、米国が日本を自由陣営に編入させるために必要な日本の主張を聞き入れ、韓国が実効的に占有しているにもかかわらず、連合国が韓国領土であることを明確にしなかったという事実もよく知っていた。

　1960年代の韓日会談の頃には、山辺健太郎という歴史学者が、独

케시마의 영유권 주장을 포기할 수 없는 입장이 되고 말았다.

이달 21일자 신문에 "日 역사학자 '독도는 한국 땅' 새로운 고지도 공개"라는 기사가 났다. 이처럼 매년 일본에서 제작된 고문헌, 고지도 가 발견되어 에도 시대와 조선 시대에 독도는 한국 영토였다는 기사가 신문지상에서 여러 번 확인할 수 있다. 반면 지금까지 고지도, 고문헌 에서 '다케시마' 혹은 독도가 일본 영토였다라는 기사를 본적이 없다. 가끔 시마네 현의 지방 신문에 '다케시마가 일본 영토라는 에도 시대 의 고지도, 고문헌이 발견되었다'고 하는 기사가 있다고 하여 확인해 보면, 시마네 현이 설립한 '죽도문제연구회'가 사료 해석을 조작하여 보도한 것들이었다.

일본에서는 많은 역사학자들이 독도 문제가 발생한 이후 양국 관계 의 악화를 우려하여 독도 문제를 연구해 왔다. 이들은 역사학자인 만 큼 독도의 본질에 의거하여 에도 시대에는 일본 정부 측에서 독도가 일본 영토라고 인식한 적이 없었다는 사실, 근대국민국가로서 건국된 메이지 정부는 오히려 독도는 울릉도와 더불어 한국 영토라고 여러 번 공식적으로 표명했다는 사실에 대해서도 잘 알고 있었다. 게다가, 제2 차 대전 직후 연합국 측이 한국에게 독도의 실효적 관리를 인정했다는 사실, 대일평화조약에서 미국이 일본을 자유진영에 편입시키기 위해 요구한 일본의 주장을 무시하지 못하여 한국이 실효적으로 점유하고 있음에도 불구하고 연합국이 한국 영토임을 명확히 하지 못했다는 사 실도 잘 알고 있었다.

1960년대 한일회담 시절, 야마베 컨타로山辺健太郞라는 역사학자는

島は歴史的にも国際法的に韓国領土であることを究明し、「竹島」は
日本の領土だと主張する日本政府を強く非難した。1980年代の国際
海洋法会議で12海里の領海概念が導入された時、京都大学の堀和生
教授は独島が韓国領土であることを論証して、日本政府の「竹島領
土論」に反論した。2005年に島根県「竹島の日」を制定し、韓日間の
外交問題が発生した時、島根大学の内藤正中名誉教授は、独島が日
本の領土になるには、歴史的史料が多く補完されなければならない
としながら、独島が韓国の領土であることを間接的に表明した。彼
は韓国人学者らとの共同執筆で、日本で最も多くの読者を誇る「岩
波書店」出版社からパンフレットを発刊し、日本政府の偏狭なナ
ショナリズムを批判した。2009年には北海道教職員労働組合が、歪
曲された中・高の教科書解説書に「竹島問題は韓国の主張が正しい。
島根県などが竹島の領有権を主張する行為は、日本の侵略・植民地
支配を正当化する不当極まりないことだ」と非難しており、2011年
に東京の教職員組合は、歪曲された中学校の地理の教科書の検証に
ついて、「竹島が日本の固有の領土であると言うことができない」と
非難した。最近では「竹島に反対する市民の会」が発足され、日本政
府の竹島領有権主張を非難している。これに加えて、在野史家であ
る朴炳燮パク・ビョンソプ代表は「竹島＝独島問題研究ネット」、尹永夏ユ
ン・ヨンハ代表は「竹島の日を再び考える会」を設立し、志を共にする
日本人研究者と講演会などを通じ、独島が韓国領土という世論の拡
散に努めている。この他、韓国国内の学者らによって、独島が韓国

독도를 역사적 · 국제법적으로 한국 영토임을 규명하고 '다케시마'가
일본 영토라고 주장하는 일본 정부를 강력히 비난했다. 1980년대 국제
해양법회의에서 12해리 영해 개념이 도입되었을 때는 교토대학의 호
리 카즈오堀和生 교수가 독도를 한국 영토라고 논증하고 일본 정부의
'다케시마 영토론'을 반박했다. 2005년 시마네 현이 '죽도의 날'을 제정
하여 한일 간에 외교 문제가 발생했을 때는 시마네대학의 나이토 세이
츄内藤正中 명예교수는 독도가 일본 영토가 되려면 역사적 사료를 더
많이 보완해야 한다고 하면서 독도가 한국 영토임을 간접적으로 피력
했다. 그는 한국인 학자들과 공동 집필로 일본에서 가장 많은 독자층
을 갖고 있는 '이와나미岩波서점' 출판사에서 책자를 발간하여 일본 정
부의 편협한 내셔널리즘을 비판했다. 2009년 홋카이도교직원노동조합
은 왜곡된 중, 고등학교 교과서 해설서에 대해 "다케시마 문제는 한국
의 주장이 바르다. 시마네 현 등이 다케시마의 영유권을 주장하는 행
위는 일본의 침략 · 식민지 지배를 정당화하는 부당하기 짝이 없는 것"
이라고 비난했고, 2011년 도쿄東京의 교직원노조는 왜곡된 중학교 지
리교과서 검증에 대해 "독도가 일본의 고유 영토라고 말할 수 없다."라
고 비난했다. 최근에는 '다케시마를 반대하는 시민 모임'이 발족되어
일본 정부의 독도 영유권 주장을 비난하고 있다. 여기에 가세하여 재
야사학자인 박병섭 대표는 '죽도=독도 문제연구넷', 윤영하 대표는 "죽
도의 날을 다시 생각하는 모임"을 설립하여 뜻을 같이 하는 일본인 연
구자들과 강연회 등을 통해 독도가 한국 영토라는 여론 확산에 노력하
고 있다. 이 외에도 국내학자들에 의해 독도가 한국 영토라는 논리의

領土という論理のパンフレットが何冊か出版されて、日本人に読まれている。普通の日本人は、このような世界の普遍的な価値観を切望する。時間の変動に加え、「独島=韓国領土」という本質は一層拡散することに疑いの余地はない。

現在、安倍首相は「建前」的な過去の日本政府の主張を何ら批判もせずにそのまま受け入れて、学校の義務教育を通して歪曲された「竹島領土論」を小・中・高校生に注ぎ込もうとしている。このような安倍首相の偏狭な民族主義は、結局、世界の普遍的な価値観を切望する、高レベルで良心的な日本国民の意識によってこっぱ微塵になるのは明らかである。

책자가 여러 권 발간되어 일본인들에게 읽혀지고 있다. 보통의 일본인들은 이와 같은 세계 보편적인 가치관을 갈구한다. 시간의 변동과 더불어 '독도=한국 영토'라는 본질은 더욱 확산될 것임에 의심의 여지가 없다.

현재 아베 총리는 '다테마에외형'적인 과거 일본 정부의 주장을 아무런 비판 없이 그대로 받아들여 학교의 의무교육을 통해 왜곡된 '다케시마 영토론'을 초·중·고등학생들에게 주입시키고 있다. 이러한 아베 총리의 편협한 민족주의는 결국 세계보편적인 가치관을 갈구하는 수준 높은 양심적인 일본 국민들의 의식에 의해 산산조각날 것임이 분명하다.

日本政府
「韓国が独島を不法に
武力占領している」という
でたらめな主張、
政治指導者らの無知のせい…

　今、韓日関係は非常に悪い。ほぼ同じ時期に朴槿恵大統領と安倍
首相が就任したが、単独首脳会談をしたことがない。日本はその理
由を、朴槿恵大統領が「反日」だからだという。本当にそうなのだろ
うか？安倍首相は、歴代政権がためらったことを気兼ねなく強行す
るという挑発をした。村山談話を否定することで、第二次世界大戦
の戦犯の位牌が安置されている靖国神社参拝を当然視し、歴代政権
が認めた侵略戦争を否定し、河野談話を否定し、日本政府の日本軍
慰安婦強制動員の事実を否定した。
　特に独島問題における過去の政権が取ってきた現状維持政策を投
げ捨て、竹島専門担当部署を作って様々な方法で挑発を強行した。
安倍政権は勿論、戦後日本の政権は、一様に「韓国が独島を不法に
占領している」という立場を取った。なぜこのような認識が生まれた

일본 정부는
"한국이 독도를 불법으로
무력 점령하고 있다"고 한다
터무니없는 주장은
정치지도자들의 무지(無知)한 탓....

지금 한일 관계는 매우 나쁘다. 대략 같은 시기에 박근혜 대통령과 아베 총리가 취임했지만, 단독 정상회담을 한 적이 없다. 일본은 그 이유를 박근혜 대통령이 '반일'했기 때문이라고 한다. 정말 그런가? 아베 총리는 역대 정권이 꺼려했던 모든 일들을 스스럼없이 자행하는 도발을 했다. 무라야마담화를 부정함으로써 제2차 세계대전 전범들의 위패가 안치된 야스쿠니신사 참배를 당연시했고 역대 정권들이 인정했던 침략 전쟁을 부인했으며, 고노담화를 부정함으로써 일본 정부의 일본군 위안부 강제 동원 사실을 부인했다.

특히 독도 문제에 있어서 과거 정권들이 취해 왔던 현상 유지 정책을 내던지고 독도 전담 부서를 만들어 다양한 방법으로 도발을 강행했다. 아베 정권은 물론이고, 전후 일본 정권들은 한결같이 '한국이 독도를 불법적으로 점령하고 있다'는 입장을 취했다. 왜 이런 인식이 생겨났을까?

のだろうか？

　戦前日本の領土拡大のための侵略戦争は、敗戦後、侵略したすべ
ての領土を放棄するという連合国の要求を無条件で受け入れた。連
合国はすぐに1946年1月SCAPIN677号を発令して「韓国が独島を統治
して管轄すること」として独島を日本が侵略した領土として断定し
た。これにより、韓国は実際に独島を管轄統治することになった。
これを見ても韓国の独島管轄統治は正当である。ところが、1951年
の対日平和条約で連合国が領土を最終的に処理しながら、韓国が実
効的に管理している独島に対し領土的地位を明確に処理しなかっ
た。これで、日本に独島挑発の余地を残してしまった。連合国がそ
のような措置を取った背景には、日本帝国主義が独島を侵奪するた
めに作った1905年の島根県告示40号を根拠に、日本が領有権を主張
していたこと、また、冷戦体制の中で、米国が北東アジアで共産陣
営に対応するために敗戦国として、どちらにも加担していない日本
を自由陣営に編入させようと日本の立場を擁護したことが挙げられ
る。日本外務省のロビーを受けた米国は独島を日本領土として認め
しようとしたが、英国、豪州、新西蘭ニュージーランドなどの英連邦諸
国は、独島は韓国がSCAPIN677号によって管轄統治していると、米
国の政治的決定を受け入れることができなかった。最終的に英国と
米国は、「無人島の紛争地域には関与せず、有人島の紛争地域には信
託統治をする」との方針を決め、韓日両国の領土の境界を「済州島、
鬱陵島、巨文島を日本領土から除外する」と決定した。条約原案に「
独島」の名称が抜けたことを巡り、日本は独島が日本の領土として処理

　전전 일본의 영토 팽창을 위한 침략 전쟁은 히로시마, 나가사키에 원자폭탄이 투하되면서 일본은 침략한 모든 영토를 포기한다는 연합국의 요구를 무조건적으로 수락했다. 연합국은 즉시 1946년 1월 SCAPIN677호를 발령하여 '한국이 독도를 통치하고 관할할 것'이라고 하여 독도를 일본이 침략한 영토로서 단정했다. 이로 인해 한국은 실제로 독도를 관할 통치하게 되었다. 이를 보더라도 한국의 독도 관할 통치는 합법적이다. 그런데 1951년 대일평화조약에서 연합국이 영토를 최종적인 처리하면서 한국이 실효적으로 관리하고 있는 독도에 대해 영토적 지위를 명확히 처리하지 않았다. 이로 인해 일본으로 하여금 독도 도발의 여지를 남겼다. 연합국이 그러한 조치를 취한 배경은 일본제국주의가 독도를 침탈하기 위해 만든 1905년 시마네 현 고시40호를 근거로 일본이 영유권을 주장하고 있었고, 또한 냉전체제 속에서 미국이 동북아시아에서 공산진영에 대응하기 위해 패전국으로서 어느 편에도 가담되지 않은 일본을 자유진영에 편입시키려고 일본의 입장을 두둔했던 것이다. 일본 외무성의 로비를 받은 미국은 독도를 일본 영토로서 인정하려고 했지만, 영국, 호주, 뉴질랜드 등의 영연방국가들은 SCAPIN677호에 의해 한국이 관할 통치하고 있는 독도에 대한 미국의 정치적 결정을 수용할 수 없었다. 결국 영국과 미국은 '무인도에 대한 분쟁 지역에는 관여하지 않고, 유인도에 대한 분쟁 지역에는 신탁통치를 한다'는 방침을 정하고, 한일 양국의 영토 경계를 '제주도, 울릉도 거문도를 일본 영토에서 제외한다'고 결정했다. 조약 원안에 '독도'의 명칭이 빠진 것을 두고 일본은 독도가 일본 영토로서 처리되었다고 주

されたと主張する。しかし、絶対にそうではないことが分かる。

李承晩大統領は、管轄統治している独島に対し連合国が曖昧な措置を取ったため、日本の再侵入を懸念して平和条約が発効する直前の1952年1月「平和線」を宣言して日本の独島侵入を遮った。これに対し米国は勿論、対日平和条約に署名した国のどの国も日本の立場を支持しなかった。日本政府はこれを違法な「李承晩ライン」と格下げすると共に、国内的には国民の非難を避けるため、対日平和条約で独島が日本の領土として決定されたと虚偽の宣伝と強弁を始めた。その後、日本は米国が日本を支持したと装うために星条旗を翻しながら幾度も独島近海を侵犯したが、その度に韓国は射撃で強く対応した。

日本政府のこのような嘘は、日本の国会でばれてしまった。当時の条約局長が平和条約調印国会で「日本領域参考図」を配布したが、そこに独島は韓国領土に含まれていた。野党専門委員会は、政府が独島を放棄したのではないかと強く非難した。それでも日本政府は、よくある嘘で国会を翻弄した。政府の嘘は、1965年の韓日協定と1974年の大陸棚協定で再確認された。対日平和条約で日本の領土に決まった場合、当然独島を日本の領土として処理する必要があったが、むしろ韓国の実効的支配の状況を黙認した。

これらの事実をきちんと把握していなかった前後2世代に当たる小渕首相は、韓国の通貨危機の状況を悪用し、1998年に新韓日漁業協定を強要して独島を中間水域に含めた。隣人の不幸を、幸運のチャンスにしたのである。

장한다. 하지만 절대로 사실은 그렇지 않다는 것을 알 수 있다.

이승만 대통령은 관할 통치하고 있는 독도에 대해 연합국이 애매한 조치를 내림으로써, 일본의 재차 침입을 우려하여 평화조약이 발효되기 직전인 1952년 1월 '평화선'을 선언하여 일본의 독도 침입을 차단했다. 이에 대해 미국은 물론이고 대일평화조약에 서명한 연합국의 어느 나라도 일본의 입장을 지지하지 않았다. 일본 정부는 이를 불법적인 '이승만라인'이라고 격하함과 동시에 국내적으로는 국민들의 비난을 피하기 위해 대일평화조약에서 독도가 일본 영토로서 결정되었다고 거짓 선전과 억지 주장을 하기 시작했다. 그후 일본은 미국이 일본을 지지했다는 것을 가장하기 위해 성조기를 달고 여러 차례 독도 근처를 침범했으나, 그때마다 한국은 총격으로 강력히 대응했다.

일본 정부의 이런 거짓말은 일본 국회에서 들통 났다. 당시 조약국장이 평화조약 조인 국회에서 '일본영역참고도'를 배포했는데, 그곳에 독도가 한국 영토로 포함되어 있었다. 야당 전문위원들은 정부가 독도를 포기한 것이 아니냐고 강력히 비난했다. 그럼에도 불구하고 일본 정부는 뻔한 거짓말로 일본 국회를 농간했다. 정부의 거짓말은 1965년의 한일협정과 1974년의 대륙붕협정에서 다시 확인되었다. 대일평화조약에서 일본 영토로 결정되었다면, 당연히 독도를 일본 영토로서 처리해야 했지만, 오히려 한국의 실효적 지배 상황을 묵인했다.

이러한 사실을 제대로 파악하지 못한 전후 2세대에 해당하는 오부치 총리는 한국의 외환위기 상황을 악용하여 1998년 신한일어업협정을 강요하여 독도를 중간수역에 포함시켰다. 이웃의 불행을 행운의 기회로 삼았던 것이다.

軍国主義
後継者安倍首相の挑発、
一瞬の油断で
「売国」と「愛国」政権と
歴史に刻まれる

　私たちの先祖は、新羅時代に鬱陵島独島を含むを領土とする于山国を編入し、高麗には于山省に行政措置をして鬱陵島独島を含むを管理し、朝鮮時代には、捜討政策鬱陵島居住禁止政策で鬱陵島独島を含むを管理し、大韓帝国時代には、日本の挑発に対応し、勅令41号によって鬱陵島と独島を領土としてしっかり守護してきた。

　しかし、日本帝国侵略期には国際秩序に便乗できず、領土と国民と主権を根こそぎ日本に奪われ、国家を失う侮辱を受けた。日本植民地時代の私たちの先祖は、命を懸けて国家独立のために闘争し、第2次世界大戦で連合国が勝利することで、韓国の独立意志が認められ、領土、国民、主権を修復して国を取り戻した。連合国は広島、長崎に原爆を投下し、日本に無条件に「侵略した領土をすべて放棄」するようにして戦争を終結させた。連合国はポツダム宣言に

군국주의 계승자
아베 수상의 도발에
순간 방심하면,
'매국'과 '애국'의 정권으로
역사에 새긴다

우리 선조들은 신라 시대에 울릉도_{독도 포함}를 영토로 하는 우산국을 편입하였고, 고려에는 우산성으로 행정 조치하여 울릉도_{독도 포함}를 관리하였고, 조선 시대에는 수토정책으로 울릉도_{독도 포함}를 관리했으며, 대한제국 시기에는 일본의 도발에 대응하여 칙령41호로 울릉도와 독도를 영토로서 굳건히 수호해 왔다.

그러나 일제 침략기에는 국제 질서에 편승하지 못하여 영토와 국민과 주권을 송두리째 일본에 빼앗기어 국가 잃은 수모를 겪었다. 일제 강점기의 우리 선조들은 목숨 걸고 국가 독립을 위해 투쟁했고, 제2차 대전에서 연합국이 승리함으로써 한국의 독립 의지를 인정받아 영토, 국민, 주권을 수복하여 국가를 되찾았다. 연합국은 히로시마, 나가사키에 원폭을 투하하고 일본에게 무조건적으로 '침략한 영토를 모두 포기'하도록 하여 전쟁을 종결시켰다. 연합국은 포츠담선언에 의거하여

基づき、SCAPIN677号、独島を含む韓国の領土の範囲を明確にした。その時、実際に韓国が独島を管轄していた。そして連合国は、1951年の対日平和条約で韓国の領土を最終的に確定した。ところが、独島には何の措置も下らなかった。米国は日本を自由陣営に編入しようと、日本からのロビーを拒まなかったのだ。

李承晩大統領は、1952年、日本の独島侵奪の意図を掴み、迅速に平和線を宣言して遮った。灯台を設置し、武装した警察を駐留させ、領土化を強固にした。その結果、今日韓国の警察が独島に常駐している。だがその後も、日本の独島侵奪の企ては続いた。

朴正熙大統領は1965年の韓日協定で日本の侵奪意図を警戒しながら、断固として「独島は韓国の領土であり、領土問題は存在しない」という立場を明確に表した。これが守られないのなら、韓日協定は結ばないと勝負に出た。1974年の大陸棚協定でも、独島を韓国の境界線に含めた境界線を、一方的に引いた。結局日本は、朴正熙大統領の領土主権守護のための強い意志を折ることはできなかった。その後、日本政府は独島について積極的な挑発はできなかった。

ところが反対に、全斗煥、盧泰愚二政権は韓日両国の友好関係を発展させるという理由で、独島に対する実効的な措置を強化せず、現状維持を約束した。二政権の消極的な独島政策は、日本に領土主権を妨害するための口実を提供した。そこで金泳三大統領は、前政権の消極的な独島政策を変え、1997年、韓国民が独島に入島できる基盤施設として船着場を拡充する積極的な政策に乗り出した。

SCAPIN677호로 독도를 포함한 한국 영토의 범위를 명확히 했다. 그때 한국은 실제로 독도를 관할했다. 연합국은 1951년 대일평화조약에서 한국 영토를 최종적으로 확정했다. 그런데 독도에 대해서는 아무런 조치가 내리지지 않았다. 미국은 일본을 자유진영에 편입하려고 일본의 로비를 적극적으로 거절하지 못했던 것이다.

이승만 대통령은 1952년 일본의 독도 침탈 의도를 파악하고 신속하게 평화선을 선언하여 차단했다. 등대를 설치하고 무장한 경찰을 주둔시켜 영토화를 공고히 했다. 그 결과 오늘날 한국 경찰이 독도에 상주하고 있다. 그 후 일본의 독도 침탈 의도는 계속되었다.

박정희 대통령은 1965년 한일협정에서 일본의 침탈의도를 경계하면서 단호하게 '독도는 한국 영토로서 영토 문제는 존재하지 않는다'는 입장을 분명히 했다. 이것이 지켜지지 않을 경우 한일협정을 체결하지 않겠다고 승부수를 던졌다. 1974년 대륙붕협정에서도 독도를 한국 경계선에 포함하는 경계선을 일방적으로 그었다. 결국 일본은 박정희 대통령의 영토주권 수호에 대한 강한 의지를 끊지 못했다. 그 후 일본 정부는 독도에 대해 적극적인 도발은 하지 못했다.

그런데 전두환, 노태우 두 정권은 한일 양국의 우호 관계를 발전시킨다는 이유로 독도에 대한 실효적 조치를 강화하지 않고 현상을 유지하겠다고 약속했다. 두 정권의 소극적인 독도 정책은 일본에게 영토주권을 간섭하는 빌미를 제공했다. 김영삼 대통령은 전 정권의 소극적인 독도 정책을 변경하고 1997년 한국민이 독도에 입도할 수 있는 기반시설인 선착장을 확충하는 적극적인 정책으로 전환했다.

しかし、金大中政権では、1997年の金融危機で日本に付け込まれ、一方的に新韓日漁業協定を強要されて独島を中間水域に含めてしまった。独島は韓国の領土であるため、12海里の領海、200海里の排他的経済水域を有する。しかし、新韓日漁業協定により200海里の排他的経済水域は共同管理水域になってしまった。その弊害は続き、独島を共同で管理することで合意したと、日本は解釈を拡大しもした。一政権の一瞬の油断で、日本の侵略的な独島挑発に、領土主権が危機に瀕している。その余波は、盧武鉉政府で一層赤裸々に露呈した。2006年に韓国が独島近海の海底地形名を付け、国際水路機関に登録しようと計画した。日本はこれを阻止するために測量船を独島に派遣し、両国が真っ向から睨み合う事件が発生した。結局、盧武鉉大統領は、海底地形名の登録を留保した。これを契機に韓国政府は積極的な独島政策に転換し、前政権の消極的な排他的経済水域である「鬱陵島基点」を放棄して「独島基点」を宣言、また独島に観光客の入島を許可した。李明博大統領は就任当初の2008年に、韓日関係改善のため、独島問題を取り上げないという方針を明らかにし、消極的な政策で独島主権を毀損した。しかし、任期末の2012年、歴代政権として初めて独島に入島することにより、独島が韓国領土であることを対外的に示した。このように、歴代大統領の中で、独島の領土主権にどのように対処したのかによって「売国」と「愛国」の大統領に区分される。朴槿恵大統領は、どのようなかたちで「愛国」の大統領として残るのだろうか。

　그런데 김대중 정권 당시 1997년의 금융 위기 상황에서 일본은 이웃나라의 불행을 행복으로 생각하듯이 일방적으로 신한일어업협정을 강요하여 독도를 중간수역에 포함시켰다. 독도가 한국 영토이기 때문에 12해리의 영해, 200해리의 배타적 경제수역을 갖는다. 그런데 신한일어업협정에 의해 200해리의 배타적 경제수역은 공동관리수역이 되어 버렸다. 그 폐해는 계속되어 심지어 독도를 공동으로 관리하기로 합의했다고 일본은 해석을 확대하기도 했다. 한 정권의 순간 방심으로 일본의 침략적인 독도 도발에 영토주권이 노출되고 있다. 그 여파는 노무현 정부에서 더 적나라하게 나타났다. 2006년 한국이 독도 근해 해산의 이름을 지어 국제수로기구에 등재하려고 계획했다. 일본은 이를 막기 위해 측량선을 독도에 파견하여 양국이 정면으로 충돌하는 사건이 발생했다. 결국 노무현 대통령은 해산 명칭의 등재를 유보했다. 이를 계기로 적극적인 독도 정책으로 전환하여 전 정권의 소극적인 배타적 경제수역인 '울릉도 기점'을 포기하고 '독도 기점'을 선언했고, 또한 독도에 관광객들의 입도를 허가했다. 이명박 대통령은 취임 초 2008년 한일 관계의 개선을 위해 독도 문제를 거론하지 않겠다는 방침을 표명하여 소극적인 정책으로 독도 주권을 훼손했다. 그러나 임기 말 2012년 역대 정권으로서 처음 독도에 입도함으로써 독도가 한국 영토임을 대외에 천명했다. 이처럼 역대 대통령 중에 독도의 영토주권에 어떻게 대처했느냐에 따라 '매국'과 '애국' 대통령으로 구분된다. 박근혜 대통령은 어떤 형태의 '애국' 대통령으로 남을지 궁금하다.

安倍首相は心得ているのか？
「北方領土の日」はあっても
なぜ「独島の日」のないことを…

日本政府は1981年、毎年2月7日を「北方領土の日」と定めた。しかし、なぜ「独島の日」は定めなかったのか？

これは、北方領土は修復すべき日本の領土として日本国民が知らないとならないことであり、逆に独島は日本の領土になり得ない韓国領土として、日本国民が知ってはならない地域だと考えたからだ。

第2次世界大戦で日本は敗戦後、日本帝国が侵略した領土について完全に連合国の決定に従い、対日平和条約に備えた。連合国は終戦直後、占領統治をしつつ、1946年に独島の統治権と行政権を日本に放棄させた。

また、マッカーサー・ラインを設置し、独島周辺に対する日本の漁業権を除外した。北方領土は終戦と共に連合国がソ連の占領を認め、日本の統治権と裁判権から除外した。

아베 총리는 아는가?
'북방 영토의 날'은 있는데,
왜 '독도의 날'이 없는지를...

일본 정부는 1981년 매년 2월 7일을 '북방 영토의 날'로 정했다. 그런데 왜 '독도의 날'은 정하지 않았을까?

그것은 북방 영토는 수복해야 할 일본 영토로서 일본 국민들이 알아야 한다고 생각했고, 독도는 일본 영토가 될 수 없는 한국 영토로서 일본 국민이 알면 안 되는 지역이라고 생각했기 때문이다.

제2차 세계대전에서 일본은 패망 후 일본제국이 침략한 영토에 대해서는 전적으로 연합국의 결정에 따르기로 하고 대일평화조약을 대비했다. 연합국은 종전 직후 점령 통치를 하면서 1946년 일본으로 하여금 독도에 대한 통치권과 행정권을 포기하도록 했다.

또한 맥아더라인을 설치하여 독도 주변에 대한 일본의 어업권을 제외했다. 북방 영토는 종전과 더불어 연합국이 소련의 점령을 인정하고 일본의 통치권과 관할권에서 제외했다.

　しかし、連合国は終戦直後、理念に基づく利害関係の対立で二手に分かれ、米国は一方的にソ連中心の共産陣営の権益を無視し、自由陣営中心で対日平和条約を推進した。その過程で、米国は、領土問題を決定するに当たり、占領統治されている敗戦国日本を自由陣営に引き込むために、法の定義を無視して対立状態にあった共産陣営のソ連と中国、新生独立国である韓国の権益を代弁せず、ナショナリズムによる日本政府の一方的な主張を擁護した。

　だが、1951年に締結された対日平和条約では、英国、豪州、新西蘭など英連邦諸国の反対で米国の論理は通らず、両者は、有人島は信託統治、無人島は地位の決定をしないことで方針を決めた。その結果、SCAPIN677号の決定通り、独島は韓国が、北方領土はソ連が持続して占有することになった。

　日本は1952年に米国の占領統治から独立した。ソ連は1956年に極東アジアで米国を牽制するため、日本との国交回復を願って日ソ共同宣言に署名した。その内容は、ソ連は平和条約を締結する場合、善意のレベルで歯舞、色丹両島を日本に引き渡せ得るとした。しかし、日本は北方4つすべてを要求した。

　これを契機に、日本は4つの島の回復に自信を持つようになり、北方領土の領有権主張に拍車をかけた。その過程で、1981年に日本政府は、国会と地方議会の要求を受け入れて「北方領土の日」を制定したのだった。

　一方、独島と関連して、1952年に李承晩大統領は、対日平和条約

　그런데 연합국은 종전 직후 이념에 따른 이해관계의 대립으로 양분되어, 미국은 일방적으로 소련 중심의 공산진영의 권익을 무시하고 자유진영 중심으로 대일평화조약을 추진했다. 그 과정에 미국은 영토 문제를 결정함에 있어 점령 통치 중인 패전국 일본을 자유진영에 포함시키기 위해 법의 정의를 무시하고 대립 상태에 있던 공산진영의 소련과 중국, 신생 독립국인 한국의 권익을 대변하지 않고 내셔널리즘에 의한 일본 정부의 일방적 주장을 두둔했다.

　그런데 1951년 체결된 대일평화조약에서는 영국, 호주, 뉴질랜드 등 영연방국가의 반대로 미국의 논리는 관철되지 못하고 양자는 유인도는 신탁통치, 무인도는 지위 결정을 하지 않는 것으로 방침을 정했다. 그 결과 SCAPIN677호의 결정대로 독도는 한국이, 북방 영토는 소련이 지속적으로 점유하게 되었다.

　일본은 1952년 미국의 점령 통치에서 독립되었다. 소련은 1956년 극동아시아에서 미국을 견제하기 위해 일본과 국교 회복을 희망하여 일소공동선언을 채택했다. 그 내용은 소련은 평화조약을 체결할 경우 선의의 차원에서 하보마이, 시코탄 두 섬을 일본에 인도할 수 있다고 했다. 그러나 일본은 북방 4개도 모두를 요구했다.

　이를 계기로 일본은 4개 섬의 회복에 대한 자신감을 갖게 되어 북방 영토에 대한 영유권 주장에 박차를 가했다. 그 과정에 1981년 일본 정부는 국회와 지방의회의 요구를 받아들여 '북방 영토의 날'을 제정했던 것이다.

　한편 독도와 관련하여 1952년 이승만 대통령은 대일평화조약이 체

が締結された直後、日本が武力でSCAPIN677号による韓国の独島占有状態が変更できないように「平和線」を宣言した。これに日本は、対日平和条約で独島は日本の領土として決定し、平和線は李承晩が一方的に宣言した違法な措置だと、撤回を求めた。韓国政府は日本政府のあらゆる恐喝や脅迫にも屈せず、独島の領土主権を守り抜いた。1965年に国交を回復した韓日協定でも、1974年の石油開発のための韓日大陸棚協定でも「独島は何ら領土問題の存在しない韓国固有の領土」だと、韓国の立場を貫徹させたのである。

　だから、歴代の日本政権は対日平和条約締結後、表面的には独島に対する領有権を主張してきたが、実質的に将来、日本が取り戻せる領土だという認識に欠けていた。但し、歴代の日本政権は、対国民と韓日関係での負担を減らすため、韓国政府への独島現状維持を哀願する政策を展開してきた。

　ところが、今、安倍政権は、このような歴史的経緯をきちんと知らず、自国が米国の力添えで占有し、管轄している尖閣諸島、双方が紛争地域であることに合意した北方領土と同等だという立場で独島の領有権を主張している。安倍政権の無知は、日本の未来世代に誤った教育を強制し、ナショナリズムに浸らせ、普遍的価値判断をぼかし、それが現在は勿論、将来の東アジア国際関係を悪化させ、自ら孤立を招くだろう。

결된 직후 일본이 무력으로 SCAPIN677호에 의한 한국의 독도 점유 상태를 변경할 수 없도록 '평화선'을 선언했다. 이에 대해 일본은 대일평화조약에서 독도는 일본 영토로서 결정되었고, 평화선은 이승만이 일방적으로 선언한 불법 조치라며 철회를 요구했다. 한국 정부는 일본 정부의 갖은 공갈과 협박에도 굴복하지 않고 독도의 영토주권을 수호해 왔다. 1965년 국교를 회복했던 한일협정에서도, 1974년 석유 개발을 위한 한일 대륙붕협정에서도 '독도는 아무런 영토 문제가 존재하지 않는 한국의 고유 영토'라고 한국의 입장을 관철시켰던 것이다.

그래서 역대 일본 정권은 대일평화조약 체결 이후 표면적으로는 독도에 대한 영유권을 주장해왔지만, 실질적으로는 미래 일본이 회복할 수 있는 영토라는 인식이 결여되어 있었다. 다만 역대 일본 정권들은 대국민과 한일 관계에서의 부담을 들기 위해 한국 정부에 대해 독도의 현상 유지를 애걸하는 정책을 펴왔다.

그런데 지금 아베 정권은 이러한 역사적 경위에 대해 제대로 알지 못하고, 자국이 미국의 도움으로 점유해서 관할하고 있는 센카쿠 제도, 쌍방이 분쟁 지역임을 합의한 북방 영토와 동등한 입장으로 독도의 영유권을 주장하고 있다. 아베 정권의 무지는 일본의 미래 세대들에게 잘못된 교육을 강요하여 내셔널리즘에 몰입되게 함으로써 보편적 가치판단을 흐리게 하여 현재는 물론이고 미래의 동아시아 국제 관계를 악화시켜 스스로 고립을 자초할 것이다.

安倍首相は
「北部大陸棚協定」を
知っているのか？

　1974年に韓国と日本政府間に2つの大陸棚協定が締結された。「南部の大陸棚協定」と「北部大陸棚協定」である。後者の「北部大陸棚協定」は、韓日両国間の境界を中間線論理で決定し、独島を韓国側の境界線内に含めていた。その経緯はこうだ。1968年に国連が、東シナ海に石油資源が大量に埋葬されているという探査報告書を発表した。韓国は、外資系の会社と協定を結び、石油開発を発表した。ここに日本が抗議したため、両国政府間で大陸棚協定も締結することになった。石油開発区域は、南海に当たる地域に「南部の大陸棚協定」を締結し、共同開発に合意した。ところが、韓国の東海に該当する地域、つまり「北部大陸棚協定」は、中間線の論理で両国の境界を決定した。ここで重要なことは、両国政府が独島を韓国側の境界線内に入れたことである。日本の国会では、日本政府のこのような

아베 총리는
'북부대륙붕협정'을
알고 있는가?

1974년 한국과 일본 정부 사이에 2개의 대륙붕협정이 체결됐다. '남부대륙붕협정'과 '북부대륙붕협정'이 그것이다. '북부대륙붕협정'에는 한일 양국 간의 경계를 중간선 논리로 결정하여 독도를 한국 측 경계선 안에 포함시켰다. 그 경위는 이렇다. 1968년 유엔이 동중국해에 석유 자원이 대량으로 매장되었다는 탐사 보고서를 발표했다. 한국은 외국계 회사와 협약을 체결하여 석유 개발을 발표했다. 이에 일본이 항의함으로써 양국 정부 사이에 대륙붕협정을 체결하게 되었던 것이다. 실제로 석유 개발 구역은 남해에 해당하는 지역으로 '남부대륙붕협정'을 체결하여 공동 개발에 합의했다. 그런데 한국의 동해에 해당하는 지역, 즉 '북부대륙붕협정'에서는 중간선 논리로 양국의 경계를 결정했다. 여기서 중요한 것은 양국 정부가 독도를 한국 측의 경계선 안에 포함시켰다는 것이다. 일본 국회에서는 일본 정부의 이러한 조치에 항

措置に抗議して、4年間の批准を保留してから議論の末、ようやく1978年に国会で可決された。

　であれば、日本の国会では、情緒的に「竹島は日本の領土」という認識を持っていたにもかかわらず、日本政府はなぜ、自ら独島を韓国の領域に入れるために議会を説得したのだろうか？その理由は、1965年に締結された韓日協定と関係がある。韓日協定で、当時の日本政府は独島に対する韓国の実効的支配を認めたからだ。

　日本政府は、韓国の領土主権の姿勢が余りにも強固だったので、それを認めなければ、国交回復は不可能だと判断したのだ。第2次世界大戦は、侵略した領土を完全に放棄するというポツダム宣言を日本が完全に受容することにより、終戦となった。連合国は、1946年にSCAPIN677号を発令し、歴史的権原に基づいて独島を韓国領土と認めた。韓国政府は解放に加え、これを土台に独島を実効的に管理した。そこで1951年の対日平和条約で、日本は韓国の領土と決定した独島の主権を変えようと、連合国の一員である米国にロビーを行ったが、あえなく失敗した。李承晩政府は、今後も続くだろう日本の独島侵略を予想し、平和線を宣言して日本の挑発を事前に遮った。対日平和条約を主管していた米国も、平和線措置を否定しなかった。また、韓日協定でも自由陣営の結束のため協定締結過程を監視していた米国も、韓国の立場を否定しなかった。過去も今も日本政府は、対日平和条約で竹島が日本の領土と決定したと意地を張っているが、それが真実ではないということが、韓日協定で一層

의하여 4년간 비준을 보류하다가 논란 끝에 간신히 1978년 국회에서 통과되었다.

그렇다면 일본 국회에서는 정서상으로 '죽도가 일본 영토'라는 인식을 갖고 있었음에도 불구하고, 일본 정부는 왜 스스로 독도를 한국 영역에 넣기 위해 의회를 설득하였을까? 그 이유는 1965년 체결한 한일협정과 관계된다. 한일협정에서 당시 일본 정부는 독도에 대한 한국의 실효적 지배를 인정했기 때문이다.

일본 정부는 한국이 영토주권에 대한 입장이 너무나 단호하였기 때문에 그것을 인정하지 않으면 국교 회복이 불가능하다고 판단했던 것이다. 제2차 세계대전은 침략한 영토를 전적으로 포기한다는 포츠담선언을 일본이 전적으로 수용함으로써 종전되었다. 연합국은 1946년 SCAPIN677호를 발령하여 역사적 권원에 의거하여 독도를 한국 영토로 인정했다. 한국 정부는 해방과 더불어 이를 바탕으로 독도를 실효적으로 관리했다. 1951년 대일평화조약에서 일본은 한국 영토로서 결정된 독도 주권을 변경하려고 연합국의 일원인 미국에 로비했으나 실패했다. 이승만 정부는 향후 일본의 계속적인 독도 침략을 예상하고 평화선을 선언하여 일본의 도발을 사전에 차단했다. 대일평화조약을 주관했던 미국도 평화선 조치를 부정하지 않았다. 또한 한일협정에서도 자유진영의 결속을 위해 협정 체결 과정을 감시하던 미국도 한국의 입장을 부정하지 않았다. 과거나 지금에도 일본 정부는 대일평화조약에서 죽도가 일본 영토로 결정되었다고 억지를 피우고 있지만, 그것이 사실이 아니라는 것이 한일협정에서 더욱 분명해졌다.

明らかになった。

　今日、日本政府が独島の領有権を主張する根拠は、「1905年に島根県が編入した竹島領土措置が正当である」、「米国を始めとする連合国が対日平和条約で独島を日本の領土として認めた」、「平和線は、李承晩大統領が不法に宣言した「李承晩ライン」に過ぎない」などの主張だ。しかし、このような日本政府の主張は偽りであることがあからさまになったのだ。

　仮に日本政府の主張が正しいなら、第一に、米国政府は、なぜ韓日協定で独島を実効的に占有し、領土問題が存在しないという韓国の立場を否定しなかったのか？第二に、日本政府はなぜ韓日協定で対日平和条約を主導した米国と英国など連合国を使って、日本の立場が貫徹できなかったのか？第三に、日本の国会はなぜ韓日協定で独島が日本の領土や紛争地域という明確な規定がないにもかかわらず、韓国の実効的占有状態を認める条約を承認したのか？第四に、韓日協定以降、日本政府は、なぜ独島問題を解決しようと韓国政府に対して一度も提案しなかったのか？第五に、日本政府はなぜ大陸棚協定を締結する際、独島を韓国側の海域に含めたのか？第六に、大陸棚協定で日本の国会はなぜ独島が韓国の海域に含まれていることを批准したのか？これらの事実は、韓日協定で日本政府が、独島を韓国の領土として黙認しており、これに日本の国会が同調したからだ。

　韓日大陸棚協定は領土主権を決定付けるものではないが、独島が日本の領土主権に含まれていたなら、果たして韓国側の海域の中に

오늘날 일본 정부가 독도에 대해 영유권을 주장하는 근거는 '1905년 시마네 현이 편입한 죽도 영토 조치가 정당하다', '미국을 비롯한 연합국이 대일평화조약에서 독도를 일본 영토로서 인정했다', '평화선은 이승만 대통령이 불법적으로 선언한 '이승만라인'에 불과하다' 등의 주장이다. 그러나 이러한 일본 정부의 주장은 거짓임이 드러난 것이다.

만일 일본 정부의 주장이 옳다면, 첫째로, 미국 정부는 왜 한일협정에서 독도를 실효적으로 점유하면서 영토 문제가 존재하지 않는다고 하는 한국의 입장에 대해 부정하지 않았을까? 둘째로, 일본 정부는 왜 한일협정에서 대일평화조약을 주도한 미국과 영국 등 연합국을 동원하여 일본의 입장을 관철하지 못했을까? 셋째로, 일본 의회는 왜 한일협정에서 독도가 일본 영토 혹은 분쟁 지역이라는 명확히 규정이 없음에도 불구하고 한국의 실효적 점유 상태를 인정하는 조약안을 승인했을까? 넷째로, 한일협정 이후 일본 정부는 왜 독도 문제를 해결하자고 한국 정부에 대해 한 번도 제의하지 않았을까? 다섯째로, 일본 정부는 왜 대륙붕협정을 체결하면서 독도를 한국 측 해역에 포함시켰을까? 여섯째로, 대륙붕협정에서 일본 국회는 왜 독도가 한국 해역에 포함되어 있는 것을 비준했을까? 이와 같은 사실들은 한일협정에서 일본 정부가 독도를 한국 영토로 묵인했고, 이를 일본 의회가 동조했기 때문이다.

한일대륙붕협정은 영토주권을 결정짓는 것은 아니지만, 독도가 일본의 영토주권에 포함되어 있다면, 과연 한국 측의 해역 속에 포함시켰을까? 그것은 간접적으로 일본 영토가 아님을 스스로 인정한 조치이다.

현재 아베 총리는 인류의 공존 공영을 기치로 내세우는 글로벌화시

含めただろうか？それは間接的に日本の領土ではないことを、自ら認めた措置である。

　現在、安倍首相は、人類の共存共栄を旗印に掲げるグローバル化時代の価値に逆行し、自国の利益だけを考えて独島挑発を敢行している。彼に若い頃、海外での留学経験が少しでもあったなら、日本も国際社会の一員だという事実を忘れはしなかっただろう。歴史的な事実については偏狭な視野から関心すらないので、無知でいるしかない。

대의 가치를 역행하고 자국의 이익만 생각하여 독도 도발을 감행하고 있다. 그가 젊은 시절 해외에서의 유학 경험이 약간이라도 있었더라면 일본도 국제사회의 일원이라는 사실을 망각하지 않았을 것이다. 편협적인 시야로 역사적 사실에 대해 관심조차 없었기 때문에 무지할 수밖에 없다.

安倍政権下で日本島根県が準備する「竹島の日」記念式典

今年も日本の独島挑発は続いている。島根県は来たる2月22日に、2006年から開催されている、9回目の「竹島の日」記念式典の準備をしている。「竹島の日」記念式典は、教科書の訂正、防衛白書、外交青書発刊に加え、毎年実施される定期的な独島挑発である。日本の独島挑発には、前進はあっても後退はない。後退とはまさに、領土主権の放棄を意味するからである。日本がこのように毎年、独島挑発を敢行するのは、独島に対する韓国の領土守護意志が軟弱だと思っているからではないだろうか?

日本が独島挑発の程度を上げれば上げるほど、両国関係は更に悪化する。いくら政治的に賭けが好きな安倍政権でも、もはや国益に役立たない韓日関係の悪化を望んではいないだろう。過去、どの自民党政権も踏み切れなかった政府主導の「竹島の日」行事は、敢行で

아베 정권에서의
일본 시마네 현이 준비하고 있는
'죽도의 날' 행사

금년에도 일본의 독도 도발은 계속되고 있다. 시마네 현은 오는 2월 22일에 2006년에 시작된 9번째의 '죽도의 날' 행사를 준비하고 있다. '죽도의 날' 행사는 교과서 개정, 방위백서, 외교청서 발간과 더불어 매년 시행되는 정기적인 독도 도발이다. 일본의 독도 도발에는 전진은 있어도 후퇴는 없다. 후퇴는 곧 영토주권의 포기를 의미하기 때문이다. 일본이 이처럼 매년 독도 도발을 감행하는 것은 독도에 대한 한국의 영토 수호 의지가 빈약하다고 판단하고 있기 때문이 아닐까?

일본이 독도 도발의 수위를 높이면 높일수록 양국 관계는 더욱더 악화된다. 아무리 정치적 도박을 좋아하는 아베 정권이라 할지라도 더 이상 국익에 도움이 되지 않는 한일 관계의 악화를 원하지 않기 때문에 이전 어느 자민당 정권도 시도하지 못했던 정부 주도의 '죽도의 날' 행사는 감행하지 못할 것이다.

きないはずだ。

今日の日本政府の独島挑発が度を過ぎているということは、多くの外交文書でも確認できる。1951年、米、英を始めとする連合国48カ国と締結したサンフランシスコ対日平和条約で、独島が日本の領土ではないことを明らかにし、1965年に米国の干渉で締結された韓日協定では、韓国の実効的支配を日本は黙認した。

1974年の大陸棚条約では、韓国の独島管轄を日本が正式に認めた。このような弱点から日本政府は、独島問題解決で米国に依存する傾向が強い。過去、一時の冷戦体制で自由陣営に編入させるため、米国が日本をかばったことがあったが、21世紀、正義の国を唱える米国は、もはやそのような薄っぺらい政治的計算はしないだろう。

にもかかわらず、2012年12月に発足した安倍政権は、昨年「竹島の日」の行事で初めて島尻安伊子内閣府政務官、小泉進次郎自民党青年局長、自民党の細田博之幹事長代行などの政府官僚を派遣する賭けに出た。現役の国会議員も21人も参加した。

ところが、今年のイベントは、昨年ほどは物々しくないようだ。それは、過去の侵略戦争を反省することのない安倍政権の外交政策によって、冷え切った韓日関係をこれ以上悪化させまいとする意志表明ではないかと思う。

今回の「竹島の日」行事は、昨年のように島根県、島根県議会、竹島・北方領土返還要求運動、島根県民会議が共同で主催するかたち

오늘날 일본 정부의 독도 도발이 지나치다는 것은 많은 외교 문서에
서도 확인된다. 1951년 미, 영을 비롯한 연합국 48개국과 체결한 샌프
란시스코 대일평화조약에서 독도가 일본 영토가 아님을 분명히 했고,
1965년 미국의 간섭으로 체결된 한일협정에서는 한국의 실효적 지배
를 묵인했다.

1974년 양국 간의 대륙붕협약에서는 한국의 독도 관할을 일본이 공
식적으로 인정했다. 이러한 약점 때문에 일본 정부는 독도 문제 해결
을 위해 미국에 의지하는 경향이 크다. 과거 한때 냉전체제에서 자유
진영에 편입시키기 위해 미국이 일본을 두둔한 적이 있었지만, 21세기
정의로운 국가를 주장하는 미국은 더 이상 그런 얄팍한 정치적 계산은
하지 않을 것으로 본다.

그럼에도 불구하고 2012년 12월에 출범한 아베 정권은 지난해 '죽도
의 날' 행사에서 처음으로 시마지리 아이코島尻安伊子 내각부 정무관,
고이즈미 신지로小泉進次郎 자민당 청년국장, 자민당의 호소다 히로유
키細田博之 간사장 대행 등의 정부 관료를 파견하는 정치적 도박을 했
다. 현역 국회의원도 21명 참가했다.

그런데 금년 행사는 작년만큼은 부산하지 않은 듯하다. 그 이유는
과거 침략 전쟁의 반성을 모르는 아베 정권의 외교 정책에 의해 냉각
된 한일 관계를 더 이상 악화시키지 않겠다는 의지 표명이 아닐까 생
각한다.

이번 '죽도의 날' 행사는 지난해와 같이 시마네 현, 시마네 현의회,
죽도竹島 · 북방 영토北方領土 반환요구운동 시마네 현민회의가 공동으

で、2月22日(土)午後1時30分に島根県民会館で開催される。参加者
は、来賓・主催者400人と一般参加者100名を募り、500人規模で進め
ている。行事のプログラムは、「主催者として島根県知事と竹島・北
方領土返還要求運動、島根県民会議会長県の会議長の挨拶、来賓挨
拶、来賓紹介、要望書の配信、研究協力・資料提供者・体験証言者
への感謝賞贈呈、竹島の領土権確立隠岐期成同盟会会長隠岐島町長の
決意表明、講演、の順に進行される。講演者には、拓殖大学国際関
係学教授下條正男、正徳学院高校教員佐々木茂、東海大学法学部教
授塚本孝、愛媛市立高校教員藤井賢二など、竹島問題研究のメン
バーが出演する。講演内容は、現在活動中の第3期竹島問題研究会
が出版準備している「竹島問題100問100答」を紹介しながら、竹島が
日本の領土であることを宣伝することである。会場の入り口には竹
島印の竹島米、竹島酒、竹島パンなどを販売し、竹島資料室では、
「絵図・地図に見る竹島」というテーマで資料展を開く。また、記念
式典の様子は県管轄下の最大14個のケーブルTVや県のホームペー
ジで、録画された動画が放送される。

　島根県は、総務課に竹島対策室を置き、ウェブwebに竹島問題研究
所を開設しているが、事実上、竹島問題研究会の座長として活動す
る下條氏が運営している。「竹島の日」の行事も形式上は島根県主体
ですることになっているが、事実上は下條氏が主管しているに違い
ない。今日の偏狭で歪んだ思考を持つ、一人の右翼学者の扇動で、
2006年から始まった「竹島の日」行事は、韓日の友好関係を焦土化さ

로 주최하는 형식으로 2월 22일(토) 오후 1시 30분에 시마네 현민회관
에서 개최된다. 행사 참가자는 내빈·주최 측 400명과 일반 참가자
100명을 모집하여 500명 규모로 진행한다. 행사의 순서는 '주최자로서
시마네 현지사와 죽도·북방 영토 반환요구운동 시마네 현민회의 회
장현의회의장 인사, 내빈 인사, 내빈 소개, 요망서 전달, 연구협력자·자
료제공자·체험증언자에 대한 감사상 증정, 죽도 영토권 확립 오키隱岐
기성동맹회 회장오키 섬 면장의 결의 표명, 강연 순으로 진행된다. 강연
자로는 타쿠쇼쿠대학 국제학부 교수 시모조 마사오下條正男, 쇼토쿠가
쿠인正德學院고등학교 교사 사사키 사게루佐々木茂, 도카이東海대학 법
학부 교수 쓰카모토 타카시塚本孝, 에히메 시립고등학교 교사 후지이
겐지藤井賢二 등 죽도문제연구회원들이 출연한다. 강연 내용은 현재 활
동 중인 제3기 죽도문제연구회가 출간을 준비하고 있는 '죽도문제 100
문 100답'을 소개하면서 죽도가 일본 영토임을 선전하는 것이다. 행사
장 입구에는 죽도를 상표하는 '죽도' 쌀, 죽도 술, 죽도 빵 등을 판매하
고, 죽도 자료실에서는 '회도·지도로 보는 죽도'라는 주제의 특별전을
전시한다. 또한 기념식 전의 모습은 현 관할하의 최대 14개 케이블TV
와 현의 홈페이지에서 녹화된 동영상이 방송된다.

　시마네 현은 총무과에 죽도 대책실을 두어 웹web죽도문제연구소를
설치하고 있지만, 사실상 죽도문제연구회의 좌장으로 활동하고 있는
시모조가 운영하고 있다. '죽도의 날' 행사도 형식상 시마네 현이 주
체하는 것으로 됐지만, 사실상 시모조가 주관하는 것이나 다름없다.
오늘날 편협한 비뚤어진 사고를 가진 한 명의 우익학자의 선동으로

せている。

　今回9回目の行事には来賓・主催者など400人が参加する予定になっているが、果たして政府側の要人がどのくらい参加するのか、安倍政権の独島政策が注目される。

2006년부터 시작된 '죽도의 날' 행사는 한일 우호 관계를 초토화시키고 있다.

이번 9회째 행사에는 내빈·주최자 등 400명이 참가할 예정으로 되어있는데, 과연 정부측 요인들이 얼마나 참석할 것인지 아베 정권의 독도 정책이 주목된다.

에필로그

에피로그

エピローグ

　本書の執筆目的は、韓国政府の独島政策への提言と、私たち国民の独島に対する正しい認識を高め、同時に日本国民に独島問題の本質を知らせることである。

　日本は定期的に、毎年独島挑発を敢行する。その時の韓国政府の対応方法を巡り、両論が拮抗している。独島は領土主権であるため、強力に対応すべきだという側と、強力な対応は、むしろ韓日関係を悪化させるだけでなく、紛争化を狙う日本の論理に巻き込まれるだけだと主張する側である。一見するとどちらも正しいようだが、明らかに一方は誤った認識である。であるなら、どちらが間違っているのか？ これを判断する基準がある。最も重要なのは、固有の領土、独島を守るためには、日本によって独島の領土主権が毀損されてはならない。次に、主権守護のための措置について、日本の武力挑発で大韓民国に災難が起こってはならない。もう一つ、重要な基準は、韓国の経済が過去のように日本に依存していないので、その対応法が過去とは変わらなければならないということだ。

에필로그

　본서의 집필 목적은 한국 정부의 독도 정책에 대한 제언과 우리 국민들의 독도에 대한 올바른 인식을 높이고, 동시에 일본 국민들에게 독도 문제의 본질을 알리기 위한 것이다.

　일본은 정기적으로 매년 독도 도발을 감행한다. 이때에 한국 정부의 대응 방법을 두고 양론이 팽팽하다. 독도는 영토주권이기 때문에 강력하게 대응해야 한다는 쪽과 강력한 대응은 오히려 한일 관계를 악화시킬 뿐만 아니라 분쟁화를 노리는 일본의 논리에 말려든다는 쪽으로 나뉜다. 얼핏 보면 양자 모두 옳은 듯하다. 그런데 분명히 한쪽은 잘못된 인식이다. 그렇다면 어느 쪽이 잘못되었을까? 이를 판단하는 기준이 있다. 가장 중요한 것은 고유 영토 독도를 수호하기 위해서는 일본에 의해 독도의 영토주권이 훼손되어서는 안 된다. 다음으로는 주권 수호를 위한 조치에 대해 일본의 무력 도발로 대한민국에 재앙이 생겨서는 안 된다. 또 하나 중요한 기준은 한국의 경제가 과거처럼 일본에 의존적이지 않기 때문에 그 대응법이 과거와는 달라져야 한다는 것이다. 한국 측의 실효적 조치나 일본 측의 도발로 한일 관계가 나빠질 수 있

韓国側の実効的措置や日本側の挑発で、韓日関係が悪くなることがある。友好的な関係は、両国互いに努力することだからこそ、領土主権を毀損されて韓国が一方的に譲歩することはない。また、両者の行動が過度に国際社会の普遍的な価値に相応しくなく、非難を受ける行動であるなら、それは間違っている。

　以上のような基準で、対応方法を決めるべきである。筆者の経験から言えば、独島を専門的に研究した人は、絶対に独島の領土主権を毀損しないようにする。一方、独島を専門に研究していない人は、紛争化を狙う日本の論理に巻き込まれるという名目の下、独島の領土主権毀損より、韓日関係の悪化をそれ以上に懸念する傾向がある。最も重要なことは、領土主権を毀損されてはならないので、それが間違った対応であるということだ。何があっても領土主権が損なわれてはならないし、もしも領土主権が損なわれることならば、韓日関係が悪くなってもどうしようもない。このような基準で、独島問題に対応すべきである。

　本書は、日本の挑発に因って韓日間の独島問題が韓日関係を悪化させた時、その対応策として、2006年から現在まで、様々な媒体に提言した文の集大成である。本書の各主題のタイトルは、メディアで報道されたタイトルとは必ずしも一致しない。

　先ず、1998年、日本が韓国政府に求めた日漁業協定を一方的に破棄して新韓日漁業協定を要求することで独島問題が再燃したが、日本政府は排他的経済水域を日本に有利に設定するために、独島の領

다. 우호적인 관계는 양국 모두가 노력할 일이기에 영토주권을 훼손당하면서까지 한국이 일방적으로 양보할 일은 아니다. 또한 양자의 행동이 지나쳐서 국제사회의 보편적인 가치에 어울리지 않아서 비난을 받는 행동이라면 그것은 잘못된 것이다.

이상과 같은 기준으로 대응 방법을 정해야할 것이다. 필자의 경험에서 말한다면 독도를 전문으로 연구한 사람은 절대로 독도의 영토주권을 훼손하는 일은 하지 않으려고 한다. 반면 독도를 전문으로 연구하지 않은 사람은 분쟁화를 노리는 일본의 논리에 말려든다는 명목 아래 독도의 영토주권 훼손보다는 한일 관계의 악화를 더욱 우려하는 경향이 있다. 가장 중요한 것은 영토주권이 훼손되면 안 되므로 그것은 잘못된 대응이다. 무슨 일이 있더라도 영토주권이 훼손되어서는 안 되고, 만일 영토주권이 훼손당하는 일이라면 한일 관계가 나빠져도 할 수 없는 일이다. 이러한 기준으로 독도 문제에 대응해야 할 것이다.

본서는 일본의 도발로 인해 한일 간에 독도 문제가 한일 관계를 악화시켰을 때 그 대응책으로 2006년부터 2014년까지 다양한 매체에 제언한 글을 집대성한 것이다. 본서의 각 주제의 제목은 언론매체에서 보도된 제목과는 반드시 일치하지는 않는다.

우선, 1998년 일본이 한국 정부에 구한일어업협정을 일방적으로 파기하고 신한일어업협정을 요구함으로써 독도 문제가 재연되었는데, 일본 정부는 배타적 경제수역을 일본에 유리하게 설정하기 위해 독도의 영유권을 강화하고 있다. 일본의 이러한 주장에 대응하여 한국 정부가 취해야 할 자세에 대한 대응책을 제안했다.

有権を強化している。日本のこのような主張に対応し、韓国政府が取るべき姿勢への対応策を提案した。

　第二に、2005年、島根県が竹島問題研究会を組織したが、彼らの活動の一環として、「竹島の日」が島根県の条例として制定され、島根県竹島問題研究会の扇動で日本政府が教科書を改訂し、「竹島領土教育」を義務化する独島挑発があった時に提案した対応策である。

　第三に、李明博大統領が就任し、対日関係を円満にするために実用的な外交を掲げつつ、独島の懸案を直接扱わないようにするため、就任と同時に宣するように独島問題を提起しないと述べた。また、朴槿恵大統領も、慰安婦問題解決に否定的な安倍政権を反省させるとして首脳会談を拒否してきた。この時、日本政府はむしろ、様々な方法で独島の領土主権を毀損しようとした。これに対する韓国政府の対応策を提案した。

　第四に、安倍極右政権が「美しい日本」をスローガンに掲げつつ、普通の国になるために憲法を改正して軍事化を推進するという安倍晋三政権が、独島挑発をした時に提示した対応策である。

　本書によって独島問題を正しく理解し、対日独島外交や政策において、韓国政府が最善の判断で独島の領土主権を損なうことがなかったらと思う。引いては日本が本書を介して歪曲された独島教育で、独島挑発を止める大きな助力になることを期待したい。

둘째로, 2005년 시마네 현이 죽도문제연구회를 조직하여 이들의 활동의 일환으로 '죽도의 날'이 시마네 현의 조례로서 제정되었을 때 시마네 현 죽도문제연구회의 선동으로 일본 정부가 교과서를 개정하여 '다케시마 영토 교육'을 의무화하는 독도 도발이 있었을 때 제안한 대응책이다.

셋째로, 이명박 대통령이 취임하고 대일 관계를 원만히 하기 위해 실용 외교를 내세우면서 독도 현안을 직접적으로 다루지 않기 위해 취임과 동시에 선언적으로 독도 문제를 제기하지 않겠다고 했다. 또한 박근혜 대통령도 위안부 문제 해결에 부정적인 아베 정권을 반성하게 한다는 차원에서 정상회담을 거부해 왔다. 이때에 일본 정부는 오히려 다양한 방법으로 독도 영토주권을 훼손하려고 했다. 이에 대한 한국 정부에 대해 대응책을 제안했다.

넷째로, 아베 극우정권이 아름다운 일본을 슬로건으로 내걸고 보통 국가를 위해 헌법을 개정하여 군사화 추진의 목표를 가지고 있는 아베 신조 정권이 독도 도발을 하였을 때에 제시한 대응책이다.

본서로 인해 독도 문제를 올바르게 이해하고, 대일 독도 외교나 정책에 있어서 한국 정부가 최선의 판단으로 독도의 영토주권을 훼손하는 일이 없었으면 좋겠다. 더 나아가서 일본이 본서를 통해 왜곡된 독도 교육에 의한 독도 도발을 중지하는데 크게 도움이 되기를 기대해 본다.

찾아보기

ㄱ

간바레 닛폰 ……………………307
강화도조약 ……………………191
거문도 …………………………229
거북바위 ………………………215
경북경찰청 ……………………321
경상북도 ………………………265
경제정책 담당 …………………347
고등학교 교과서 ……93, 113, 115
고등학교 지도요령 해설서 ……121
고등학교 학습지도요령 …………123
고문헌 …………………165, 191
고유 영토 87, 137, 209, 239, 291
고유 영토론 ……………………183
고이즈미 신지로小泉進次郎 ………407
고이즈미 총리 …………………65
고종황제 ………………………213
고지도 …………………165, 191
공동 개발 ………………………351
공동관리수역 ……49, 69, 73, 95,
101, 115, 223, 315
공산진영 ………………………359
공식 홈페이지 …………………115
공암 ……………………………215
관음도 …………………………215
교과서 개정 ……………347, 405
교과서문제 ……………………95
국제법 …………………113, 133
국제법의 원칙 …………………73

국제법적 권원 …………………67
국제법적 원칙 ……………77, 85
국제사법재판소 ………41, 53, 75,
251, 269, 277, 287, 291, 315
국제사회 …………………115, 185
국제수로기구IHO ……63, 75, 329
국제수로기구회의 ………………209
국제정치 ………………………57
국제통화기금 …………………315
극우정권 ………………………417
근대국제법 ……………………179
근시안적 대응 …………………297
근접수역24해리 ……………69, 115
금융 위기 …………………69, 113
김대중 정부 ‥157, 255, 283, 299
김성도 …………………311, 325
김영삼 대통령 ……………223, 317
김영삼 정부 ……………………207
김정호 …………………………159

ㄴ

나가사키 ………………………385
나카이 요사부로中井養三郎 ……219
남부대륙붕협정 …………………397
내각부 …………………………259
내무성 …………………………227
내부대한제국의 내무부 ……………193
내셔널리즘 …………157, 201, 345

노무현 대통령 ……125, 217, 317,
　329, 333
노무현 정부 …………………389
노태우 정부 …………207, 299
뉴질랜드 ……………381, 393

ㄷ

다케시마竹島 ‥35, 37, 75, 93, 183,
　201, 239, 259, 265, 281, 313,
　319, 371
다케시마 영토론 …………375
다케시마문제연구회 ……181, 263
다케시마에 관한 동영상 ……321
'다케시마의 날' …………113, 259
대동여지도 …………159, 161
대륙붕 경계 ………………315
대륙붕조약 ………………223
대륙붕협약 ………………407
대륙붕협정 ………387, 397, 401
대만 ………………………301
대백과사전 ………………187
대아시아 공동체 실현 ………123
대아시아외교 ……………121
대일강화조약 ……111, 151, 155
대일정책 …………………207
대일평화조약 …37, 65, 221, 253,
　289, 313, 355, 371, 381, 387,
　399, 407
대하동 ……………………171
대한제국 …………175, 177, 179
대한제국 내부內務部 …………175
댜오위다오 문제 …………361
덩샤오핑鄧小平 ……………361

데탕트 시대 …………………361
독도 ………………95, 215, 229
독도 교육 ………………131, 201
독도 기점 ‥‥75, 81, 83, 97, 105,
　333, 389
독도 기점 선언 ……………317
독도 문제 ……59, 95, 133, 141,
　293, 297
독도 방문 …………49, 317, 325
독도 선착장 건립 …………317
독도 수호의 날 ……………189
독도 왜곡 교육 ………137, 143
독도 외교 …………………129
독도 입도 허가 ……………317
독도 정책 ………………125, 319
독도 주변 12해리 ……………41
독도 침탈 ………………125, 159
독도 탐사선 …………………71
독도, 법정에 서다 …………237
독도·동해 표기 ……………331
독도경비대 ………………309, 321
독도는 우리땅 ……………337
독도의 날 …………………179
독도의 본질 ………………147
독도의 지위 ………………81
독도의용수비대 ……245, 247, 309
독도조난어민위령비 …………309
동국여지승람 …………………35
동아시아 관계 ……………147
동중국해 …………………303
동해 ………………63, 65, 343
동해 명칭 …………………341
동해·일본해 문제 …………341

동해명칭문제 ······················95
등대 ······························309
딴바위 ···························215

ㄹ

러일전쟁 ·········35, 173, 193, 213,
     219, 289

ㅁ

마이니치每日 신문 ···············113
막부 ······························161
말레이시아 ·····················233
망끼에-에크레호 섬 ·············233
무대응이 상책 ··················119
무라야마 담화 ··················367
무인등대 ·······················245
무주지 ···························173
무주지 선점 ····················133
무주無主지 선점원칙 ·············79
무주지 선점론 ··················183
문화정책 담당 ··················347
미국 ········53, 55, 57, 151, 153,
     155, 205, 277, 301
미일행정협정 ···················221
민주당 ·························345
민주당정부 ···············121, 131

ㅂ

박근혜 대통령 ··················319
박근혜 정부 ·············205, 209
박정희 정부 ····················207
방공식별구역ADIZ ··············239
방사선 유출 문제 ···············139

방위백서 ····43, 47, 59, 131, 239,
     243, 283, 295, 339, 347, 405
배타적 경제수역EEZ ··········63, 95,
     105, 185, 317, 333
법의 정의 ·······················273
본군 소속 독도 ·············227, 237
부시 대통령 ····················155
북방 영토 ········39, 41, 121, 137,
     239, 395
북방 영토의 날 ·····253, 391, 393
북부대륙붕협정 ·················397
북저바위 ·······················215

ㅅ

사자바위 ·······················215
사전통보제도 ····················87
사회과 지도 ·····················93
사회당 ·························343
삼국사기 ·························35
삼선암 ·························215
상징천황제 ·····················257
샌프란시스코 강화조약 ·····79, 81
석도石島 ·········171, 175, 177, 183,
     185, 193, 213
섬 탈환 사건 ····················303
세계적 보편주의 ················367
세종실록지리지 ············35, 161
센카쿠 열도 ·····················39
센카쿠 제도(중국명 다오위다오) ···41,
     183, 301, 303, 307, 309, 351,
     353, 359
소수민족 ·······················305
송신탑 ·························247

슌요타이俊鷹堆 ·············63, 83

시마네 현 ······93, 113, 175, 181, 195, 259

시마네 현 고시40호 ······213, 219, 221, 227, 255, 313

시마네대학 ·····················375

시마지리 아이코島尻安伊子 ······407

시모조 마사오下條正男 45, 223, 409

시민사회 ·················127, 185

시진핑習近平 ······················353

시파단 섬 ·····················233

신생 독립국 ·······79, 111, 279

신영토 ·························281

신자유주 ·······················293

신증동국여지승람 ··················341

신한일어업협정 ···41, 43, 47, 49, 145, 255, 315, 389

실용 외교 ·····················129

실효적 관리 ·····················277

실효적 점유 ·····················371

실효적 조치 ·····················303

실효적 지배 ·········57, 117, 295

싱가포르 ·······················233

쓰시마분지 ··················63, 83

쓰카모도 타카시塚本孝 ··········409

10개국의 언어 ···················321

10만 원권 ·················159, 161

10포인트 ·······················321

12해리 영해 ·················93, 283

3·1운동 ···············187, 189

3·11 동일본대지진 ············139

ㅇ

아마미 군도 ·····················359

아베 수상 ·······················353

아베 신조安倍晉三 ··········113, 353

아베 정권 ·······················363

아소 다로麻生太郎 ···············365

안용복 ·························161

안용복 사건 ·····················235

안중근 의사 ·····················125

애국 교육 ·······················137

야당의원 ·······················229

야스쿠니靖國 신사 ···············365

야스쿠니 신사 참배 ·············379

어업협정 ·························81

어용학자 ·············147, 261, 263

역사교과서 왜곡 문제 ···········341

역사적 권원 ·········127, 159, 163, 235, 267, 299

역사적·국제법적 권원 ··117, 185

연합국 ·················111, 155, 173

영국 ·················277, 381, 393

영연방국가 ·····················381

영유권 주장 ·····················295

영토 교육 ·······················101

영토 내셔널리즘 ····139, 355, 357

영토 정책 ·······················209

영토 침략 ·······················135

영토 편입 ·······················183

영토의 표지석 ···················245

영토적 권원 ·····················263

영토주권 ·················295, 317

영토화 정책 ·····················129

영해 ·························63, 69

오가사와라 ……………………359
오가사하라 군도 ………………183
오키나와 ……………………301, 359
외교권 ……………………173, 217
외교백서 ………………………47
외교적 타협 …………………155
외교청서 ………59, 283, 295, 339,
   347, 405
외무성 홈페이지 ……………93, 321
외무장관회담 …………………77
외환 고갈 ……………………207
우산국시대 …………………153, 161
우산도 ……………167, 183, 185
우산도독도 ……………………191
우익 성향 ……………………147
우익 성향 학자 ………………271
울도군 ……………………213, 215
울릉경찰서 ……………………309
울릉군수 심흥택 ………175, 217,
   227, 235
울릉도 ……………167, 191, 229
울릉도 기점 …87, 105, 209, 389
울릉도 기점 선언 ……………337
울릉전도鬱陵全島 …………213, 215
원시안적 대응 …………………297
원폭 ……………………………385
위령비 …………………………247
위안부 ……………………209, 341
유엔 ……………………………303
유인등대 ……………………245
유화정책 ……………………209
이명박 대통령 ……103, 125, 155,
   251, 275, 317, 325, 389, 417

이명박 정부 …………95, 97, 209
이번 대통령의 독도 방문 ……273
이세키 외무성 아주국장 ………275
이승만 대통령 221, 281, 387, 393
이승만 정부 ……………207, 253
이승만라인 ……………………383
이와나미岩波서점 ……………375
일본 영역 참고도 ……………229
일본 영토 ……………………93
일본 정부 ……………………101
일본순시선 …………………43, 93
일본어 …………………………115
일본영역참고도 ………………383
일본외무성 ……………………115
일본제국주의 ·139, 153, 173, 229
일본해 ……………………341, 343
일소공동선언 …………………393
일중평화조약 …………………303
입도지원센터 ………305, 335, 339
日 역사학자 …………………373
200해리 배타적 경제수역 ·93, 97
55년 체제 ……………………345
A급 전범 ……………………367
EEZ경계 ………71, 73, 77, 89, 107
EEZ경계획정 …………………71
EEZ경계획정교섭 ……………67
EEZ협상 ………………71, 85, 87
EEZ협정 ………………………67, 81
FTA 체결 ……………………365
SCAPIN연합국총사령부각서 677호 ·37,
   37, 53, 221, 227, 229, 253,
   281, 309, 313, 393, 395

ㅈ

자민당 ·················101, 343, 405
자민당 정권 ·······················289
자민당의원 ···········45, 199, 201
자민당정부 ·········119, 123, 131
자원 개발 ···························101
자유무역협정 ······················205
자유진영 ···························359
재미 한인 ···························53
전두환 정권 ·······················207
전두환 정부 ·······················299
전제군주체제 ······················279
접안 시설 ·················247, 305
정기적 도발 ·······················339
정치적 논리 ·······················77
제2차 세계대전 ···········263, 313
제6차 협상 ·························89
제국주의 ·················135, 293
제국주의국가 ······················291
제주도 ·····························229
조선왕조실록 ······················167
조선의 팔도 ·······················163
조선해한국해 ······················341
조용한 독도 외교 ··················275
조용한 외교 ·······················65
종합과학기지 건설 ·················305
주권 외교 ·························103
주입식 학교 교육 ··················113
죽도竹島 ······39, 45, 47, 125, 127,
    129, 167, 171, 193, 213
죽도·북방 영토 반환요구운동 시
    마네 현민회의 ················409
죽도문제연구회 ·······223, 241, 417

죽도문제연구회원 ·················409
죽도의 날 ······43, 45, 49, 93, 99,
    179, 195, 347, 375, 405, 417
중간선 ·····························69
중간수역 ·················93, 283, 389
중국 ·······················205, 301
중일평화우호조약 ··················361
중학교 교과서 ·····················113
중학교 사회과 교과서 ···········99
중학교 학습지도요령 ············137
중학교 학습지도요령 해설서 ·137
지도 요령 해설서 ··············99
지리적 근접성 ·····················87

ㅊ

천황 ·······················257, 343
천황제국가 ·························345
최종덕 ·············247, 309, 325
측량선 ·················95, 209
칙령40호 ···························235
칙령41호 ·········35, 79, 175, 177,
    179, 193, 195, 213, 215
1972년의 일중공동선언 ·········303

ㅋ

카타르 ·····························77
쿠릴 열도 ·················253, 351

ㅌ

타쿠쇼쿠대학 ······················409
탈아입구脱亜入欧 ··················367
태정관문서 ···········225, 241, 243
태평양전쟁 ·······················37, 343

통감부 …173, 175, 177, 193, 227

ㅍ

페드라 브랑카 섬 ……………233
평화선 …65, 113, 253, 275, 317,
　383, 387
평화선 조치 …………………221
평화조약 ………………79, 221
포츠담선언153, 221, 257, 353, 357
폭격연습장 ………………221, 223
푸틴 대통령 …………………353

ㅎ

하이드레이트Gas Hydrate …………43
한-일 신시대 ………………331
한·영·일 3개국 ……………107
한국 정부 ……………………111
한국산악회 …………………223
한국전쟁 ……………………245
한일 관계 ……………………147
한일 우호 관계 ………………99
한일어업협정 …………………83
한일우호의 해 ………………95
한일협정 …37, 39, 65, 223, 255,
　269, 289
한일회담 ……………………317
해상보안청 ………………65, 71
해상순시선 …………………83
해양과학조사 …………………87
'해양에 대한 대통령 주권선언'111
해양종합과학기지 ……………269
해양주권 ……………………337
해저지명 …………………65, 71

해저지명 등재 ………………329
핵전쟁 ………………………285
행정 조치 ………………179, 187
헬기장 ………………………247
현안문제 담당 ………………347
호리 카즈오堀和生 ……………375
호소다 히로유키細田博之 ………407
호주 ………………277, 381, 393
황성신문 …………………175, 193
후지이 겐지藤井賢二 …………409
후쿠다 수상 …………………103
후쿠다 야스오 ………………101
후쿠자와 유키치福沢諭吉 ………367
훈민정음 반포일 ………………179
히로시마 ……………………385

▌저자약력▌

최장근(崔長根)

1962년 경북 경산 출생
대구대학교 일본어일본학과 졸업
일본 大東文化大學 국제관계학과 수학
일본 東京外國語大學 연구생과정 수료
일본 中央大學 법학연구과 정치학전공 석사과정졸업(법학석사)
일본 中央大學 법학연구과 정치학전공 박사과정졸업(법학박사)
서울대학교 국제대학원 연수연구원 역임
서울대학교 국제대학원 책임연구원 역임
동명대학교 교양학부 교수 역임
일본 中央大學 사회과학연구소 객원연구원
미국 머레이주립대학 방문교수
현재 대구대학교 일본어일본학과 교수
현재 대구대학교 독도영토학연구소 소장

주요학회활동
- 간도학회
- 독도학회
- (사)한국영토학회
- 한국일어일문학회
- 한국일본문화학회
- 대한일어일문학회
- 동아시아일본학회
- 한일민족문제학회
- 동북아시아문화학회
- 일본지역연구회
- 조선사연구회

주요저서
- 『한중국경문제연구』 백산자료원
- 『왜곡의 역사와 한일관계』 학사원
- 『일본의 영토분쟁』 백산자료원
- 『간도 영토의 운명』 백산자료원
- 『독도의 영토학』 대구대학교출판부
- 『독도문제의 본질과 일본의 영토분쟁 정치학』 제이앤씨
- 『일본문화와 정치』(개정판) 학사원
- 『일본의 독도·간도침략 구상』 백산자료원
- 『동아시아 영토분쟁의 패러다임』 제이앤씨
- 『일본의 독도 영유권 조작의 계보』 제이앤씨
- 『일본 의회 의사록이 인정하는 '다케시마'가 아닌 한국영토 독도』 제이앤씨
- 『한국영토 독도의 '고유영토론'』 제이앤씨
  그 외 다수의 공저와 연구논문이 있음.

대구대학교 독도영토학연구소총서 ⑧

일본의 침략적 독도 도발에 대한 합리적인 대응방안
-민족의 魂 고유 영토 獨島, 반드시 死守하자-

日本の侵略的独島挑発に対する合理的な対応策
-民族の魂、固有の領土独島、何としても死守しよう-

초판인쇄 2014년 12월 19일
초판발행 2014년 12월 31일

저   자 최장근
발 행 인 윤석현
발 행 처 제이앤씨
편   집 최현아
책임편집 이 신
등록번호 제7-220호

주소 서울시 도봉구 우이천로 353 3F
전화 (02)992-3253(대)
전송 (02)991-1285
전자우편 jncbook@hanmail.net
홈페이지 http://www.jncbms.co.kr

ⓒ 최장근, 2014. Printed in KOREA

ISBN 978-89-5668-387-4 93340   **정가** 32,000원